다시 보는 고구려사

동북아역사재단 편

동북아역사재단

광개토대왕릉비
태왕릉
장군총
고구려 집안 지역 인공위성 사진

재간행에 즈음하여

　동북아역사재단은 중국의 동북공정에 대응하기 위해 2004년 설립되었던 고구려연구재단을 하나의 축으로 하여 2006년 9월 발족하였고, 그동안 고구려연구재단에서 이루었던 각종 연구 성과도 함께 승계한 것은 물론입니다. 고구려연구재단은 2년 반이라는 활동기간에 고구려사를 중심으로 동아시아 관련 역사를 종합적으로 연구하여 80여 권에 이르는 도서를 출간하였습니다. 그 종류도 전문학술서부터 일반 국민에게 우리 역사를 쉽게 전달하기 위한 교양서까지 다양하였습니다. 그러나 이러한 성과는 국내외 연구기관, 교육기관, 관계부처 등에 배포되어 좋은 연구자료로 활용되어 왔음에도 비매품으로 발간되었기 때문에 학계와 일반 독자들이 활용하는 데에 한계가 있었습니다.

　이에 동북아역사재단에서는 과거 고구려연구재단에서 발간되었던 도서들 가운데 보급이 시급하다고 판단되는 것을 선택하여 다시 발간하고자 합니다. 동북아역사재단에서는 고구려연구재단의 뛰어난 연구성과물을 이어 받아 다시 간행하게 된 것을 영광으로 생각하며, 더 나은 연구업적을 이루도록 모든 노력을 기울일 것입니다.

　이러한 성과물들이 나올 수 있도록 연구와 집필에 매진해준 필자 한 분 한 분과 고구려연구재단을 이끌었던 김정배 이사장님의 노고에 깊은 경의를 표합니다. 이 책들이 동북아의 역사문제에 관심을 갖고 있는 독자들의 수요에 부응할 수 있기를 바라 마지않습니다.

2007년 11월

동북아역사재단 이사장 김용덕

'다시 보는 고구려사'를 발간하며

　　우리 나라 고대 삼국 가운데 하나인 고구려는 천제(天帝;日月之子)와 수신(水神;河伯之孫)의 혈통을 이어받은 주몽이 세운 신성한 나라였습니다. 고구려는 압록강 중류 유역에 살고 있던 토착민인 예맥족(濊貊族)과 부여(夫餘)에서 내려온 같은 종족의 일파인 이주민이 결합하여 만든 나라입니다. 우리 민족에게 고구려는 특별한 의미를 지닌 국가입니다. 우리 역사상 가장 패기에 넘치는 나라였고, 넓은 영토에 막강한 군사력을 가진 강국이었습니다. 중국의 역대 왕조와 당당하게 맞대응했던, 우리 역사상 가장 자주적인 국가였습니다.

　　이런 점에서, 작은 영토에, 잦은 외침(外侵)에 시달림을 당해 온 우리 민족에게 고구려는 늘 환상의 역사로 존재했습니다. 우리 속에 잠재하는 나약함을 잊고 싶을 때, 그리고 민족이 어려움에 처하여 힘을 공급받을 필요가 있을 때, 고구려는 항상 개척 정신이라는 씩씩함의 대명사로 되살아와 기운을 불어넣어 주었습니다.

　　그렇지만 고구려는 한반도 남쪽에 자리하고 있는 우리에게는 시간적 괴리감과 공간적 거리감으로 인해 마치 신기루인 양 인식되기도 하는 존재였습니다. 그런데 최근에 멀게만 느껴졌던 고구려, 1400여 년 전에 죽어 버린 고구려, 환상과 꿈으로 더 다가왔던 고구려가 갑자기 살아나 움직이기 시작했습니다.

　　그런데 잠자는 고구려를 깨워 일으킨 것은 우리가 아니라 고구려를 멸망시킨 당(唐)나라의 후손들이었습니다. 21세기에 들어와 불거진 고구려 계승권을 둘러싼 역사 전쟁으로 인해 대한민국은 한동안 흥분했습니다.

　　너무나 오랫동안 기본 상식으로 생각해 왔던 한국사로서의 고구려사를 부정하는 중국에 대해 많은 사람이 말도 되지 않는 억지소리라고 일갈했습니다. 거리에는 을지문덕 장군이 나타났고, 인터넷에는 흥분한 네티즌들의 항의 글이 끝도 없이 달렸습니다. 고구려 관련 학회와 전시회도 줄을 이었습니다.

　　하지만, 정작 우리 자신이 고구려에 대해 얼마나 알고 있는지 조용히 돌아보는 분위기는 아직까지 널리 퍼지지 않고 있는 것 같습니다. 그러면서 벌써부터 고구려에 대한 관심도 서서히 강도가 약해지고 있는 것 같기도 합니다.

　　고구려 역사가 어떻게 전개되었는지, 그 역사가 우리 나라 역사에 어떻게 계승되고 있는지, 고구려 문화가 우리 민족 문화 속에 어느 정도로 녹아 있는지를 언제든 설명할 수 있어야

Prologue

고구려는 한국사라는 주장을 할 수 있습니다. 그러나 우리는 아직도 고구려의 역사와 문화에 대해 많이 알고 있지 못합니다. 그것은 현실적인 여건 외에 연구자들이 그 동안의 연구 성과를 국민들에게 전해 드리는 노력을 적게 한 데에도 원인이 있습니다.

이에 본 재단에서는 고구려의 역사와 문화를 보여 주는 대표적인 주제들을 골라 토픽식으로 서술한 책을 만들었습니다. 고구려 역사 전공자들이 연구한 내용을 쉽게 설명한 글입니다. 늘 어려운 논문을 주로 쓰던 학자들이라, 아무리 쉽고 재미있게 썼다고 해도 일반인들이 보기에 좀 어렵다 싶은 부분도 있을 것입니다. 그러나 그 내용의 근거를 분명히 알아야 할 것들이기에 다소 어렵게 느낄 것을 알면서도 그대로 서술한 부분도 있습니다.

역사는 집단 기억이라고도 합니다. 고구려 역사에 대해 우리가 관심을 가지지 않고, 그래서 그 내용도 알지 못하고 넘어간다면, 몇백 년이 지나면 고구려사는 남이 빼앗아 가지 않아도 자연스럽게 우리 역사에서 사라지게 됩니다. 우리 모두의 관심과 기억이 고구려사를 지키는 길입니다.

그런 의미에서 이 책은 매우 중요한 가치를 지니고 있습니다. 이 책을 통해 국민들이 고구려사에 대한 이해를 높이고 관심을 가질 수 있게 될 것이기 때문입니다. 고구려연구재단에서 발간한 최초의 고구려알리기 책인만큼, 이는 완성이 아니라 앞으로 계속 이어질 시리즈물의 첫 작품이 될 것입니다. 부족한 점이 있고 아쉬운 점이 보이더라도 고구려에 대한 애정으로 격려해 주시고, 뒤에 다시 보완할 수 있도록 많은 지적과 가르침 주시기를 바랍니다.

끝으로, 바쁘신 와중에도 글 전체를 읽고 감수해 주신 서울대학교의 노태돈 교수님께 심심한 사의를 표합니다. 그리고 역시 여러 가지로 공사다망(公私多忙)하신 가운데에도 귀중한 글을 써 주신 필자 여러분께도 감사드립니다. 아무리 필요하고 훌륭한 글이 있어도 그것을 보기 좋게 엮어 내지 않으면 안 됩니다. 시간도 촉박하고 요구 조건도 많아 힘들었을 작업을 마다 않고 힘을 합쳐 아름다운 책을 만들어 준 (주)대한교과서의 관계자 여러분께도 고맙다는 인사를 전합니다. 감사합니다.

고구려연구재단 이사장

일러두기

1. 이 책은 고구려사에 대한 국민들의 관심을 충족시키고 올바른 이해 방향을 제시하기 위해 기획, 출간되는 고구려 역사·문화 관련 단행본이다. 한국 고대사 전공자들이 고구려 역사의 전개 과정과 사회상, 문화 성격 등을 보여 주는 대표적인 주제들을 골라 토픽식으로 서술하였다.

2. 이 책은 일반인들을 위한 대중 서적으로서의 성격과 역사 전공자들에게 고구려 역사와 문화의 요체를 간략하게 알리기 위한 학술 서적으로서의 복합적인 성격을 가진 책이다. 따라서 각 글은 필자 개인의 견해를 억제하고 학계에서 최소한의 합의를 보고 있는 사항을 중심으로 균형감 있게 서술하려고 노력하였다. 단 집필자 개인의 고유한 시각은 전체 균형을 크게 깨뜨리지 않는 한 그대로 반영되도록 하였다.

3. 이 책은 쉽게 읽는 것을 목표로 하였으므로 가급적 한글을 사용했고, 지명이나 책이름, 인명처럼 부득이한 경우에는 한자를 병기하였다.

4. 글을 서술하는 과정에서 나오는 중국의 지명들과 띄어쓰기, 고유 명사의 명칭은 중·고등 학교 교과서 서술 원칙에 따라 한글식 지명으로 표기하였다.

5. 원고 작성 과정에서 참고한 저서와 논문들은 글 말미에 참고 자료로 일괄 제시하였다. 그러나 이는 대표적인 논저에 불과하고, 이외에도 그 동안 출간된 고구려사 관련 연구 성과들을 대거 참고하였음을 밝혀 둔다. 대중을 위한 책인만큼 참고한 연구물을 일일이 명기하지 않은 점에 대해 관련 연구자들의 양해를 부탁드린다.

차례 CONTENTS

제 1 부
건국 신화와 국가 형성

고구려 건국 신화의 신화 계보 변동 : 천자(天子)에서 천손(天孫)으로 ┃14

주몽왕을 통해 본 초기 고구려왕의 성격 ┃28

고구려는 예맥족이 뭉쳐 세운 나라 ┃40

제 2 부
고구려의 통치 체계

고구려왕은 어떻게 정치를 하였을까? ┃48

가장 고구려다웠던 5세기 고구려! ┃54

힘센 사람이 대대로가 되는 나라 ┃66

제 3 부
고구려의 영역

고구려의 영역은 어디까지였나? ┃78

요동 땅을 다 차지하다 ┃89

고구려의 그릇이 신라 무덤에 묻힌 까닭은? ┃99

고구려 보루가 아차산에 있는 까닭은? ┃109

제 4 부
고구려의 사회

좀 다르지만 우리도 고구려 사람 ┃126

정치 망명객들이 고구려로 온 이유 ┃136

고구려 최대의 스캔들, 온달과 평강공주의 결혼 ┃148

제 5 부
고구려의 문화

돌 속에 묻힌 사람들　｜160

고구려 사람들의 하늘 세계　｜176

벽화에 나타난 고구려 여성들의 여러 모습　｜189

제 6 부
고구려에 관한 궁금거리들

나(那)가 무엇인가요?　｜202

〈광개토대왕릉비〉를 세운 목적은 무엇일까?　｜209

고구려의 멸망 원인은?　｜219

동북공정(東北工程), 그 실체는?　｜232

고구려인의 선조는?　｜239

부 록

고구려 역사 연표　｜250

고구려 왕계　｜255

참고 문헌　｜256

高句麗
다시 보는 고구려사

제 1 부
건국 신화와 국가 형성

고구려 건국 신화의 신화 계보 변동 : 천자(天子)에서 천손(天孫)으로

주몽왕을 통해 본 초기 고구려왕의 성격

고구려는 예맥족이 뭉쳐 세운 나라

고구려 건국 신화의 신화 계보 변동
▶▶▶ 천자(天子)에서 천손(天孫)으로

김일권 | 한국학중앙연구원 |

高句麗

『삼국사기』에 따르면, 고구려는 기원전 37년에 건국되었다. 이로부터 668년까지 28대 705년간을 존속하면서 고구려는 동아시아의 강자로 군림하였다. 이러한 고구려를 건국하였던 시조 추모왕(鄒牟王)을 후대 고구려인들이 '하늘의 아들'로 신성화한 것은 고대 사회의 보편적인 발로였다.

세계사에 이름 있는 나라들은 모두 나름대로의 건국 신화를 간직하고 있다. 고대 사회에서 한 나라가 건국된다는 것은 기존에 없던 새로운 질서가 생겨나는 것을 의미하므로, 이에 대한 의미 부여를 통해 새로운 질서의 당위성과 영원성을 확보하려 하였다.

이러한 신화화 작업은 한번에 완성되는 것이 아니며, 한 갈래의 이야기로 완료되는 것도 아니다. 시대를 거듭하면서 새로운 요소가 첨가되기도 하고, 전승의 주체에 따라 다른 방식으로 재해석되기도 한다. 그래서 신화는 고정되어 있지 않고 늘 현재적 역사 속에 살아 있는 존재가 된다.

✿ 〈광개토대왕릉비〉에 천명된 '하늘의 아들〔天子〕' 신화

고구려의 건국 시조 추모왕에 대한 주몽 신화도 여러 갈래의 전승 방식으로 전해진다. 그 중에서 가장 주목할 만한 자료는 무엇보다도 고구려인들이 직접 남긴 금석문 자료이다. 장수왕 2년(414)에 부왕의 업적을 기리기 위해 세운 〈광개토대왕릉비〉의 첫머리는 고구려인들의 출자 신화를 당시에 어떻게 구축하였는지를 잘 보여 준다.

> 옛날 시조 추모왕께서 북부여에서 나와 나라의 기틀을 창건하시었다. 천제의 아들(天帝之子)이었고, 어머니는 하백의 따님(河伯女郎)이었다. 알을 깨고 세상에 강세하셨는데, 태어나면서부터 성스러움이 있으셨다(惟昔始祖鄒牟王之創基也 出自北夫餘 天帝之子 母河伯女郎 剖卵降世 生而有聖).

〈광개토대왕릉비〉의 첫머리는 고구려의 건국 시조가 하늘의 최고 주재자인 천제의 아들임을 천명하고 있다. 천제의 아들이므로 충분히 '천자(天子)'로 해석될 수 있는 대목이다. 고구려에서 직접 천자라는 명칭을 사용하지는 않았지만, 의미상 중국의 천자와 동일한 구조를 지니고 있다.

뒤이은 1면 2행에서 황천지자(皇天之子)라고 표현한 것 역시 하늘에 직접 닿는 천자를 의미한다. 북부여를 탈출한 추모왕 일행이 엄리대수(奄利大水)를 건널 때에 왕이 나룻가에 이르러 다음과 같이 말하였다.

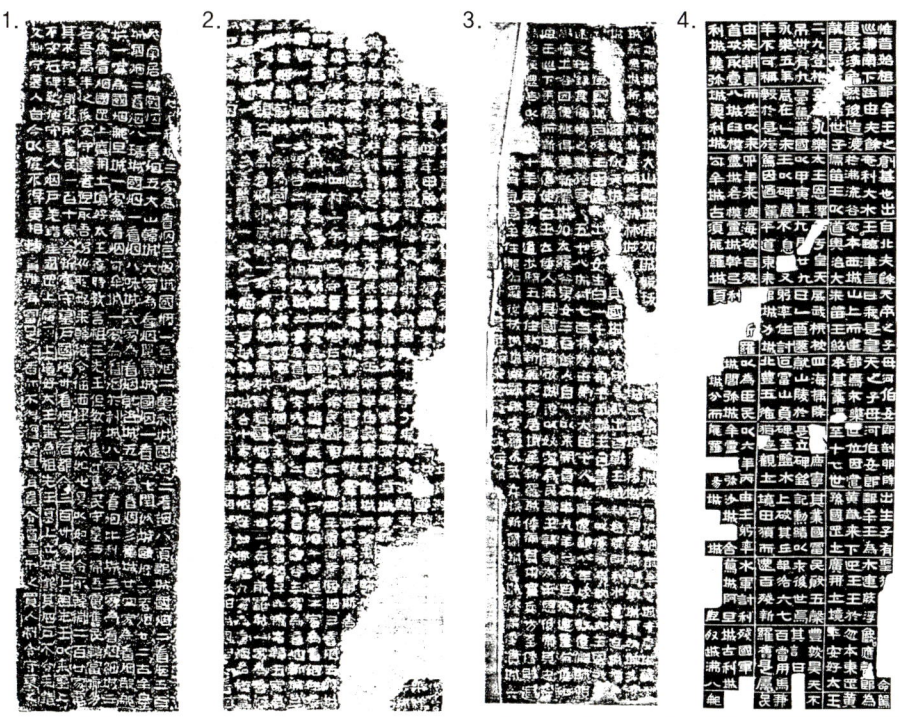

〈광개토대왕릉비문〉 탁본 ▌ 1. 제 4 면 : 주운대본.　　　2. 제 3 면 : 서울대학교 소장본.
　　　　　　　　　　　　　3. 제 2 면 : 국립중앙도서관 소장본.　4. 제 1 면 : 주구경신 쌍구가묵본.

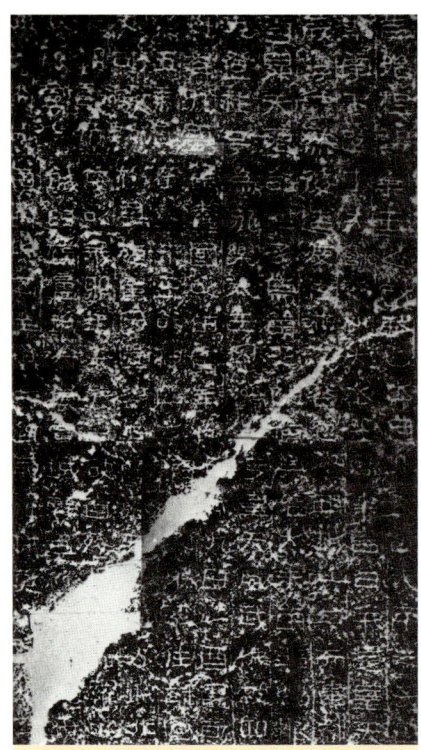

〈광개토대왕릉비〉의 탁본 첫머리 부분 | 추모왕의 탄생과 건국 과정을 서술한 부분이다.

나는 황천의 아들이며, 하백의 따님을 어머니로 둔 추모왕이다. 나를 위해 갈대를 연결하고 거북이 다리를 짓게 하여라(王臨津言曰 我是皇天之子 母河伯女郞 鄒牟王 爲我連葭浮龜).

앞서 나온 천제의 이름이 다름 아닌 황천상제(皇天上帝)임을 언표한 대목인데, 황천상제는 심미적인 '성스러운 하늘의 최고 주재자'라는 뜻을 지닌다.

이렇게 추모왕은 천제의 아들이자 황천의 아들이었다. 적어도 〈광개토대왕릉비〉가 건립되던 5세기 초반의 고구려인들에게는 나라를 처음 열었던 추모왕이 하늘의 직접적인 아들인 천자로 인식되어 있었다. 흔히 알려진 천손(天孫) 신화는 이 시기에 아직 보이지 않으며, 이보다 뒷날 신화의 구조가 변형되면서 재해석된 결과물일 것으로 생각된다.

❀ 〈모두루묘지〉에 나타난 '일월의 아들' 신화

이와 비슷한 분위기를 보여 주는 금석문 자료가 또 하나 있다. 광개토대왕의 승하를 슬퍼하는 내용이 담긴 것으로 보아 역시 5세기 초반에 만들어졌을 것으로 추정되는 〈모두루묘지〉이다. 묘지 3행에는 다음과 같이 묘사되어 있다.

하백의 손자(河泊之孫)이며 일월의 아들(日月之子)인 추모성왕(鄒牟聖王)께서 북부여(北夫餘)에서 나셨으니, 이 나라 이 고을이 가장 성스러움을 천하사방(天下四方)이 알지라.

고구려를 세운 추모왕은 하늘의 일월이 내린 천자이니, 이 나라야말로 천하사방의 중심이요, 가장 성스러운 성지(聖地)라는 인식을 내비쳤다.

그리고 24행에서도

> 하백의 손자이자 일월의 아들이 태어난 땅(河泊之孫 日月之子 所生之地)

이라 하였다.

이처럼 5세기 고구려 사람들은 자신들의 땅이 일월의 아들인 성왕(聖王)이 다스리는 성스러운 곳임을 자긍하고 있었다.

〈모두루묘지〉에는 앞서 살펴본 〈광개토대왕릉비〉에는 없던 신화적 요소가 도입되어 있다. '일월지자'와 '성왕' 사상이 그것이다. 보통 일월은 하늘의 대변자로 인식되므로 하늘과 다르지 않다고 할 것이나, 하늘의 존재를 일월로 구체화하였다는 점에서 신화상의 관점이 조금 이동되어 있다.

황천 또는 천제라는 표현에서 읽히는 하늘이 다분히 관념적인 데 비해, 일월은 하늘을 운행하는 천체의 대표적인 존재이다. 모두루묘가 만들어졌던 5세기 전후에는 이미 고분 벽화 속에 '일월성수도'를 그리는 천문 문화가 유행하고 있었다. 이러한 측면에서 〈모두루묘지〉의 신화 의식에는 성스러움의 근원을 구체적인 천체물에서 구하는 당시의 천문 지향성이 반영되어 있다고 할 수 있다.

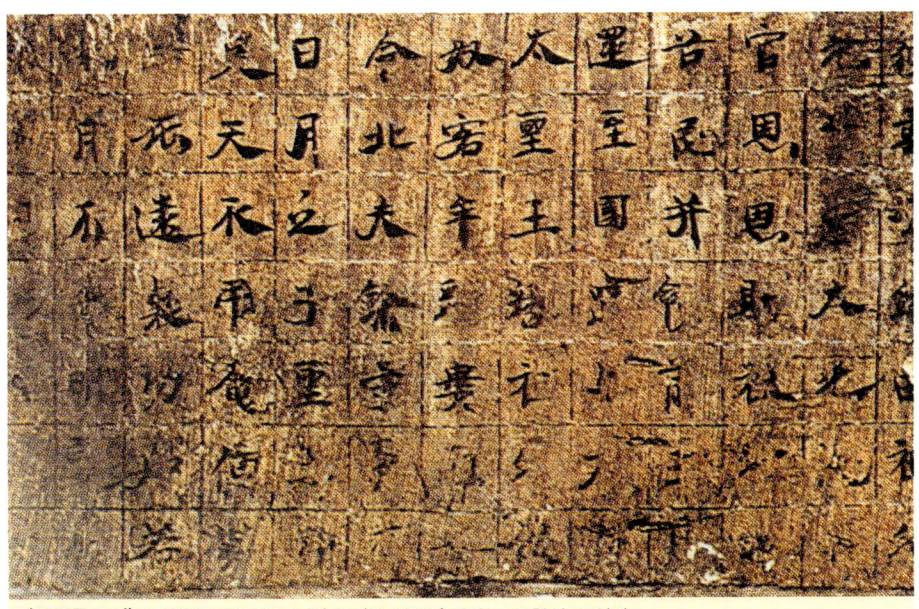

〈모두루묘지〉 | '河泊之孫 日月之子'와 '好太聖王'이라는 표현이 보인다.

이렇게 5세기 당시에도 주몽의 출자 신화는 끊임없이 재해석되고 있다. 이러한 기반 속에서 고구려의 왕을 천하의 중심으로 놓는 성왕 사상이 5세기 고구려의 중요한 정치 철학으로 구축되었다고 생각된다.

중국측 사료에 인식된 '태양의 아들' 신화

〈모두루묘지〉에서 새롭게 선보인 일월 신화의 관점은 중국측 전승 문헌 사료와 차이가 난다는 점에서 더욱 주목된다.

동명 신화가 아닌 주몽 신화로서 중국 정사류에 처음 실린 것은 『위서』(554) 고구려전에서이다. 이 책은 장수왕 23년(435)경 북위의 사신으로 고구려의 평양성을 다녀갔던 산기시랑(散騎侍郎) 이오(李傲)의 방문기를 덧붙여 놓았기 때문에 사료적 가치가 높은 편이다. 『위서』에서는 주몽이 햇빛[日照]에 의해 감응되어 난생(卵生)으로 태어났으며, 큰 강을 건너갈 때에는 스스로를 '태양의 아들[日子]'이라 천명하였다.

> 나는 태양의 아들이며 하백의 외손이다. 오늘 도주를 하는 중에 추격병이 곧 덮치게 되었으니, 어떻게 하면 건널 수 있겠는가?(我是日子 河伯外孫 今日逃走 追兵垂及 如何得濟)

이처럼 『위서』는 주몽을 일월의 아들이 아닌 태양의 아들로 각색해 놓았다. 문헌 사료에서 일자(日子) 표현이 처음 등장한 것이어서 더욱 중요한 대목이다.

이를 이어 당나라 초기에 편찬된 『수서』(636) 고구려전에도 주몽이

> 나는 하백의 외손이며 태양의 아들이다(我是河伯外孫 日之子也).

라 하였고, 곧이어 편찬된 『북사』(659) 고구려전에도 동일하게

> 나는 태양의 아들이며 하백의 외손이다(我是日子 河伯外孫).

라고 하였다. 모두 『위서』의 내용을 따라 '태양의 아들'로 인식하고 있다.

이 때문인지 『구당서』 고려전에는 고구려가 매년 10월이면 왕이 스스로 제사지내

보수 전 국내성 성벽

보수 후 국내성 성벽 | 발굴 작업에서 확인된 국내성의 치 부분

건국 신화와 국가 형성

는 것에 영성신(靈星神)과 일신(日神) 등이 있다 하여 태양신에 대한 제사가 국왕의 친제로 거행되었음을 기록해 놓았다. 태양신이 있으면 월신(月神)에 대한 제사도 있을 법한데 그 내용은 서술되어 있지 않다.

결국, 중국측 문헌 전승에서 고구려의 출자 신화가 태양 신화로 구축되어 있음을 알 수 있으며, 최소한 『위서』 고구려전이 편찬되던 6세기 중반 무렵부터 그렇게 인식된 것이라 할 수 있다.

지금까지 살펴본 것처럼, 5세기와 6세기의 고구려에는 시조의 건국 신화가 한 가지로 통일되어 있지는 않았으며, 황천 신화와 일월 신화 및 태양 신화가 공존하는 형국이었다. 그래서 고구려는 '하늘의 아들'이자 '일월의 아들'이며, '태양의 아들'이기도 한 것이다.

『삼국사기』와 『삼국유사』의 천자와 천손 관점의 혼용

또다른 갈래의 신화 전승을 보존한 김부식(1075~1151)의 『삼국사기』(1145) 고구려본기에는 기존에 없던 해모수 신화가 삽입되었다.

여기에서 주몽은 "부여의 옛 도읍에서 자칭 천제의 아들(天帝子)이라 일컫던 해모수(解慕漱)와 웅심산(熊心山) 아래 압록강변에 살던 하백의 딸인 유화(柳花)" 사이에서 태어난 아들이었다.

이렇게 되면 주몽은 천제의 직접적인 아들이 아니라 손자가 되는 이른바 '천손(天孫)'이 된다. 기존의 고구려 금석문과 중국 사료의 신화 전승에서 보이지 않던 새로운 천손 관점이 『삼국사기』의 주몽 신화에 등장한 것이다.

그렇지만 주몽이 부여를 빠져 나와 도망할 때 강을 건너기 위해 물에 고하기를,

> 나는 천제의 아들이며 하백의 외손이다(我是天帝子 河伯外孫).

라고 하였다. 여전히 5세기 고구려 금석문에 보이던 것과 같은 하늘의 아들이라는 천자 관점을 견지하고 있는 것이다. 결국, 『삼국사기』의 주몽 신화에는 천자 관점과 천손 관점이 혼용되어 있음을 알 수 있다. 다만, 천손(天孫)이라는 말을 직접 사용하지는 않았다.

이보다 140년 정도 늦게 서술된 보각국사 일연(1206~1289)의 『삼국유사』(1283) 기

환인현 오녀산성 전경 ▎고구려의 첫 도읍지인 졸본성 흘승골성으로 비정되는 곳이다. 고구려 건국 신화가 이 곳을 중심으로 펼쳐졌을 가능성이 크다.

혼강에서 바라본 오녀산성 ▎지금의 혼강은 옛날에 비류수로 불렸다.

이편 고구려조에 실린 주몽 신화에서도 『삼국사기』 고구려본기와 동일한 혼합 구조를 보였다. 주몽이 "스스로 천제의 아들이라 하는 해모수와 하백의 딸인 유화 사이"에 태어났다는 천손 관점을 내보이면서도, 주몽이 도망하는 과정에서는 다시 "나는 천제의 아들이요 하백의 손자(告水曰 我是天帝子 河伯孫)"라 하여 천자 관점을 견지하고 있다.

그런데 기이편 고구려조에 앞선 기이편 북부여조에서는 북부여의 왕인 해모수가 천제의 아들이 아니라 그 자신이 바로 오룡거(五龍車)를 타고 흘승골성에 직접 강림한 천제(天帝)임을 선언하였다. 이러한 측면에서는 해모수의 아들인 주몽이 천손이 아니라 다시 천자가 되는 셈이다.

결국 『삼국유사』는 『삼국사기』보다 더욱 복잡하고 모순된 신화 구조를 담고 있지만, 둘 다 천자 관점과 천손 관점 사이에서 어느 한쪽으로 정리되지 못하였다는 점에서는 동일한 맥락이다. 이렇게 주몽의 출자 신화가 어느덧 천자 구조에서 천손 관점으로 이동하고 있다.

이에 비해 하백의 외손이라는 관점은 모든 사료에서 대체로 동일하다. 이는 지속적으로 문제시되는 대목이 결국 하늘과의 관계 설정에 놓여 있음을 보여 준다. 그래서 주몽을 천자로 보는가, 아니면 천손으로 보는가 하는 문제가 여전히 주몽 신화의 역사적 변동을 추적하는 중요한 작업임을 알려 준다.

『구삼국사』와 동명왕편의 천손 신화

천손 관점으로 완전히 재해석한 작업은 이규보(1168~1241)의 작품에서 발견된다. 그의 『동국이상국집』에는 고구려 건국의 대서사시이자 주몽의 출자 신화를 새롭게 서술한 동명왕편이 실려 있다. 이규보가 명종 23년(1193) 4월에 『구삼국사』를 얻어 동명왕본기를 여러 번 정독한 끝에 동명왕의 신이한 일을 기록하여 우리 나라가 성인의 나라임을 천하에 알리고자 지은 글이라 하였듯이, 동명왕편에 참고된 사료는 김부식의 『삼국사기』가 아닌, 당시에 유통되었던 『구삼국사』였다.

동명왕편의 세주(細註)로 인용된 『구삼국사』에는 『삼국사기』가 지니고 있던 천자와 천손의 신화 계보적 혼란성을 천손 관점으로 일관되게 다음과 같이 정리해 놓았다.

현재 평양에 있는 동명왕릉의 널방

먼저 해모수에 관해서,

> 부여의 옛 도읍 터에 해모수가 천제의 아들(天帝子)이 되어 와서 도읍하였다(於舊都 解慕漱爲天帝子來都).

라 하였으며, 주몽이 금와왕 아래에서 말치기를 하고 있으면서

> 나는 천제의 손자인데, 남을 위하여 말을 기르고 있으니 사는 것이 죽느니만 못하다(謂母曰 我是天帝之孫 爲人牧馬 生不如死).

라고 하였다. 주몽이 엄체수에 이르렀을 때,

> 나는 천제의 손자이며 하백의 외손인데, 지금 난을 피하여 여기에 이르렀으니 황천과 후토는 이 외로운 아들을 불쌍히 여기시어 속히 배와 다리를 놓아 주소서(以策指天 慨然嘆曰 我天帝之孫 河伯之甥 今避難至此 皇天后土 憐我孤子 速致舟橋).

라고 하는 등 인용된 『구삼국사』 동명왕본기 곳곳에서 해모수는 천제의 아들[天帝子]로, 주몽은 천제의 손자[天帝之孫]로 분명하게 구분되었다. 이로써 천제는 주몽에 직접 연결되지 못하고 해모수를 통하여 접근되는 관계가 되었다.

위의 구절과 관련되는 이규보의 동명왕편 시구에서는 "해동의 해모수는 진실로 하늘의 아들(海東解慕漱眞是天之子)"이며, 주몽은 "하늘의 손자이자 하백의 외손(天孫河伯甥)"이라 하는 등 『구삼국사』에서 천제(天帝)라 하였던 것을 이규보는 천(天)으로 모두 바꾸어 표현하였다. 이런 끝에 천제지손(天帝之孫)이라는 표현도 '천손(天孫)'이라 줄여서 지칭되기에 이르렀다.

실상 김부식의 『삼국사기』에서는 천제의 적통으로 해모수와 주몽이 경쟁하는 관계이면서, 주몽은 다시 해모수의 아들로 설정되어 있었다. 『구삼국사』와 동명왕편은 이러한 모순을 바로잡아 '천제-해모수-주몽'으로 이어지는 3단의 일통 계보를 만들었다. 신화적 합리주의가 작동한 것이다. 이로써 이질적이던 두 신화 계통이 하나로 통합되었다. 마치 사마천의 『사기』가 황제 헌원을 중심으로 내세우기 위해 오제(五帝) 신화의 계보에 여러 가필을 한 것과 같다. 이규보 바로 뒷시대의 인물인 이승휴의 『제왕운기』는 동명왕편의 천손 관점을 정착시키고 있다.

그런데 『구삼국사』에서 설립된 천제지손 관점이 『삼국사기』보다 앞서 성립된 것인지는 아직 불확실하지만, 만약 김부식이 『구삼국사』를 보았다면 『삼국사기』의 신화 혼재 현상이 『구삼국사』의 영향을 받은 것이라고 가정해 볼 수는 있다.

아무튼 간에 주몽을 천제지손으로 보는 인식이 고려 후기에 점증되어 가는 것은 분명하며, 최소한 『구삼국사』 또는 『삼국사기』 이전에 성립되었을 개연성이 매우 높다. 제기된 시점도 고려 시대가 아니라 고구려 존속 당시였을 가능성을 보여 주는 금석문이 함경남도 신포시 오매리 절골 터의 금동판 명문으로 전한다. 이 자료는 고구려에서 불탑을 세울 때 만들어 붙였던 탑지(塔誌)로 추정되는데, 제작 연대는 양원왕 2년(546)을 중심으로 장수왕 14년(426)에서 보장왕 25년(666)까지 편년이 가능한 고구려의 작품으로 보고 있다. 그 명문 중에 천손이라는 표현이 사용되었다.

> 원하옵건대, 왕의 신령이 도솔천으로 올라가 미륵을 뵙고, 천손(天孫)이 함께 만나 모든 생명(四生)이 경사스러움을 입으시기를 바랍니다(願王神昇兜率查觀彌勒 天孫俱會 四生蒙慶).

왕의 신령이 죽어서 가는 곳이 미륵이 주재하는 도솔천이며, 거기에 가면 앞서 승천한 선왕(先王)들을 만날 수 있다는 내용이다. 여기서 천손이 하늘의 손자를 직접 지칭하는 것인지, 아니면 하늘의 자손이라는 부정칭 용법인지는 해석이 확실치 않다. 왜냐하면 도솔정토의 불교 사상으로 각색된 천(天) 관념을 고려해야 하기 때문이다. 다만, 대체적으로 고구려 왕실의 선왕들을 지칭하는 맥락이 강하다고 할 수 있으므로, 고구려 6세기 전후에 천손 관점이 사회적으로 제기되었을 개연성이 엿보이는 것이다. 이것은 5세기 금석문 자료와는 전혀 성격이 다른 것이어서,『삼국사기』에 전승된 천제지손 신화가 이 계통을 이은 것이 아닐까 추정하는 정도이다. 그렇지만 이러한 가설의 성립을 위해서는 더 많은 단서가 보충되어야 한다.

『삼국유사』의 고주몽·해모수·단군 신화의 신화 일통 문제

우리가 흔히 고구려의 건국 신화를 천손 구조로 보는 것은 이상과 같이 고려 후기에 새롭게 해석된 결과물임을 시사받는다. 정리하자면, 5세기 당시 고구려에 팽배하였던 천자 관점이 고구려 후기에 일부 천손 관점을 노출시키는 듯하다가, 12세기 전반 『삼국사기』에 이르러서 천제지자와 천제지손의 두 관점이 뚜렷이 양립하여 혼란상을 드러내었고, 한편 12세기에 유통되었던 『구삼국사』와 이를 인용한 동명왕편에 이르러서는 천제지손의 천손 관점으로 완전 정리되기에 이르렀다.

결과적으로, 이규보의 주몽 신화는 천제에 매개자를 필요로 하는 주몽보다 천제에 직접 다가서는 해모수가 우위에 서는 것으로서, 신화 변형이 이루어졌다고 할 수 있다. 이 때문인지 13세기 말의 『삼국유사』에서는 해모수 자신이 곧 천제라는 인식마저 내보였다.

『삼국유사』의 고구려 왕력편에서 해씨(解氏)가 강조된 것이 이러한 신화 변형과 연관될지 모르겠다. 2대 유리왕을 동명왕의 아들이라 하면서 고씨(高氏)가 아닌 해씨(解氏)라 불렀고, 『삼국사기』 고구려본기에서는 이름(諱)으로 파악되었던 3대 대무신왕과 4대 민중왕도 성은 해씨라 기술하였다. 5대 모본왕부터는 특별한 언급이 없지만 해씨로 인식하는 듯하다. 기이편 북부여조에서는 해모수의 북부여를 이어 일어난 나라가 동명제의 고구려임을 분명히 하였다.

이 정도가 되면 고구려 왕가의 신화 계보는 고주몽 신화가 아니라 해모수 신화로 신화의 중심이 이동하여 재조망된다. 마치 부여계의 동명 신화가 4, 5세기 무렵 고구려의 추모왕 신화로 차용, 흡수되었듯이, 『삼국유사』에서는 비록 여러 이형이 혼선되

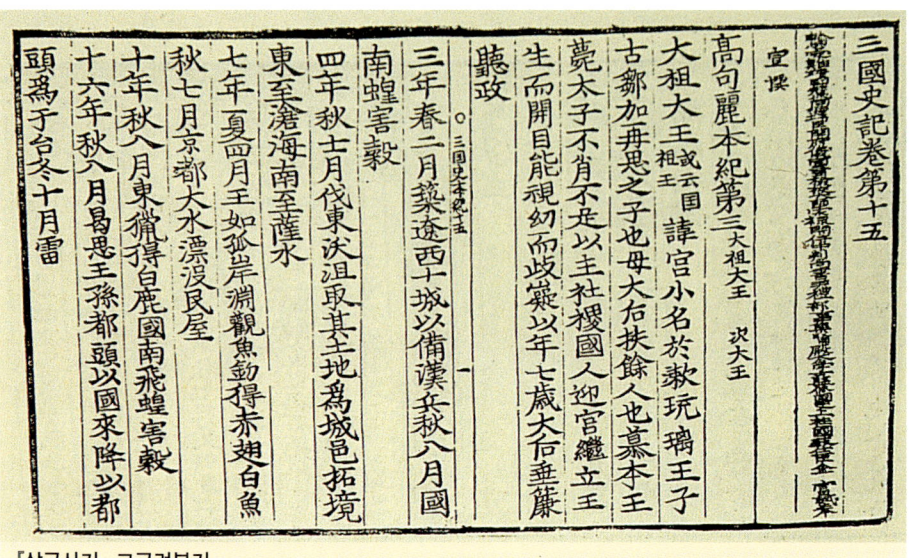

『삼국사기』 고구려본기

어 있지만, 고씨의 주몽 신화가 해씨의 해모수 신화로 흡수되어 가는 과정에 있다고 볼 수 있다. 『삼국유사』가 북부여와 동부여를 모두 해씨의 나라로 보았으므로, 고구려가 부여로 거슬러 올라가 신화 통합이 이루어지는 형세인 것이다.

이렇게 신화는 시대의 흐름을 따라 재해석되면서 스스로를 변모시켜 나간다. 그런데 『삼국유사』에는 또다른 신화 분쟁의 씨앗을 심어 놓았다. 왕력편에서 동명왕 고주몽을 '단군의 아들'이라 하였기 때문이다. 기이편 고구려조의 주석에서도 『단군기(壇君記)』를 인용하면서, 단군이 하백의 딸과 결합하여 낳은 아들인 부루와, 해모수가 하백의 딸 사이에서 낳은 아들인 주몽은 이복 형제라고 보았다.

이에 단군과 해모수도 등치되어 버렸다. 그래서 기이편 북부여조에서 해모수의 아들이라 하였던 해부루는 『단군기』와 연결지어 말하자면 단군의 아들이 된다. 이렇게 되면, 신화 계보상 해모수의 아들은 부루와 주몽의 둘이며, 다시 단군의 아들로 부루가 있고 주몽은 단군의 아들이라 하였으므로, 결국 해모수와 단군은 이명동인이라는 인식이 깔리게 된다.

여기에서 우리는 해모수의 북부여와 해부루의 동부여 및 고주몽의 고구려가 모두 단군의 조선으로 거슬러 올라가 신화가 통합될 운명에 놓여 있음을 보게 된다. 고조선의 단군을 중심으로 삼는 한국사의 대일통 신화 계보가 출연될 개연성이 잔뜩 마련된 것이다. 다만, 『삼국유사』는 아직 이들을 표면상 전면적으로 등장시키지 않았다. 이를 위한 신화소(神話素)를 골고루 갖추어 놓았지만, 아직 정리해야 할 모순 관계도 여럿 존재했기 때문일 것이다. 뒷날에 누군가가 이 모순을 해소한다면 이전에 없던 신화 역사상이 다시 등장할 것임은 자명하다.

❋ 『제왕운기』의 단군 일통과 천손 신화

『삼국유사』와 거의 동시대에 쓰여진 이승휴(1224~1300)의 『제왕운기』(1287)는 동명왕편의 천손 관점을 받아들여 정착시켰을 뿐만 아니라, 『삼국유사』에서 보던 바와 같은 단군 중심의 신화 일통을 간결하면서도 강하게 지향하고 있다.

이승휴는 "시라(尸羅)와 고례(高禮), 남·북옥저와 동·북부여, 예와 맥이 모두 단군의 자손"이라 하면서, 상제(上帝) 환인(桓因)의 손자인 단군을 중심으로 하는 단군 일통의 역사관을 내세워 우리 모두가 천손의 민족임을 전제로 삼았다. 『제왕운기』를 왕에게 올리는 진정표문에서도 "동국은 단군으로부터 시작하여 고려조까지 이르렀음"을 표방하였고, 전조선기(前朝鮮紀)에서도 "나라를 처음 연 사람은 석제의 손자, 이름은 단군(釋帝之孫名檀君)"이라 선언하였다. 그리고 "동명왕본기에 나오는 송양(宋讓)의 비류왕도 단군의 후손이 아닌가 의심된다." 하였다.

고구려 시조 동명에 대해서도 "해모수를 아버지로 하고 유화를 어머니로 하는데, 황천의 손자이자 하백의 외손자(父解慕漱 母柳花 皇天之孫 河伯甥)"라 하였으며, 다시 국사(國史)의 본기를 인용하여 그 해모수는 천제(天帝)가 파견한 태자(太子)로서 오룡거를 타고 부여의 옛 서울에 내려왔다가 웅심산 우발하에서 노닐던 하백의 장녀(長女) 유화를 만난 것이라 설명하였다. 이처럼 이승휴는 『구삼국사』와 동명왕편에 보이던 것과 동일한 '천제-해모수-주몽'의 천손 계보를 주몽 신화로 승인하여 서술하였다.

아직 상제 환인의 손자인 단군과 황천의 손자인 주몽 사이에 합의된 관계 설정까지는 이루어지지 않았지만, 단군과 주몽 둘 다를 천손이 반복 순환하는 신화 구조로 처리함으로써 그 모순을 넘어서고 있는 것으로 여겨진다. 현재의 우리에게 익숙한 천손 민족 의식은 이러한 고려 후기의 부단한 신화 일통 작업의 결과물이라 할 것이다. 우리는 지금 또 어떤 신화를 쓰고 있는가?

주몽왕을 통해 본 초기 고구려왕의 성격

이도학 | 한국전통문화학교 |

❀ 주몽왕의 신이한 출생 설화

　한 국가의 이상적인 지도자의 모습은 건국 시조 전승에 응결되어 전하는 경우가 많다. 나라를 세운 시조의 위업에 견줄 만한 후대 국왕들의 업적을 찾는 것이 용이하지는 않다. 그런만큼 시조 전승에는 국가의 지향점이랄까 방향성이 응결되어 있다. 또, 이것은 국왕들의 전범(典範)이 되기까지 했다.
　고구려 시조에 대한 전승 역시 예외가 되지는 않은 것 같다. 왜냐하면, 고구려 시조의 전승에도 국가를 창건하기까지의 신이한 출생은 물론이고, 긴장과 고난에 찬 서사시적인 생애가 역동적으로 전하기 때문이다. 〈광개토대왕릉비문〉과 〈모두루묘지〉를 비롯하여 『위서』와 『삼국사기』, 그리고 동명왕편과 『삼국유사』 등에서 전하는 시조인 주몽(朱蒙)의 신이한 출생과 영웅적인 분투로써 건국에 이르기까지의 과정은 뭇사람들의 이목을 집중시키고도 남았다. 주몽 또는 추모(鄒牟)라고도 표기되는 고구려 건국자는 출생부터 보통 사람들과 달랐으며, 기록에는 다음과 같이 나타난다.

> 　옛적에 시조 추모왕이 나라를 세웠다. 북부여에서 태어나셨는데, 천제(天帝)의 아들이고, 어머니는 하백(河伯)의 따님이셨다. 알을 깨고 세상에 나셨는데, 태어나시면서 성스러운 ······이 있었다.
> 　　　　　　　　　　　　　　　　　　　　　　　　　　　　　－〈광개토대왕릉비문〉

하박(河泊)의 손자이시며 해와 달의 아드님이신 추모성왕께서 원래 북부여에서 나오셨으니 ……．
- 〈모두루묘지〉

고구려는 부여에서 갈라져 나왔는데, 스스로 말하기를 선조는 주몽이라 한다. 주몽의 어머니는 하백의 딸로서, 부여 왕에게 (잡혀) 방에 갇혀 있던 중, 햇빛이 비치는 것을 몸을 돌려 피하였으나 햇빛이 다시 따라와 비추었다. 얼마 후 잉태하여 알 하나를 낳았는데, 크기가 닷 되들이만 하였다. 부여 왕이 그 알을 개에게 주었으나 개가 먹지 않았고, 돼지에게 주었으나 돼지도 먹지 않았다. 길에다 버렸으나 소나 말들이 피해 다녔다. 뒤에 들판에 버려 두었더니 뭇 새가 깃털로 그 알을 감쌌다. 부여왕은 그 알을 쪼개려고 하였으나 깨뜨릴 수 없게 되자 결국 그 어미에게 돌려주고 말았다. 그 어미가 다른 물건으로 이 알을 싸서 따뜻한 곳에 두었더니 사내아이 하나가 껍질을 깨뜨리고 나왔다.
- 『위서』

위의 기사에 보이는 고구려 건국 시조의 출생 설화에 따르면, 주몽은 '천제의 아들', 또는 '해와 달의 아들'이라고 적혀 있다. 고구려를 건국한 시조의 내력이 하늘과 연결되고 있는 것이다. 그리고 시조의 모계는 물을 관장하는 하백의 딸로 적혀 있다. 주몽은 천상의 태양과 지상 세계 물의 정령(精靈)이 결합하여 출생한 것이 된다. 그렇기 때문에 주몽의 출생은 인간의 그것과는 다르게 알을 깨고 태어난 형식을 취하고 있는 것 같다. 고구려 시조의 신성함을 과시하는 대목이다.

주몽이 보여 준 건국자의 자격 요건 – 활 솜씨와 기마 능력

주몽은 출생 직전에 1차 시련을 겪게 된다. 유화부인이 낳은 알을 부여 왕이 짐승들에게 주어 버렸으나 오히려 보호를 받았다. 그러자 알을 깨뜨리려 했다. 출생 직전 주몽의 시련은, 멀리는 자신을 잉태한 유화부인의 유배에서 비롯된다. 그와 더불어, 주몽 자신이 세상에 모습을 드러내기 직전에 일종의 통과 의례인 시련을 겪은 후에 모습을 나타내었다. 그에 이은 주몽의 2차 시련은 다음 사료에 나타난다.

그가 성장하여 이름을 주몽이라고 하였다. 그 나라 말에 주몽이란 '활을 잘 쏘는 사람'을 뜻한다. 부여 사람들이 주몽은 사람의 소생이 아니기 때문에 장차 딴뜻을 품을 것이라고 하여 그를 없애 버리자고 청하였으나, 왕은 듣지 않고 그에게 말을 치도록 하였다. 주몽은 말마다 남모르게 시험하여 좋은 말과 나쁜 말이 있음을 알고는, 준마는 먹이를 줄여 마르게 하고, 굼뜬 말은 잘 길러 살찌게 하였다. 부여 왕이 살찐 말은 자기가 타고, 마른 말은 주몽에게 주었다. 그 뒤 사냥할 때 주몽에게는 활을 잘 쏜다고 하여 화살 하나로 한정시켰지만, 주몽은 비록 화살은 적었지만 잡은 짐승은 매우 많았다. 부여의 신하들이 또 그를 죽이려고 모의를 꾸미자, 주몽의 어미가 알아차리고는 주몽에게 말하기를, "나라에서 너를 해치려 하니, 너 같은 재주와 경략을 가진 사람은 아무 데고 멀리 떠나는 것이 옳을 것이다."라고 하였다.
- 『위서』

나이가 겨우 일곱 살이었을 때에 남달리 뛰어나 스스로 활과 화살을 만들어 쏘면 백발백중이었다. 부여말에 '활 잘 쏘는 사람'을 주몽이라고 하였으므로 이것으로 이름을 삼았다. 금와에게는 일곱 아들이 있어서 항상 주몽과 더불어 놀았는데, 그 기예와 능력이 모두 주몽에 미치지 못하였다. 그 맏아들 대소가 왕에게 말하였다. "주몽은 사람이 낳은 자가 아니어서 사람됨이 용맹스럽습니다. 만약 일찍 일을 도모하지 않으면 후환이 있을까 두렵습니다. 청컨대 없애 버리십시오." 왕은 듣지 않고 그를 시켜 말을 기르게 하였다. 주몽은 날랜 말을 알아 내어 먹이를 적게 주어 마르게 하고, 둔한 말은 잘 먹여 살찌게 하였다. 왕은 살찐 말은 자신이 타고, 마른 말은 주몽에게 주었다. 후에 들판에서 사냥할 때, 주몽이 활을 잘 쏘기 때문에 화살을 적게 주었지만 짐승을 매우 많이 잡았다. 왕자와 여러 신하가 또 죽이려고 꾀하자, 주몽의 어머니가 이것을 눈치채고 (주몽에게) 일렀다. "나라 사람들이 장차 너를 죽일 것이다. 너의 재주와 지략으로 어디를 간들 안 되겠느냐? 지체하여 머물다가 욕을 당하느니, 멀리 가서 뜻을 이루는 것이 나을 것이다."
- 『삼국사기』

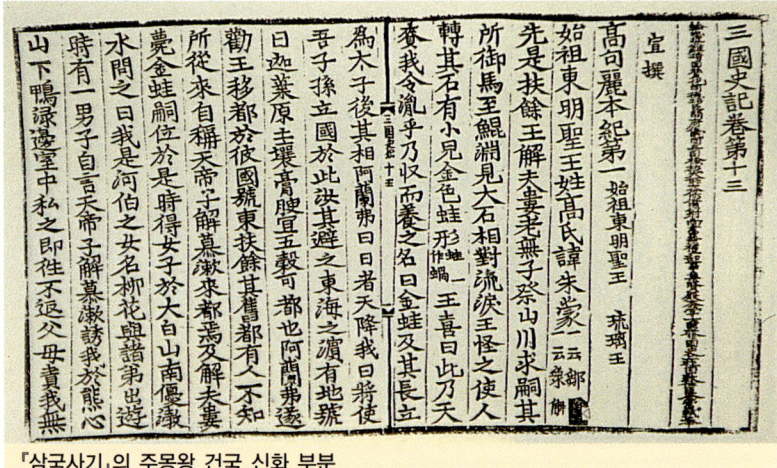

『삼국사기』의 주몽왕 건국 신화 부분

위의 사료들을 통해, 출생 이후 주몽의 현현한 면면이 드러나고 있다. 부여말의 '활을 잘 쏘는 사람'을 가리키는 보통 명사에서 이름을 취했을 정도로 주몽의 활 솜씨는 비상했다. 게다가 그는 말을 치는 데 있어 날쌘 말을 고를 정도의 뛰어난 감별력을 지니고 있었다. 그로 인해 주몽은 사냥에 나가서는 타의 추종을 불허할 정도로 언제나 짐승을 제일 많이 잡았다.

난생에다가 활을 잘 쏘는 주몽의 건국 설화는 지금의 중국 하남성 동부와 안휘성, 강소성 북부 지역에 자리잡았던 서융(徐戎) 언왕(偃王)의 출생과 궁시(弓矢)로 인한 왕위 획득 설화와도 연결된다. 궁시는 동이족의 대표적인 무기에 해당한다. 중국의 주변 민족들이 거대한 중국 대륙을 상대하여 압박할 수 있는 가장 유효한 수단은 적은 역량을 가지고 직접 맞닥뜨리지 않고 원거리에서 다수를 대적하여 격파할 수 있는 활이라는 무기와, 기동성을 보장해 주는 기마 전술의 배합이었다. 주몽은 중국의 주변 민족, 특히 동북 지역의 민족들이 장기(長技)로 여겼던 활쏘기와 기마에서 발군의 기량을 발휘하였다. 또, 그러한 주몽의 탁월한 능력은 훗날 고구려인들에게는 일종의 이상적인 국왕의 모습으로 비치고도 남았을 법하다.

이같이 주몽이 지닌 발군의 재능은 2차 시련의 서곡이기도 했다. 주몽의 재주를 시기한 부여 왕자와 신하들이 그를 살해하려고 했기 때문이다. 2차 시련을 맞은 주몽은 결국 어머니의 권고로 부여 땅을 탈출하게 된다. 다음의 사료가 그것을 말해 준다.

> 수레를 남쪽으로 돌려 순행(巡幸)하시는데, 부여의 엄리대수(奄利大水)를 거쳐 가게 되었다. 왕이 나루에 이르러 말하기를, "나는 황천(皇天)의 아들이고, 어머니는 하백의 따님이신 추모왕이다. 나를 위해 갈대를 연결하고 거북들이 떠오르게 하여라." 그 소리에 호응하여 갈대가 연결되고 거북들이 떠올랐다. 그런 연후에 건너가서 비류곡 홀본 서쪽 산 위에 성을 쌓고 도읍을 세웠다. － 〈광개토대왕릉비문〉

위의 사료로 볼 때, 부여 땅을 탈출한 주몽 앞에는 손에 땀을 쥐게 하는 절체절명의 위기가 가로놓여 있었다. 뒤에는 추격하는 병사들이요, 앞에는 큰 강이 굽이치고 있었기 때문이다. 오도 가도 못 하는 상황은 3차 시련이자 주몽 일생일대의 고비였다. 고구려 건국 설화에서는 일종의 클라이맥스라고 할 수 있다. 그 순간 주몽은 강에다 자신의 신원(身元)을 고(告)하고, 이에 응하여 물고기와 자라 떼가 다리를 놓아 주어서 건널 수 있었다는 것이다. 이것은 '황천의 아들'이고 '하백의 외손'이라는 주몽의 신원이 맞다는 것을 입증해 주는 일종의 고구려 건국자의 신원 증명인 셈이었다.

오녀산성과 비류수 | 고구려의 첫 번째 왕성인 오녀산성. 하늘에 맞닿아 있는 성 아래 산을 휘감고 비류수가 흐르고 있어, 햇빛과 물의 결합으로 시조인 주몽이 탄생했다는 건국 신화의 장면을 그대로 보여 주는 듯하다.

1. 건국 신화와 국가 형성
2. 고구려의 통치 체제
3. 고구려의 경영
4. 고구려의 사회
5. 고구려의 문화
6. 고구려에 관한 공부거리들

건국 신화와 국가 형성

이와 관련하여 『구삼국사』에 근거한 동명왕편에 따르면, "채찍으로 하늘을 가리키며 활로 물을 치자 물고기와 자라가 다리를 이루었다."고 했다. 여기서 '채찍'과 '활'은 기마전의 필수품이다. 채찍과 활은 말을 빨리 달리게 하는 동시에 마상에서 적을 쏘아 떨어뜨리는 데 사용하는 기마인(騎馬人) 최대의 무기이자 필수 장비였다. 일대 위기의 상황에서 주몽의 앞길을 열어 주는 데 사용된 물건이 채찍과 활이었음은 결코 범상하지 않다. 고구려인들에게 삶을 열어 주는 방편인 동시에 생명과도 같았던 도구가 채찍과 활로 상징되는 기사(騎射)였음을 웅변해 주는 설화인 것이다.

주몽의 고구려 창건과 관련하여 활 솜씨가 그 진가를 다시금 발휘한다. 주몽은 빼어난 활 솜씨로써 자신이 천제의 자손임을 비류국 송양왕에게 보여 준 후 그를 제압했다. 일례로 주몽은 백 보 밖에 달아매 놓은 옥가락지를 한 살에 산산조각내 버렸다. 그리고 주몽왕의 사망을 가리켜, 하늘로 올라간 후 내려오지 않았으므로 남긴 옥채찍으로 장사를 지냈다고 했다. 지상에서 기마인으로서의 역할이 끝났을 때 더 이상 채찍은 필요 없게 되는 것이다. 국가 창건의 위업을 이룩한 주몽왕의 생애에 일관되었던 기마인으로서의 삶의 종결을 뜻하는 설화였다.

❀ 초기 고구려왕들의 성격과 풍모

고구려 건국자 주몽왕의 생애는 후대 고구려왕들의 전범이 되었다. 주몽왕처럼 활을 잘 쏘고 말을 잘 감별하여 명마를 골라 타는 능력은 초기 고구려왕으로서 필수적

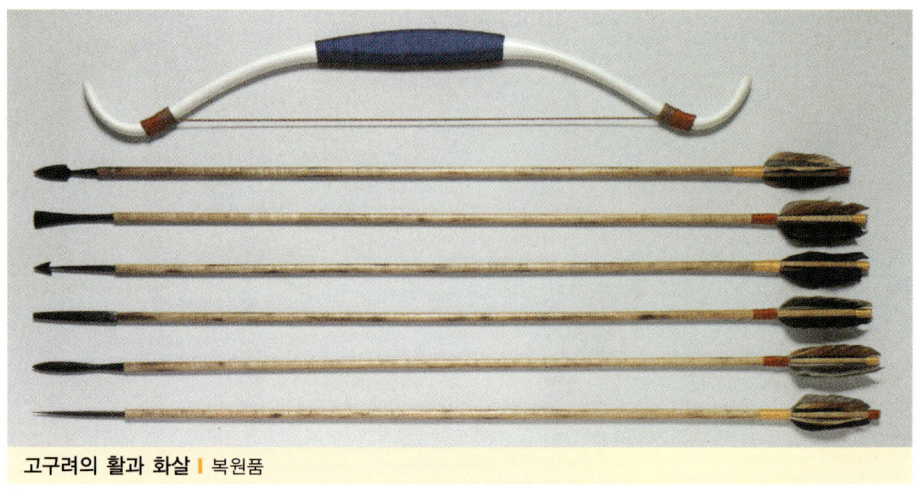

고구려의 활과 화살 | 복원품

인 조건이었다. 부여에서 내려와 주몽왕을 이어 즉위한 유리왕의 경우도 예외가 아니었다. 유리왕은 소년 시절에 참새 쏘는 것을 일로 삼았을 정도로 부왕을 닮아 사격에 능하였다. 언젠가 그는 부인네가 이고 가는 물동이를 쏘아서 뚫었다. 그러자 그 여자가 노해서 "아비도 없는 자식이 내 물동이를 쏘아 뚫었다."고 욕했다. 유리왕은 즉각 진흙으로 탄환을 만들어 쏘아 물동이의 구멍을 막아 전과 다름없이 만들었다고 한다. 유리왕의 비상한 사격 능력은 곧 활 솜씨를 뜻한다.

부여에서 내려온 유리왕에게 주몽왕이 칼을 맞추어 보고 아들임을 확인했지만, "네가 실로 내 자식이라면 무슨 신성(神聖)함이 있느냐?"고 물었고, 유리왕이 즉각 기이한 신성을 보이자 태자로 책봉했다고 한다. 이러한 설화는 장래 고구려왕이 될 태자의 책봉은 단순히 혈연 관계에 국한되었다기보다는 기사 능력에 대한 확인 검증이 뒤따랐음을 암시해 준다. 황룡국 왕이 보낸 강궁(强弓)을 그 자리에서 활을 당겨 꺾었을 정도로 힘이 세고 무용이 뛰어났던 유리왕의 아들 해명이 태자가 될 수 있었던 배경도 여기에서 연유했을 것이다. 그리고 대무신왕이 왕자로 있을 적에는 기묘한 전략을 구사하여 침공해 온 부여 군대를 격파한 지 2개월 후에 태자로 책봉되었다. 이는 군사적 역량이 태자 책봉의 우선 순위였음을 암시해 주는 동시에, 당시 고구려 사회가 필요로 했던 국왕의 모습을 상상하게 해 준다.

실제로 태조왕을 전후한 시기부터 고구려는 국왕의 지휘하에 중국 군현에 대한 조직적인 대규모 공격을 감행하였다. 이 무렵의 전쟁은 영토 획득을 위한 것이라기보다는 약탈전이었기 때문에 기병 중심의 장거리 원정이 단행되었다. 고구려는 지금의 북경 근방인 우북평(右北平)을 비롯하여 어양(漁陽), 상곡(上谷), 태원(太原) 등지를 침공하였다. 고구려의 원정은 고구려 군대의 출발 지점이 제3 현도군이 소재한 무순(撫順) 동북쪽이었다고 가정하더라도 왕복 7천~8천여 리에 이르는 대원정이었다. 이러한 전쟁은 국왕이 선두에서 작전을 지휘하는 경우가 많았다. 그리고 친정(親征)과 약탈(掠奪), 분배(分配)라는 유목 군주형의 전쟁 형태였다.

그래서 당시 고구려가 필요로 했던 국왕의 모습은 태어나면서부터 눈을 뜨고 사물을 보고, 장성해서는 "흉악하여 자주 (중국을) 침략했다."는 평을 들었던 태조왕과 동일하였다. 동천왕은 기질이 그 조부인 태조왕을 닮았다 하여 똑같은 이름으로 일컬어지기까지 했다. 그러한 동천왕은 "힘과 용기가 있으며, 말을 잘 타고, 사냥에서 활을 잘 쏘았다."는 평을 얻었다. 이들 조손(祖孫)은 중국 군현을 강타하여 큰 타격을 안겨주었던 대표적인 정복 군주에 속한다.

이 같은 막중한 소임을 수행하기 위해서는 "신장이 9척이고, 모습은 웅위(雄偉)하

건국 신화와 국가 형성

며, 힘은 큰 가마솥을 들고, 일에 임해서는 잘 듣고 판단하며, 관용과 용맹을 함께 갖추었다."는 평을 받은 9대 고국천왕과 같은 풍모가 필요했다. 고구려의 왕은 강건한 체력과 걸출한 군사적 자질을 토대로 호전성과 더불어 장대한 체격이 요구되고 있는 것이다. 이러한 고구려왕의 면면은 그 풍토에서 기인했음은 말할 나위도 없다.

고구려의 풍토와 토지 관념

3세기 후반에 쓰여진 『삼국지』에 의하면, 고구려의 풍토를 "큰 산과 깊은 골짜기가 많고 넓은 들은 없어 산골짜기에 의지하여 살면서 산골의 물을 식수로 한다. 좋은 밭 뙈기가 없으므로 부지런히 농사를 지어도 배를 채우지 못한다."라고 했을 정도로 열악하였다. 이러한 열악한 자연 환경은 국가적 성격과 직결되게 마련이다. 사실 전투 자체가 고구려 사회에 있어서는 가장 커다란 생산 행위였다. 왜냐하면, 이들은 국내에서 만족할 수 없는 생산물의 부족을 전쟁으로 보충해야 했기 때문이다. 고구려 최초의 왕성인 중국 요령성 환인의 오녀산성이 해발 820m나 되는 가파른 산꼭대기에 축조된 것도 이와 무관하지 않을 것이다. 이 곳은 통치에는 지극히 불리하지만 방어하기에는 매우 유리한 지형인만큼 약탈전을 능사로 하는 초기 고구려의 근거지로서는 적격이었다.

전쟁이 일상화되다시피 하자 고구려인들은 결혼과 동시에 죽을 때 입을 수의를 미리 만들었다고 할 정도로 죽음 자체에 너무나 친숙해 있었다. 요컨대, 생존을 위한 가혹한 시련이 고구려인들의 심지를 굳세게 만들었고, 또 그들을 정복 전쟁으로 세차게 내몬 한 요인이 되었다. 그래서 『삼국지』에서 "그 나라 사람들의 성질은 흉악하고, 급하며, 노략질하기를 좋아한다. 길을 걸을 적에는 모두 달음박질한다."라고 하였듯이, 사뭇 긴장감이 감도는 사회 기풍 속에서 기력 있는 풍모를 묘사하였다.

고구려인들의 비장하고도 다부진 모습은 인사법에서도 찾을 수 있다. 가령, 칼을 뽑기에 용이하도록 한쪽 다리를 구부린 채 다른쪽 다리를 뒤로 길게 빼는 궤배(跪拜)가 그것이다.

척박한 풍토에서 국가를 형성한 고구려인들은 토지에 대한 관념이 각별하였다. 그래서인지 고구려를 구성하는 일종의 소국(小國) 이름에 접미사처럼 붙는 '나(那)'와 '노(奴)'는 토지를 가리키는 고구려말이었다. 고구려 연맹을 구성하는 5부(部)의 하나인 '관나(貫那)', '절노(絶奴)' 등이 그것이다.

태자하 | 양맥이 거주하였던 태자하 유역은 이른 시기에 고구려 영역으로 편입되었다.

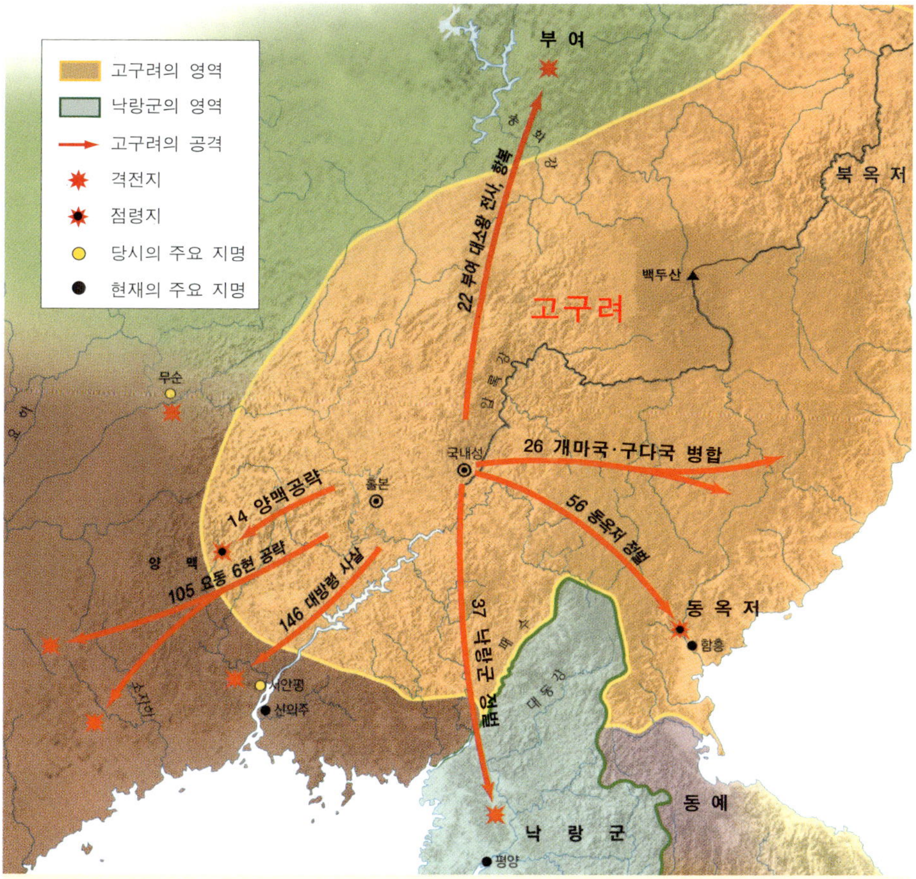

1~2세기의 고구려군의 활동

게다가 고구려왕들의 시호(廟號 : 시호의 일종)는 그 능묘의 소재지 이름에서 따온 경우가 많았다. 가령, 고국천왕은 '고국천원(故國川原)', 소수림왕은 '소수림(小獸林)'에서 장례를 치렀기 때문에 그러한 시호가 부여된 것이다. 유독 고구려에서만 장지(葬地)에 연유한 시호들이 등장하고 있다. 이러한 시호의 압권은 저명한 정복 군주인 광개토대왕의 '국강상광개토경평안호태왕(國岡上廣開土境平安好太王)'이라는 긴 이름이다. 이 시호에 보이는 "널리 영토를 개척했다."는 구절은 광개토대왕의 치적을 말하는 것이며, 치적의 으뜸으로 영토 확장을 꼽고 있다. 고구려인들의 토지에 대한 관념의 일단을 웅변해 주고 있는 것이다. 그러므로 장지에서 연유한 고구려왕들의 시호는 토지 수호 관념의 일단을 반영한다고 보아도 좋을 것이다.

이러한 풍토에서 고구려가 필요로 했던 국왕의 모습을 다시금 상기해 보는 일은 어렵지 않다. 침략을 당하는 중국인들의 입장에서는 흉악하다고 생각되겠지만, 무엇보다도 그들에게 전율할 만한 공포를 안겨 줄 수 있는 국왕이 필요하였다. 그러기 위해서는 탁발한 기사 능력과 체력, 그리고 카리스마를 심어 주는 장대한 체격이 선결되어야 했다. 활을 잘 쏘는 사람을 가리키는 '주몽'에서 이름이 연유한 고구려 시조왕을 필두로 하여 그 같은 색채가 후대까지도 진하게 남아 있다. 가령 "신체가 장대하였다(身長大 : 소수림왕).", "뛰어나게 컸다(雄偉 : 광개토대왕).", "몸집이 크고 건장하였다(魁傑 : 장수왕).", "담력이 있으며, 말 타고 활쏘기를 잘 하였다(有膽力 善騎射 : 평원왕)."라는 기록이 그것을 웅변해 준다.

흔히 정치 지도자는 그 시대와 환경의 산물이라고 말한다. 다름 아닌 초기 고구려왕들의 면면이 그것을 웅변해 주고 있는 것이다.

기마 행렬도 | 안악 3호분

건국 신화와 국가 형성

고구려는 예맥족이 뭉쳐 세운 나라

금경숙 | 동북아역사재단 |

高句麗

역사가 오래 된 나라에는 그 나라를 건국한 사람들에 관한 이야기가 신화로 전해져 온다. 우리 나라는 환웅과 웅녀 사이에서 태어난 단군왕검이 나라를 세웠다는 건국 신화가 전해져 오고 있다. 고구려는 고조선과 부여의 문화적인 전통을 이어받으면서 건국한 나라이다.

고조선과 부여를 비롯하여 우리 나라를 세운 사람들을 예맥족(濊貊族)이라고 한다. 왜 하필 예맥족일까? 중국 사람들은 자신들을 제외한 이웃에 사는 사람들을 방향에 따라 동이(東夷)·서융(西戎)·남만(南蠻)·북적(北狄)으로 불렀다. 이 말들은 모두 오랑캐를 뜻한다. 한족(漢族)들은 자신들과 이웃 나라 사람들을 구별짓는 방법으로 방위(方位)에 따라 그렇게 불렀던 것이다. 우리 나라는 동쪽에 있기 때문에 넓은 의미에서 동이에 속하게 되었다. 동이 가운데에는 여러 종족이 세운 나라들이 있었는데, 특히 고조선과 부여를 세운 사람들을 예맥족이라고 불렀다.

❀ 우리는 예맥족

고구려의 종족 기원과 관련하여, 고구려를 예(濊)·맥(貊)·예맥(濊貊)이라는 명칭으로 불러 왔다. 어느 때 예로 부르고, 또 어느 때 맥이나 예맥으로 부르는지, 그 관계에 관해서는 매우 다양한 견해가 있어 정설이 없는 형편이고, 고구려의 종족 기원에 대해서는 다양한 주장이 제기되고 있다.

예·맥·예맥은 시대와 지역에 따라 조금씩 다르게 사용되었다. 고구려를 맥이라고 표현한 것은 기원 이후에 편찬된 중국 역사책에 집중되어 있다.『한서』왕망전(王莽傳)에서 '고구려후 추(高句麗侯騶)'의 집단을 '맥' 또는 '예맥'이라 부른 이래로『삼국지』,『후한서』등에서 기원전 75년에 현도군을 쫓아 낸 것을 "이맥(夷貊)의 공격에 따른 것"으로 기록하여 구려(句驪)와 맥(貊)을 관련시키고 있다.

3세기에 편찬된 중국의『삼국지』는 동이에 관하여 수집한 자료를 정리해 놓았다. 이 책은 자신들의 입장에서 이웃 나라들의 정치·사회·문화·풍속 등을 모아 정리하였다.『삼국지』에서는 "대수(大水) 유역에 나라를 세운 구려는 대수맥(大水貊), 서안평으로 흘러드는 소수(小水)에 사는 구려 별종은 소수맥(小水貊)"이라 하여 고구려를 분명하게 맥족으로 인식하고 있다. 그리고 중국 북방의 돌궐 사람들도 고구려를 '매크리', 곧 맥구려(貊句麗)라고 불렀다. 이처럼 기원 이후에 씌어진 대다수의 중국 자료나, 북방 유목민은 고구려를 맥족의 나라로 인식하였다. '맥'은 원래 중국 북방에 거주하던 종족에 대한 명칭이었다.

이에 비해, 발해만 동부 지역은 진(秦)나라의 통일 이전인 선진(先秦) 시기에 대체로 '이예지향(夷穢之鄕)', 즉 예족의 거주 지역으로 인식되었다. 예족 가운데 조선이 가장 일찍 독자적인 정치 세력으로 등장하였고, 그 뒤 부여·진번·임둔 등이 독자적인 정치 세력으로 성장하였는데, 사마천의『사기』에서는 조선을 둘러싼 주변 정치 세력들과 주민 집단을 통칭할 때 '예맥'이라는 명칭을 사용하였다. 원래 중국의 북방 종족에 대한 명칭이던 맥이『사기』이후 '예'라는 명칭과 결합하여 중국 동북방에 거주하던 예족 일반에 대한 표현으로 바뀌었던 것이다.

고구려를 이룬 주민 집단은 원래 예족 또는 예맥족의 일원이었다가, 기원전 3세기에서 기원전 2세기 초에 철기 문화를 바탕으로 주변 예맥 사회와 구별되는 주민 집단을 형성하였고, 기원전 2세기 후반경부터 하나의 정치 세력으로 성장하였다. 이 주민 집단은 처음에는 '구려'라는 명칭으로 불리다가, 이것이 고구려라는 국가명으로 고정되면서 기원을 전후한 시기부터 점차 '맥'이라는 종족명으로 불렸다.

고구려를 형성한 주민 집단이 예맥족에서 분화하였다는 것은 3세기경 고구려의 말과 풍속이 부여·동예·옥저와 비슷하였다는 기록에서도 알 수 있다. 그러므로 이 주민 집단의 사회 상태는 원래 예맥족의 일원인 동예나 옥저와 비슷하였을 것이다. 3세기경 동예와 옥저는 각 읍락 통솔자가 개별적으로 읍락 사람들을 다스렸고, 동예는 생구(生口)·소·말 등을 치며 비교적 풍족하게 살았으나, "산과 강이 각 읍락별로 나뉘어 있다."는 언급처럼 읍락별로 공동체의 규제를 받았다. 이는 생산력의 발달이 상대적으로 늦고, 고조선 이래 한 군현과 고구려의 지배를 받아 원래의 사회 상태가 계속 그대로 남아 있었기 때문이다. 고구려를 이룬 사람들 역시 처음에는 이와 비슷하거나 읍락별 공동체적 규제가 더 강한 상태에서 사회 생활을 영위하였을 것이다.

기원전 2세기 중엽, 위만조선이 압력을 가해 오고 한(漢)나라의 영향력이 점차 강하게 다가왔다. 특히, 위만조선은 기원전 2세기 초에 진번(眞番)과 임둔(臨屯)을 복속시킨 다음, 점차 주변 지역에 대해 압박을 가해 왔다. 위만조선은 주변 지역의 세력들이 한나라와 직접 무역하는 것을 방해하였다. 그 후 기원전 108년에 위만조선이 한나라에 멸망당하자 한나라는 낙랑군·진번군·임둔군을 설치하고, 기원전 107년 압록강 중류 지역에 현도군(玄菟郡)을 설치하였다.

한 군현이 설치된 다음 예맥 사회는 여러 가지 사회적 변화를 겪은 것으로 전한다. 한나라 세력이 들어오기 전, 예맥 사회는 문도 잠그지 않고 살 정도로 평화로웠으며, 법 조항도 8개에 불과할 정도였다. 그러나 한나라 세력이 지배하면서 법 조항도 60여 개로 늘어나고, 한나라 상인들의 사기 행위 사례가 많아졌다고 한다. 한 군현의 수탈로 예맥 사회의 풍속이 강제적으로 빠르게 변하였다. 이러한 강제적인 빠른 변화에 대해 많은 사람들이 강하게 반발하고 저항하였을 것이다.

❀ 예맥족, 현도군을 몰아 내다

한나라의 현도군이 설치되면서 압록강 중류 지역은 한나라의 지배 아래 들어갔다. 최근 한나라가 흙으로 쌓았던 성 터가 압록강 유역에서 발견되기도 했는데, 흙으로 만든 이 성들은 현도군이나 그 밑에 있던 현의 관청이 있던 곳으로 추정된다. 이 성이 있는 곳은 대체로 교통이 발달한 중요 지점이었던 것으로 생각되는데, 교통의 요지에는 사람들이 많이 모이므로 이 곳에 관청이 있었다면 통제하기가 수월했을 것이다.

압록강 유역에 있던 예맥 사회의 정치 세력들은 현도군에 저항하여 힘을 모았으며, 기원전 75년경에는 현도군을 멀리 요동 지역으로 쫓아 내기에 이르렀다. 현도군을 몰아 낼 무렵, 압록강 중류 지역에는 여러 정치 세력이 존재하였다. 이들은 예맥 사회 안에서 성장하였으며, 크고 작은 규모로 발전하였다. 현도군을 쫓아 낸 이후 압록강 유역에 살던 예맥인들은 송양(松壤)이라는 사람이 이끄는 소노(消奴)에 의해 통솔되었다.

소노는 오늘날의 중국 길림성 환인 일대를 본거지로 하였는데, 이 지역은 농경과 방어에 유리한 자연 지리적인 조건을 갖추고 있었다. 환인 일대는 청동기와 관련된 유적이 다수 발견되는 점으로 미루어 청동기 시대 이래로 다수의 사람들이 살아왔음을 알 수 있다. 그러나 어떤 강력한 사람이나 집단에 의해 통솔된 것이 아니었기 때문에 비슷한 세력이 압록강 유역 일대 여기저기에 존재하였다. 그 가운데에서 그래도 강한 세력이 송양이 이끄는 소노였던 것이다. 그러나 소노도 주변 세력을 모두 제압할 만큼 강력하지는 못하였다.

압록강 유역의 여러 정치 세력은 현도군을 몰아 낼 당시에는 서로 힘을 모았지만, 현도군이 물러난 이후에는 서로 경쟁하는 관계가 되었다. 경쟁 관계에 있었다는 것은 아직 뛰어나게 우월한 정치 세력이 없었다는 것을 말한다. 압록강 유역에는 송양처럼 이 곳에서 오랫동안 살아온 사람들도 있었으나, 북쪽의 부여에서 이주해 와 살기 시작하는 이주민(移住民)도 있었다. 그렇기 때문에 이들 사이의 경쟁은 매우 치열하였

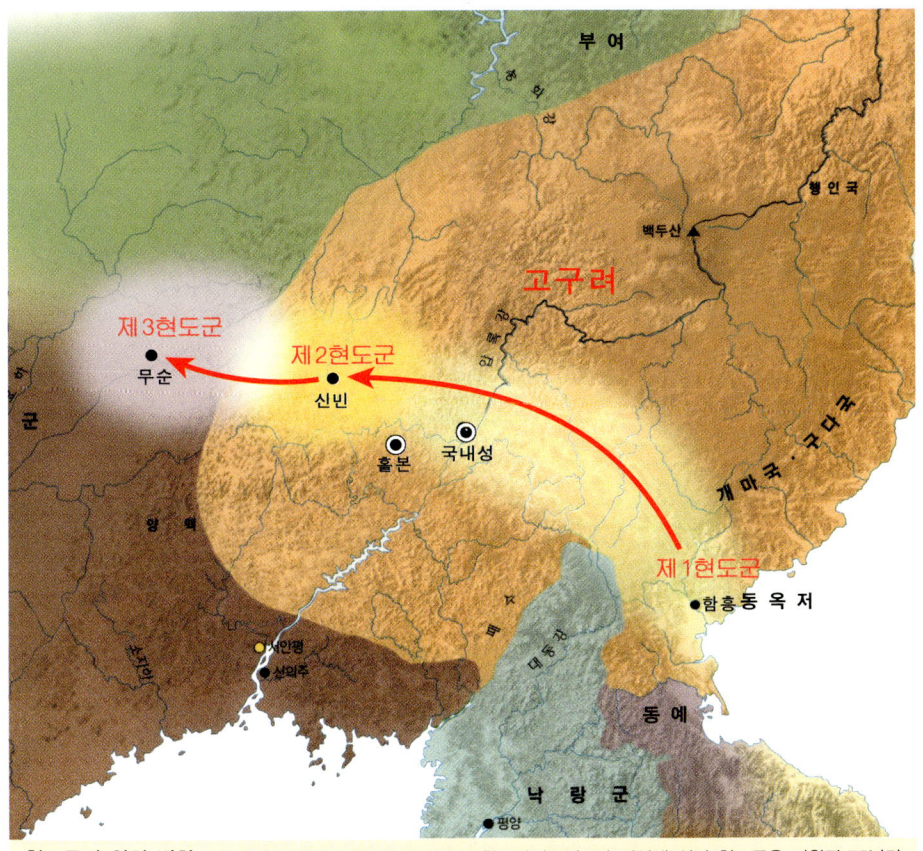

현도군의 위치 변화 | 예맥족은 압록강 유역을 중심으로 활동하였으며, 이 지역에 있던 현도군을 기원전 75년경 요동 지역으로 몰아 내어 그들의 정치적 역량을 나타내었다.

을 것으로 생각된다.

주몽도 부여에서 내려온 이주민이었다. 주몽이 이끄는 집단은 비류수(혼강) 유역의 졸본(卒本 : 오늘날의 중국 길림성 환인) 지역에 정착하여 소서노(召西奴), 모둔곡(毛屯谷) 집단과 연합하여 세력을 확대하였다. 주몽 집단이 부여에서 압록강 유역으로 내려오기 전부터 이 일대에 살던 사람들은 주변의 요새지마다 돌로 성을 쌓아 '구루(溝婁)'라고 불렀는데, 여기서 '구려(句驪)'라는 명칭이 생겨났다. 즉, 성을 잘 쌓는 사람들이라는 뜻이다. 이러한 이름 때문에 중국 사람들은 압록강 중류 지역의 주민 집단을 예맥이라고 부르지 않고, 그들의 가장 특징적인 모습을 나타내는 '구려'라고 부르게 되었다.

주몽은 졸본 지역에 나라를 세우고 '고구려(高句麗)'라고 나라 이름을 정하였으며, 고(高)를 왕실의 성씨로 하였다.『삼국사기』에서는 고구려가 건국한 시기를 기원전 37년이라고 하였다. 그러나 오늘날 압록강 중류 지역에 남아 있는 유적과 유물을 참

오녀산성에서 바라본 혼강(비류수)

고할 때, 그 시기는 좀더 올라가는 것으로 추정된다.

주몽 집단이 압록강 중류 지역의 졸본에 고구려를 건국하였으나, 기존의 여러 정치 세력을 모두 정복하였던 것은 아니다. 『삼국사기』 고구려본기에 의하면, 주몽은 고구려를 건국한 직후에 송양과 활쏘기를 겨루어 이겼는데, 이것은 송양의 세력도 만만치 않았음을 상징적으로 나타내는 것이다. 여하튼 오랫동안 압록강 유역에서 왕 노릇을 해 오던 송양의 집단은 힘겨루기에서 주몽에게 져 고구려에 복속하게 되고 주몽의 신하가 되었다.

주몽으로 대표되는 고구려는 자신들의 군사력을 바탕으로 하여 주변 세력을 정벌하는 한편, 요동 지역으로 쫓아 낸 현도군이 가까운 거리에 있었기 때문에 이들에 대한 군사 방어 준비도 해야 했다. 고구려의 건국 기원과 관련하여, 진정한 고구려의 기원은 주몽 집단이 부여에서 내려오기 전부터 압록강 중류 지역에 살고 있던 주민들이라는 주장이 있는데, 이는 매우 설득력이 있다.

다시 보는
고구려사

高句麗

제 2 부
고구려의 통치 체계
고구려왕은 어떻게 정치를 하였을까?
가장 고구려다웠던 5세기 고구려!
힘센 사람이 대대로가 되는 나라

고구려왕은 어떻게 정치를 하였을까?

금경숙 | 동북아역사재단 |

동서고금을 막론하고 어떤 국가를 이해하기 위해서는 그 나라가 언제 세워졌으며, 왕의 권한이 강했는지 아니면 약했는지, 왕은 신하들을 어떻게 다스렸는지 등에 대하여 알아보아야 한다.

한 국가를 이해할 수 있는 큰 그림을 그리기 위해서는 그 나라의 정치를 이해하지 않으면 안 된다. 그렇기 때문에 국사 교과서에도 정치에 대한 내용이 가장 먼저 나오는 것이다. 과거 정치는 왕이나 귀족들에 의해 행해졌고, 왕이나 귀족들도 당시 사회에 살았던 사람들 가운데 하나이기 때문에, 왕이나 귀족들에 대한 이해는 일반 백성들의 삶과 역사를 이해하는 데 도움을 줄 것이다.

고구려왕은 모두 계루부에서 나왔다. 그러나 정치를 잘 하지 못하는 고구려왕은 신하들에 의해 암살당하기도 하였다. 5대 왕인 모본왕(慕本王)은 포악하고 신하들을 못살게 굴어 두로(杜魯)라는 사람에게 죽임을 당하였다. 연개소문도 7세기에 영류왕(榮留王)을 시해(弑害)하였다. 이것은 고구려의 왕권이 약할 때 나타나는 현상으로 이해할 수 있다.

왕과 제가회의

고구려는 왕이 자신의 세력을 결집시키기 위해 성(姓)을 개인에게 주는 사성(賜姓) 제도라는 독특한 제도를 실시하였다. 사성은 각 세력 집단을 편제하는 방법으로 사용되었지만, 각 개인의 신체적인 특징을 징표로 하여 성을 주거나, 그 규모와 성격에 따라 다양한 성을 주었다. 고대의 성은 고려·조선 시대의 성씨와 다른 개념을 가지고 있었기 때문에, 왕에게서 하사받은 성씨라는 것만으로도 왕의 세력으로 인정받을 수 있었다. 이러한 점에서 고려 태조 왕건이 왕(王)씨 성을 준 사성(賜姓)과는 다른 성격을 띤다. 왕은 죽을 때까지 왕위에 있었으며, 왕위를 계승하는 것은 주로 장자(長子)인 아들이었다.

『삼국지』 위서동이전의 고구려조에 의하면, 3세기경의 고구려 관리 이름〔官名〕으로 상가(相加)·대로(對盧)·패자(沛者)·고추가(古鄒加)·주부(主簿)·우태(優台)·승(丞)·사자(使者)·조의(皂衣)·선인(先人) 등이 나온다. 또,『삼국사기』 고구려본기에는 국상(國相) 등의 관명이 나오며, 지방 관리의 이름도 보인다. 고구려 초기의 관등(官等)은 서로 대응되는 특징이 있는데, 대로가 있으면 패자를 두지 않고, 패자가 있으면 대로를 두지 않았다는 설명을 보면 이 두 관등은 서로 같은 성격을 가진 것으로 보인다. 이렇게 볼 때, 고구려 초기의 관등은 대로=패자, 주부·우태, 승·사자·조의·선인 등으로 파악된다.

집안시에 있는 국동대혈 | 고구려에서는 매년 10월에 온 나라에서 크게 모여 수신(隧神)을 맞이하여 나라의 동쪽에 모시고 가 제사를 지냈다. 이러한 행사에는 왕과 제가(諸加)들이 모두 참석하였을 것이다.

고구려의 중앙 정치에서 또 하나 중요한 역할을 한 것은 제가회의(諸加會議)였다. 고대 정치에서는 왕이 정치를 주도하였지만, 왕과 귀족들이 협의하여 국가의 중요한 일을 의논하여 결정하였다. 이 회의에는 나부의 여러 가(加)가 참석하여 의논하였다. 특히, 국가에 중요한 반역죄를 저지른 죄인에 대하여 어떠한 결정을 내릴 것인지, 그 가족은 어떻게 처리할 것인지에 관해 의논하였다. 제가회의가 고구려의 중앙 정치를 이끌어 가는 중요한 회의 기관의 역할을 한 것은 나부 체제 아래에서였다.

그러나 고구려 국가 체제는 점차 왕권이 강화되고, 왕에 의해 허용되었던 나부의 독자성은 약화되었다. 나부 체제의 기본 골격은 유지되었지만, 각 세력은 왕권과의 친밀도에 따라 중앙에서의 정치적 입장이 달라졌다. 그리고 그 동안 왕을 돕던 좌보(左輔)와 우보(右輔)가 2세기 후반 신대왕(新大王) 때에 국상제(國相制)로 바뀌었다. 국상은 왕권 강화에 따라 왕권을 뒷받침하고, 왕과 제가 세력의 관계를 조정하는 역할을 하였다.

진대법을 실시하여 배고픈 백성을 구제하다

고구려는 2세기 말경인 고국천왕(故國川王) 때부터 사회·경제적 변동이 심하였다. 『삼국사기』 고구려본기 고국천왕 13년(191)과 16년(194)의 자료에 의하면, 농사를 지어 스스로 생계를 유지하는 계층〔力田自給〕이 있었는가 하면, 남의 집에 품을 팔아 생계를 유지하는 용작농(傭作農)도 있었다.

지배층은 농민들의 토지와 집을 빼앗아 부(富)를 쌓았다. 특히, 품을 파는 사람들은 흉년이 들면 생존에 위협을 느껴 떠돌이 생활을 할 수밖에 없는 형편이었다. 떠돌이 생활을 하는 유랑민의 숫자가 증가하면 국가 재정에 문제가 생길 뿐만 아니라, 그들은 유력한 집안의 노비가 될 수밖에 없었다. 이렇게 발생한 심각한 계층 분화 현상은 농업의 발달에 기인한다고 볼 수 있다.

고국천왕은 13년(191)에 을파소(乙巴素)를 국상으로 삼아 정치를 맡기고, 생활에 곤란을 겪는 홀아비·과부·고아·자식이 없는 노인 들에게 매년 3월부터 7월까지 관청의 곡식을 식구 수에 따라 차등적으로 빌려 주고 10월에 갚도록 하였다. 이러한 빈민 구제는 매년 실시하도록 법으로 규정하였는데, 이것이 진대법(賑貸法)이다. 진대법의 실시로 유랑민을 없애고 조세를 부담할 수 있는 공민(公民)의 수를 확보하여, 정치를 안정시키고 왕권을 강화하는 계기가 되었다.

『삼국사기』 고구려본기를 보면 '나'만 보이는 시기가 있고, '나'와 '나부'가 동시에 보이는 시기가 있다. 그리고 '나부'와 '방위명의 부'가 동시에 보이는 시기가 있으며, '나부'는 더 이상 보이지 않고 '방위명의 부'만 보이는 시기가 있다. 이것은 고구려의 정치 발전 단계와 밀접한 관련이 있다. '나부'와 '방위명의 부'가 동시에 보이다가 동부(東部)·서부(西部) 등의 '방위명의 부'가 점차 많이 보이게 되는 것은, 왕권이 강화되어 집권 체제(集權體制)가 이루어지고 있다는 것을 뜻한다. 이러한 현상은 대체로 3세기 중엽을 전후하여 나타난다.

3세기를 전후하여 고구려의 관등 체계(官等體系)에도 변화가 보인다. 패자나 우태 등의 관등이 소멸되는 대신 형계(兄系) 관등이 새로이 보인다. 또, 왕권을 뒷받침하던 사자계(使者系) 관등은 더욱 분화된다. 형계의 관등과 사자계의 관등을 축으로 하는 고구려의 관등 조직은 고구려 멸망 때까지 400여 년 간 유지되었다.

왕권이 집권화됨에 따라 지방에 대한 통치 조직도 변화되었다. 고구려는 초기부터 곡(谷)과 촌(村)이 사료에 자주 보이지만, 곡과 촌은 엄격한 지방 행정 구역은 아니었던 것 같다. 압록강 유역과 그 지류(支流)에 주민이 살기 시작하면서 자연 지리적인 조건에 따라 골짜기를 따라 주민들이 살게 된 것으로 보는 것이 자연스럽다.

『삼국지』 위서동이전 고구려조에 의하면, "고구려에는 큰 산과 골짜기가 많고 넓은 들은 없어 산골짜기에 의지하여 살면서 산골의 물을 식수로 한다."고 하였다. 이러한 점으로 미루어, 고구려 초기에는 지방 조직이 자연적인 촌락의 성격을 띠었을 것으로 보인다. 그러나 2세기 말경 고국천왕이 진대법을 시행하기 위하여 빈민을 조사했다면, 이미 이 시기에 어떤 지방 단위가 존재하였을 것으로 추정할 수 있다.

『삼국사기』 고구려본기의 미천왕(美川王) 즉위조 기사를 보면, 미천왕이 왕으로 즉위하기 전에 겪었던 어려움에 관해서 보여 주고 있다. 이 사료에 따르면, 미천왕 을불(乙弗)이 도망다닌 압록강 중류 유역 일대의 거의 모든 지명이 '촌(村)'으로 표기되어 있고, 촌 위에 '곡(谷)'이 설정되어 있으며, '재(宰)'라는 지방관이 있었던 것으로 나타나 있다. '재'라는 지방관의 명칭은 같은 3세기인 봉상왕(烽上王) 때에 고구려의 신성(新城)에 '재'와 '태수(太守)'가 파견된 것과 관련지을 수 있다.

이러한 점으로 미루어 보아, 고구려는 왕권이 강화되고 나부가 해체되기 시작하면서 지방에 대한 통치가 곡·촌제로 정비되기 시작하였음을 알 수 있다. 지방관이 파견되었다는 것은 중앙의 통제력이 지방에 미치고 있었음을 말해 준다.

중앙에서 지방관을 파견하기 위해서는 도로가 만들어져 있어야 했을 것이다. 우선, 중요한 지점에 이를 수 있도록 도로를 만들고 그 지역에 지방관을 파견하였을 것이다.

고구려의 통치 체계

교통로상의 중요한 지점은 전략적으로 요충지이기도 하여 행정의 거점이 되었다.

고구려는 국가 체제를 정비한 후, 밖으로 대외 정복에 적극적으로 임하였다. 고구려는 초기부터 이종족(異種族)을 복속시켰다.『삼국사기』고구려본기에 의하면 동명성왕 때에 말갈(靺鞨)을 복속시켰고, 유리왕 때에는 선비(鮮卑)를 복속시켰다. 고구려는 복속시킨 이종족을, 평상시에는 그들의 독자성을 인정해 주었지만 한족(漢族) 세력과 전쟁을 할 때에는 군사로 동원하였다.

이후 1세기 중엽인 태조왕 때부터 고구려는 더욱 적극적으로 대외 전쟁에 나서, 1세기 후반경에 동옥저(東沃沮)를, 2세기 중·후반경에는 동예(東濊)를 복속시켰다. 고구려는 동옥저에 대해서도 옥저의 기존 사회 질서를 그대로 유지시킨 채 공납(貢納)을 받았다. 동옥저가 고구려에 복속된 이후 고구려가 가져간 경제적인 이익이『삼국지』위서동이전 동옥저조에 잘 나타나 있다. 고구려는 옥저의 대가(大加)로 하여금 조세(租稅)를 받게 하여 맥(貊)·포(布)·물고기·소금·해초류 등을 천 리나 되는 거리에서 나르게 하고, 옥저의 미인을 보내게 하여 종이나 첩으로 삼았다고 한다. 동옥저는

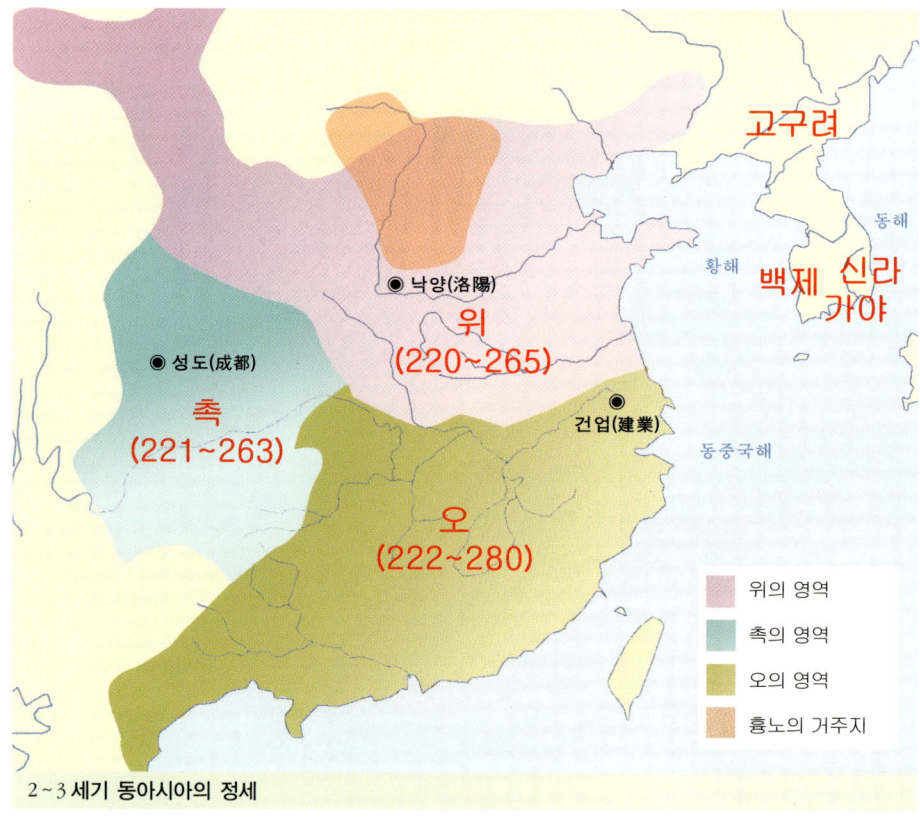

2~3세기 동아시아의 정세

토질이 비옥하며, 산을 등지고 바다를 향해 있어 오곡이 잘 자라고 농사짓기에 적합하여 각종 농산물도 풍부하였다. 고구려가 영역을 확대하는 데 적극적이었던 이유가 전략적인 이유뿐만 아니라 경제적인 배경에서 비롯되었을 것이라는 것은 이 예를 통해서도 확인할 수 있다.

고구려는 건국 이전부터 괴롭히던 현도군을 동쪽으로 계속 쫓아 낸 뒤, 2세기 전반에 현도군과 요동군을 공략하였다. 또, 2세기 중반 차대왕(次大王) 때에 요동과 한반도 서북을 잇는 교통 요충지인 압록강 하구의 서안평(西安平)을 습격하여 대방령(帶方令)을 살해하고 낙랑태수(樂浪太守)의 처자를 사로잡았다.

그러나 2세기 말경의 고구려는 내부의 사회·경제적 변화에 직면하여 적극적인 대외 정복 활동을 하지 못하였고, 3세기 전반에는 중국이 위(魏)·오(吳)·촉(蜀) 삼국으로 병립하게 되자 요동의 공손씨(公孫氏) 세력에 대항하기 위하여 위나라와 관계를 맺었다. 위나라가 요동을 차지한 뒤로는 위나라의 강한 압력을 받았다. 동천왕(東川王) 20년(246)에 위나라의 유주자사(幽州刺史) 관구검(毌丘儉)의 침략을 받아 환도성(丸都城)이 함락되고, 왕은 옥저로 피신하는 등 국가적으로 매우 큰 타격을 입기도 하였다.

고구려의 집권적인 국가 체제는 3세기 중·후반경부터 시작되었다고 볼 수 있다. 이 당시 고구려는 안으로 국가 체제 정비에 주력하여 국가 발전의 기틀을 마련하면서 선비 모용씨(慕容氏)의 침략에 대비하기 위한 방어책을 수립하였다. 이러한 체제의 정비와 함께 4세기에 내적으로 율령을 반포하고, 이를 기반으로 5호 16국 시대라고 불리는 분열의 시대에 적극적으로 임하면서 새로운 단계로 도약하였다.

관구검 기공비

가장 고구려다웠던 5세기 고구려!

김현숙 | 동북아역사재단 |

 고구려 하면 떠오르는 것은?

웅혼한 기상, 광개토대왕(廣開土大王), 〈광개토대왕릉비〉, 넓은 영토, 공고하게 구축된 성벽, 말을 타고 날렵하게 달리며 사냥을 하는 무사들, 강한 자주성, 고구려 하면 아마도 이런 것들이 가장 먼저 머리에 떠오를 듯싶다. 의외로 대단히 우아하고 귀족적이며 세련된 미감(美感)도 고구려 사회에 존재했지만, 그보다는 강인한 군사 대국, 광대한 영토 등이 먼저 생각난다. 너무나 오랫동안 작은 영토에 강대국들로 둘러싸인 나라로서 겪었던 여러 가지 비애가 우리 민족의 가슴 속에 가득 차 있어 고구려의 강대함이 더욱 그립기 때문인 것 같다.

700여 년의 고구려 역사 가운데에서 가장 강했던 시기가 바로 5세기였다. 한 이삿짐 센터가 회사 이름을 '5세기 고구려'라고 붙인 것을 보면, 전성기 고구려의 영광이 오늘날에 재현되기를 바라는 마음이 지금도 가득하다는 것을 알 수 있다.

5세기 고구려는 최대 판도의 영토를 가지고, 국가적인 발전도 최고조에 이른 전성기였다. 하지만 이것만이 전부는 아니었다. 앞에서 열거했던, 우리가 늘 떠올리고 그리워하는 고구려의 이미지가 가장 전형적으로 표출되는 시기가 바로 이 때였다. 가장 고구려다웠던 시기였던 것이다. 전 국가적으로 힘과 자신감이 넘쳤고, 구성원들도 정신적으로나 육체적으로 강건했다. 이 시기의 생동감 넘치는 사회 분위기는 5세기에 그려진 고분 벽화 속의 생활 풍속도에 생생하게 나타나 있다.

전성기 고구려의 주역, 광개토대왕과 장수왕

5세기 고구려는 어떻게 구축되었을까? 전성기를 이룩하는 데 가장 큰 공을 세운 왕은 역시 광개토대왕이었다. 이름 그대로 광대하게 개척한 영토가 고구려 발전의 초석이 되었던 것이다. 광개토대왕의 업적은 그 아들인 장수왕(長壽王)이 세운 6.39m의 거대한 돌비석에 잘 나타나 있다.

광개토대왕은 즉위하자마자 시라무렌 강 유역에 있던 거란족을 정벌하는 등 대외 정복 전쟁을 연이어 벌였다. 그리고 그의 탁월한 군사 능력으로 인해 모든 전쟁은 고구려의 승리로 끝이 났다. 오랫동안 각축전을 벌여 왔던 후연(後燕)과의 지리한 싸움 끝에 태조왕(太祖王) 이래의 숙원이었던 요동 지역을 마침내 모두 차지했다. 그리고 건국 초부터 정통성 문제로 경쟁을 벌였던 부여의 원거주지인 길림(吉林) 일대도 모두 영토 안에 넣었다.

또, 할아버지인 고국원왕(故國原王)을 죽인 백제를 철저히 응징하고 한강 이북 지역을 점령했다. 그 과정에서 아신왕(阿莘王)을 궁성 밖으로 끌어 내어 무릎 꿇렸고, 왕의 동생 이하 수많은 사람들을 포로로 끌고 오기도 했다. 동만주에 살고 있던 숙신과, 고구려 아래로 들어와 있던 동부여에 대한 지배권도 강화했다. 신라 내물왕(奈勿王)의 원군 요청을 기회로 삼아 남부 지역으로의 군사 진출을 통해 가야권을 재편했

복원된 태왕릉 | 광개토대왕릉으로 비정되고 있는 중국 길림성 집안시에 있는 태왕릉

고, 소백산 너머 순흥, 봉화, 임하, 청하, 영덕까지 지배하였다. 서로 요하, 동으로 연해주, 북으로 송화강 유역, 남으로 한수 이북과 영덕선까지 판도를 넓힌 것이다.

장수왕은 부왕이 이룩한 업적을 잘 계승했을 뿐만 아니라, 영토도 확대하고 국제적인 역량도 강화했다. 비록 신라의 이탈로 재위 말년에는 경북 북부 지역에 대한 지배권을 상실했지만, 백제의 수도 한성을 함락시킴으로써 한강 유역 전체를 차지하고, 아산만 일대를 비롯하여 충청 북도와 충청 남도 북부 지역 일대까지를 행정 구역으로 편제하여 영역을 지배하였다. 대흥안령(大興安嶺) 산맥 남부 지방과 서요하 사이에 있던 지두우를 분할 통치하기로 북방 유목민 왕조인 유연과 논의하기도 했으며, 눈강(嫩江) 유역과 대흥안령 산맥 일대에 거주하는 반수렵 반목축민의 나라인 실위(室韋)에 철을 수출하기도 하였다. 이런 사실들은 고구려의 세력권이 얼마나 광대하였는가를 잘 보여 주는 것이다.

영토를 넓힌다는 것은 그 곳에 사는 주민의 지배를 동반하는 것이므로, 세금원과 병사의 숫자가 늘어나게 되는 것이다. 따라서, 국력의 증가, 국가의 발전을 위해서는 일단 영토를 넓히는 것이 꼭 필요하다. 백제의 정복 군주라고 하는 근초고왕(近肖古王)이나, 후발 주자인 신라가 최종 승자가 될 수 있도록 토대를 구축한 진흥왕(眞興王)의 업적 가운데 가장 손꼽히는 것이 영토 확장이다. 광개토대왕, 장수왕 모두 그런 점에서 고구려를 가장 고구려답게 한 왕이었다는 데 아무도 이의를 제기하지 않을 것이다.

남성골 유적 ┃ 충청북도 청원군 부강리에서 발견된 고구려 유적. 전성기 고구려의 남진 상황을 잘 보여 주는 유적이다.

이 두 왕 대의 영역 팽창은 그 이전에 이루어진 내치(內治)에서의 성공이 뒷받침된 결과였다. 즉, 4세기 후반기에 이루어진 고구려의 내부 체제 정비의 결과가 대외 정복 활동의 성공적인 수행을 가능하게 해 준 것이다. 그렇게 보면, 5세기 대의 전성기를 위한 초석은 소수림왕(小獸林王)이 놓아 주었다고 할 수 있다.

소수림왕, 5세기 고구려를 위한 초석을 놓다

일반적으로 알려져 있듯이, 소수림왕 때에 고구려는 국왕 중심의 중앙 집권적인 통치 체제를 완전히 구축했다. 이 시기에 국내의 모든 사람들이 국왕을 중심으로 결집될 수 있도록 정치, 군사, 사회 등 제반 분야의 제도를 정비하였다. 그 동안 다원적으로 구성되어 있던 관등제를 형계(兄系)와 사자계(使者系) 관등 중심의 일원적인 관등제로 재편했다. 이로 인해, 새로 편입된 다수의 지배층을 중앙 집권적 지배 질서 속에 편제하고, 관직을 더 분화하고 관부를 증설함으로써 행정의 효과를 극대화할 수 있게 되었다.

사상적인 측면에서도 모든 사람들이 보편적으로 믿을 수 있는 불교를 도입, 보급하여 신앙 자체에서 공통 분모를 마련해 나갔다. 또, 태학을 설립하여 유교적 소양을 갖춘 충성스러운 인재를 배출해 낼 수 있게 되었다.

신분제도 정비했다. 고구려의 신분은 귀족, 평민, 천민의 세 계층으로 구성되어 있었는데, 사회가 발전하면서 이들 각 신분층이 다시 분화되었다. 지배층인 귀족층도 승진의 한계를 지닌 몇 개의 계층으로 나뉘었고, 평민들도 경제적 부의 차이에 따라 다시 몇 개의 층으로 세분되었다.

또, 새로 도입한 율령제(律令制)를 통해 전국의 모든 사람들에게 공통된 법률의 지배를 받게 하였다. 이제 고구려인 전체, 즉 원래의 고구려인들과 새로 편입된 사람들, 그리고 이전부터 존재하던 집단 예속민들이 모두 같은 고구려인으로서 동일한 신분제 아래 편제되어 왕의 백성으로 살아갈 수 있게 되었다.

이와 함께 조세 제도를 정비했고, 지방 통치 체제도 다듬었다. 특히, 지방 통치는 집단별로 이루어지던 다원적인 간접 지배에서 국왕의 통치권을 대행하는 지방관에 의한 일원적이고 직접적인 지배로 전환되었다. 이에 따라, 전 영토에 대한 지배가 훨씬 조직적이고 체계적으로 이루어지게 되었다. 고대에는 행정적 지배와 군사적 지배가 일체화되어 있었으므로 지방 통치 체제의 정비는 곧 군사 조직의 정비를 가져왔다.

무용총 수렵도 ┃ 5세기 고구려 사회의 생동감을 잘 보여 주는 대표적인 고분 벽화이다.

〈광개토대왕릉비〉 ▎ 광개토대왕과 장수왕 대의 욱일승천하는 고구려의 힘을 잘 느끼게 해 준다.

고구려 안에 살고 있는 모든 사람들이 국왕의 공민으로서, 왕에게 세금을 내고 왕을 위해 싸우면서, 왕의 나라인 고구려가 곧 자신과 가족이 사는 나라라는 사실을 자각하게 되었다.

대외 정복 전쟁에서의 연이은 승리는 이러한 국가 내부의 변화, 곧 사회 구성원의 성격 변화가 가져온 결과였다. 이전에는 전투를 하는 것 자체가 특권이어서 집단 천민이나 새로 편입된 사람들, 일반민들은 무기를 쥘 수 없었다. 그들은 화살이 쏟아지고 긴 칼이 춤추는 전쟁터에서 기껏해야 식량을 나르는 일만 할 수 있었다. 싸움에 나서 보았자 목숨을 내놓은 대가로 얻는 것도 없었다. 전승의 결과로 얻는 노획물은 모두 귀족의 차지였기 때문이다. 일반민은 소모품에 불과했고, 편입민들은 어디까지나 전쟁에 져서 끌려온 포로이자 복속민이었을 뿐이다. 그러나 이제는 그렇지 않았다. 이들도 모두 법적으로 생명의 안위가 보존되는 국가의 공민(公民)이었다.

국왕의 신하이자 고구려인으로서 전투에 동원된 사람들은 모두가 고구려인으로서, 자신과 가족, 그리고 국가의 안위를 위해 무기를 들고 싸웠다. 여기에 그들이 섬기는 왕 자체가 최고의 군사 전략가였다. 직접 군대를 이끌고 앞장서 말을 달리며 종횡무진 전장을 누비는 국왕과 그를 따르는 충성심이 뛰어난 군사들이 함께 거둔 결실이 곧 영토 확장과 그로 인한 국가 발전이었다.

✿ 하늘의 아들이자 하백신의 외손이 다스린 성스러운 나라

더욱이 고구려의 왕들은 모두 하늘의 아들이자 물을 다스리는 하백신(河伯神)을 외할아버지로 둔 신의 자손이었다. 고구려왕들은 건국 신화를 더욱 다듬어 왕족을 신성화하는 작업을 극대화했다. 그와 함께 신하들과 백성들에 대한 세뇌 작업도 게을리하지 않았다. 천손족(天孫族)이 다스리는 고구려는 신성한 땅이었고, 그 백성들도 선택된 사람들이었다. 그런 백성들과 귀족, 그리고 국왕에 대한 믿음과 국왕의 능력이 한데 어우러져 폭발적인 힘을 발휘하면서 모든 전쟁을 승리로 이끌 수 있었다. 고구려의 왕들은 이제 보통 왕이 아닌 왕 중의 왕으로서, '태왕(太王)', '대왕(大王)', '호태왕(好太王)', '호태성왕(好太聖王)', '성태왕(聖太王)'으로 불리는 신격화된 존재였다. 고구려 자체가 자타가 공인하는 황룡의 나라였다.

5세기 고구려 사회는 이처럼 대단한 변화와 발전을 이룩하였다. 당시 중국은 남조와 북조로 나뉘어져 있었고, 북방에는 유목민 국가인 유연(柔然)이 존재하는 분열의 시기였다. 동아시아 전체가 중국의 남조와 북조, 그 북방의 유목민 왕조, 그리고 동북방의 고구려가 지배하는 세계로 크게 4등분 되어 있는 상태였다. 네 세력은 절묘하게 힘의 균형을 이루었고, 따라서 어느 한쪽도 그 균형을 쉽게 깨뜨릴 수 없는 상황이었다.

이 때 고구려 세력권 안에는 숙신, 부여, 백제, 신라 등이 있었다. 고구려는 이들을 자신의 지배권 아래에 있는 속민으로 간주하였다. 동북 아시아 일대에 이른바 고구려 중심의 독자적인 천하가 구축되어 있었던 것이다. 그 천하는 중국의 왕조나 유목민 왕조 어느 쪽도 간여할 수 없는 고구려만의 천하였다.

이러한 상황은 국제적으로 공인된 것이었다. 이 시기 고구려의 국제적 위상은 중국의 남북조 왕조에 대한 등거리 외교를 통해서도 확인된다. 고구려는 남북조 왕조와 동시에 조공 책봉 관계를 맺음으로써 외교와 무역에서의 실리를 추구할 수 있었다.

당시 고구려와 중국 왕조들과의 관계는 436년 5월 북연이 멸망할 때의 상황에서 잘 드러난다. 이 때 북위는 북연을 정복하기 위해 주변 세력에 사전 공작을 한 뒤 북연의 수도 화룡성[和龍城 : 지금의 조양(朝陽)]으로 진격하였다. 북위의 침략을 받은 북연은 북위보다 고구려 쪽으로 가고자 하는 세력이 많았기 때문에 고구려에 도움을

당당한 위용을 자랑하는 장군총

청하였다. 이에 고구려의 장군 갈로맹광(葛盧孟光)이 군사 2만을 이끌고 와서 북연 왕 풍홍(馮弘)과 그 백성들을 데리고 가려 했다. 고구려 출신의 고운(高雲)이 왕이 된 이래 고구려에서는 북연을 친족의 나라라 하면서 상호 우호적인 관계를 유지하고 있었기 때문이다.

이 때 북연의 화룡성 밖에는 북위군과 고구려군이 맞닥뜨려 서로 견제를 하고 있었고, 그 안에서는 북연의 지배층이 친북위파와 친고구려파로 나뉘어 어느 쪽으로 붙을 것인지 결정을 못 하고 있는 상태였다. 그 때, 친북위파가 성문을 열었다. 그러나 북위군이 혹 속임수가 있을까 두려워하여 우물쭈물하는 사이에, 고구려군이 특유의 뚝심을 발휘하여 먼저 성 안으로 들어가 왕과 왕족, 귀족들과 백성들을 데리고 나와 고구려로 가 버렸다. 이에 대해 주변에 있던 북위군은 전혀 손을 쓰지 못한 채 당황해 하고만 있었다고 한다.

그 뒤에도 흥미로운 일이 벌어졌다. 북연 왕 풍홍은 일단 고구려의 힘을 빌려 위기를 벗어난 후 남중국의 송나라와 결탁하여 북위를 치고 나라를 회복하려고 했다. 그런데 고구려 땅에 도착하자마자 장수왕이 "용성왕(龍城王) 풍군(馮君)이 이렇게 와서

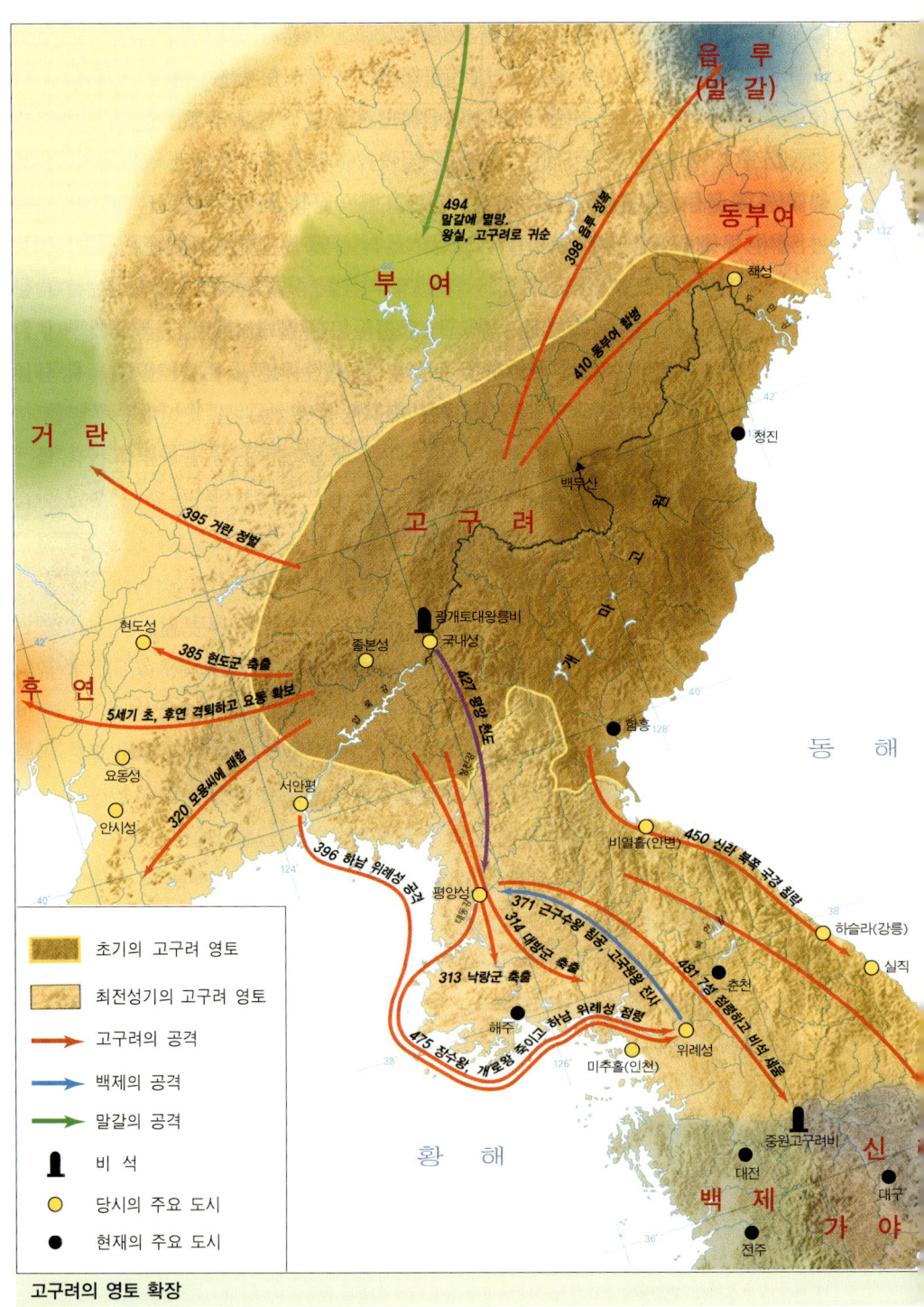

고구려의 영토 확장

야숙(野宿)을 하니, 사마(士馬)가 얼마나 피로하겠느냐?"하면서 그를 신하로 취급했다. 이에 화가 난 풍홍이 몰래 사람을 남송에 보내어 투항하려고 교섭을 하였고, 이에 남송이 왕백구(王白駒)에게 군사 7천을 주어 그를 맞이하게 하였다.

그러나 이를 눈치챈 장수왕이 장군 손수(孫漱)와 고구(高仇) 등을 보내 풍홍을 처단했다. 이에 왕백구가 손수를 사로잡고 고구를 죽였다. 그러자 이번에는 장수왕이 왕백구를 사로잡아 남송에 보냈다. 고구려로서도 더 이상의 분쟁 확대는 불필요하다고 생각해서 이런 조처를 취했던 것 같다. 어쨌든 송나라로서는 송나라에 대한 정면 도전이라고 생각할 수 있는 일이었다. 그럼에도 불구하고 송나라에서는 고구려와의 관계 악화를 염려하여 왕백구를 하옥시키는 선에서 일을 정리하고 고구려에 대해 아무런 조치를 취하지 않았다.

이것은 당시 국제 사회의 분위기와 고구려의 위상을 잘 보여 주는 대표적인 사건이었다. 뒤에 북위에서 고구려를 황룡국으로 칭했던 것과, 사신의 관저를 둘 때 제(齊) 사신의 관저 다음 가는 규모로 고구려 사신의 관저를 설정했던 것도 같은 맥락에서였다. 이처럼 5세기 고구려의 국제적 위상은 중국의 어느 왕조도 무시할 수 없을 정도였다. 우리 역사상 가장 자주적인 외교 관계를 유지했던 때가 바로 이 때였던 것이다.

우리가 그리워하는 고구려의 전성기, 5세기 고구려를 돌아보면 4인조 릴레이 경주가 연상된다. 즉, 소수림왕이 이전의 선수들이 쌓아 놓은 노하우를 충분히 활용하여 출발을 잘 해 놓았고, 그 다음 가장 유능한 선수인 광개토대왕이 나와 무서운 속도로 달려 1위로 부상하게 만들었으며, 그로부터 바통을 이어받은 장수왕이 2위와의 거리 차를 멀찍이 떨어뜨려 놓았다. 그리고 마지막 주자인 문자왕(文咨王)은 앞 선수들이 붙여 놓은 가속도에 힘입어 무난히 1위로 골인할 수 있었던 것이다.

문자왕 이후 고구려 역사가 야성에서 세련과 부드러움으로, 소박함에서 우아함으로 변하면서 힘이 조금씩 빠지기 시작한 것은 승리 이후에 온 나른함과 자만심 때문이었는지도 모른다.

힘센 사람이 대대로가 되는 나라

이인철 | 동북아역사재단 |

❀ 힘센 자가 대대로가 되다니?

『구당서』 고려전에는 고구려에서 제일 높은 벼슬로 대대로(大對盧)를 전한다. 대대로가 나랏일을 모두 주재하였다고 하니(總知國事), 대대로는 오늘날로 치면 국무총리에 해당하는 고위 관직이었다. 대대로의 임기는 3년이었는데, 그 직위에 적합한 사람이 있으면 임기에 구애받지 않았다고 한다. 그렇지 않은 경우에는 교체하는 날에 순

삼실총 공성도

순히 대대로 자리를 내놓지 않으면, 서로 군사를 동원하여 공격을 하여 이긴 자가 대대로가 되었다. 말하자면, 고구려는 후기에 힘센 사람이 대대로가 되는 나라였던 것이다.

귀족들이 싸우고 있는 동안, 왕은 궁문을 닫아걸고 이를 전혀 제어하지 못하였다고 하니, 당시의 왕은 자신의 신하인 대대로를 뽑는 데에도 개입하지 못하는 허약한 존재였던 모양이다. 그렇다고 대대로의 선임이 반드시 무력 대결에 의해 이루어졌다고 보기는 어렵다. 평상시에는 귀족 간의 세력 조정을 통해 대대로의 자리가 평화적으로 교체되었고, 조정에 실패했을 경우에만 싸움을 벌여서 이긴 자가 대대로에 올라 국정을 장악하였던 것이다.

이처럼 왕이 귀족 세력을 통제하지 못하고 귀족들 상호간의 세력 규합과 대결에 의해 국가가 운영되는 정치 체제를 학계에서는 귀족 연립 체제, 그러한 정치 구도하에서 권력을 잡은 세력을 귀족 연립 정권이라고 부른다. 귀족 연립 정권이 들어서게 된 배경에는 왕권의 약화가 자리잡고 있다. 고구려의 왕권은 기본적으로 소수림왕 이래 정비된 집권 체제의 운영에 기반을 두고 강화되었지만, 광개토대왕, 장수왕 대에 활발하게 전개된 대외 정복 활동으로 인해 전제적 왕권이 급성장하였다. 〈광개토대왕릉비〉가 웅변하고 있듯이, 광개토대왕은 그 시호 '광개토경(廣開土境)'에 걸맞게 영토를 크게 확장하였고, 장수왕 역시 요동 지역을 안정적으로 확보함과 동시에 남진 정책을 추진하여 백제를 공파하고 한강 유역을 차지했으며 동남쪽으로는 지금의 영덕까지 고구려의 영역을 확장하였다.

고구려의 통치 체계

이러한 대외 정복 활동의 성공은 왕권의 강화에 크게 기여하였다. 대외적 갈등이 대내적 결속을 강화시켜 준다는 루이스 코저의 이론을 참고하지 않더라도, 계속되는 정복 활동과 그 성공은 고구려 사회에 내적 긴장감을 높여 왕을 중심으로 지배층을 결속시키고, 군사력도 왕권 아래로 집중시켰을 것으로 판단된다. 〈광개토대왕릉비〉를 보면, 총 7회의 정복 활동 중에 광개토대왕이 직접 군사를 거느리고 전쟁을 지휘한 경우가 5회나 된다. 장수왕도 63년(475)에 백제의 수도 한성을 공격할 때에 3만의 병력을 직접 지휘하였다. 이처럼 국왕이 직접 정복 활동에 참여하여 전쟁에 승리함으로써 왕의 권위는 더욱 높아졌고, 관념적으로도 고구려왕은 그 위엄을 사방에 떨치고 나라를 부강하게 하는 주인공으로 인식되었다. 또, 전쟁의 전리품을 왕권 강화의 기반으로 삼거나, 분배를 통하여 귀족 세력에 대한 통제력을 강화할 수 있었다.

왕권이 약화되다

문자왕 대까지도 백제나 신라에 대한 고구려의 공세는 계속되었으나, 백제가 다시 국력을 회복하고, 또 신라와 백제의 나제 동맹이 강화되면서 고구려의 남진은 별다른 진척을 보지 못하였다. 더욱이 고구려로부터 무기·무장의 제조 기술을 전수받은 신라가 중장기병으로 무장함에 따라 고구려군은 이제 더 이상 군사 장비와 무기 측면에서도 나제 동맹군보다 우위에 있지 않았다. 그나마 안장왕 대에는 대외 전쟁이 급격히 줄어들었다. 『삼국사기』에 의하면, 문자왕 대에는 백제와의 전쟁이 7회, 신라와의 전쟁이 3회인 데 비하여, 안장왕 대에 들어서는 백제와 2회의 전쟁 기사만이 있을 뿐이었다.

장기간에 걸친 대외 정복 활동의 침체는 왕의 권위와 위상에 상당한 손상을 주어 왕권의 약화를 초래하였다. 또, 장수왕의 신진 귀족 등용 정책으로 지배층의 저변이 확대된 상황에서 대외 정복 활동의 성과가 지지부진하자, 귀족들의 관심이 내부의 권력 분배 문제로 쏠려 지배층 자체의 분열과 동요를 불러일으켰다.

『일본서기』에 인용된 백제본기에 의하면, 고구려 안장왕과 안원왕은 정치적 변란에 의해 희생되었다. 안장왕이 살해된 동기는 확실히 알 수 없지만, 안원왕은 왕위 계승을 둘러싼 정쟁의 와중에서 희생되었다.

안원왕에게는 세 부인이 있었는데, 대부인은 아들이 없고, 중부인과 소부인은 소생이 있어 중부인측은 추군, 소부인측은 세군이라 하였다. 재위 15년(545)에 안원왕이 병들자, 후계를 노린 외척 추군과 세군 사이에 3일간에 걸친 격렬한 무력 충돌이 벌어졌다. 그 와중에 안원왕이 죽고, 분쟁은 추군측의 승리로 끝나, 중부인의 소생인 양원왕이 8세의 어린 나이로 즉위하였다. 이 때, 패배한 세군측의 희생자가 2천여 명이 넘었다는 것을 보면, 당시 왕위 쟁탈전에는 외척만이 아니라 상당수의 중앙 귀족이 참가하였던 것으로 짐작된다. 이러한 대규모 정쟁의 발발은 당시 귀족 세력 간의 분열과 갈등이 상당히 심각하였음을 보여 준다.

왕위 쟁탈전을 통해서 드러난 귀족 세력 간의 갈등은 양원왕 때에도 계속되었다. 『삼국사기』 거칠부전에 의하면, 양원왕 7년(신라 진흥왕 12년)에 백제와 신라의 연합군이 한강 유역을 공격할 때, 고구려의 혜량법사가 문도를 이끌고 신라군 장수 거칠부를 맞이하여 "지금 우리 나라의 정국이 혼란하여 멸망할 날이 얼마 남지 않았다."고 하면서 신라로 망명하였다고 한다.

안장왕에서 양원왕 때에 거듭된 정쟁을 겪고, 이 과정에서 한강 유역의 상실이라는 값비싼 대가를 치른 고구려 귀족들은 계속해서 신라의 북진, 돌궐의 위협, 북제(北齊)의 출현 등으로 대외적 위기가 고조됨에 따라, 지배층 전체의 파탄을 불러올지도 모를 격렬한 내부의 정쟁을 종식시키고 정국의 안정을 꾀하기 위해 귀족 연립 체제를 형성하였다.

백암성과 태자하

🌸 대대로와 막리지는 어떤 관직인가?

　귀족 연립 체제를 이해하기 위해서는 최고 직위인 대대로보다는 여러 명이 권력을 분점하면서 대대로의 취임에 도전하는 제2위의 태대형에 주목할 필요가 있다. 이 시기의 관등은 각 귀족의 세력 기반 비중에 따라 획득되었을 가능성이 높고, 고위 관등에 오른 자는 그만큼 큰 세력 기반을 가지고 있을 것이기 때문이다.

　태대형은 고구려 말기에 등장하는 막리지와 관련된다. 고구려 말기의 막리지는 국정을 전제하는, 정치적으로 강력한 실권을 장악한 존재였다. 막리지의 정치적 위상을 뒷받침하는 기반 중의 하나는 군사권의 장악이었다. 막리지가 당나라의 병부상서 겸 중서령에 비교된다는 기록이나, 연개소문의 조부가 막리지로서 '양야양궁(良冶良弓)'하여 군권을 쥐고 나라의 권세를 장악하였다는 기록에서 막리지가 군사권을 장악하고 있었음을 알 수 있다. 대대로 선임을 위한 무력 충돌이 일어났을 경우, 군사권을 장악한 막리지가 상대적으로 유리한 위치를 차지하였을 것이다. 태대형, 즉 막리지가 고구려 후기 권력의 핵심으로 떠오른 데에는 각 귀족 집단의 개별적인 무력 배경이 요구되는 귀족 연립 정권 아래에서 그것이 가지는 군사권에 힘입은 바가 컸다.

　막리지의 정원은 다수였다. 당시 임기 3년의 대대로는 다수의 막리지 중에서 교대로 선출되었다. 교대 선출 방식은 지속적인 권력의 독점에 의해 초래될 수 있는 치열한 정쟁을 예방하는 제도적 장치의 기능을 하였다. 세력의 우세 여하에 따라 계속 역임할 수도 있고, 세력 관계 조정에 실패할 경우에는 군사를 동원한 정쟁이 벌어지기도 하였다. 그러나 주기적인 대대로 선임 과정에서 각 귀족 집단의 정치적 이해 관계가 반영, 조정되었을 것이기 때문에 과거와 같은 극한적인 정쟁에서 벗어날 수 있었다.

　평원왕 이후 연개소문의 정변이 있기까지 80여 년 동안 상대적으로 안정된 정국이 유지되었던 배경에는 각 귀족 집단을 대표하는 유력 가문의 대표자들이 다수의 막리지직을 차지하고, 대대로 선출 과정에서 정치적 합의와 세력 관계의 조정이 가능한 귀족 연립 체제의 순기능이 자리하고 있었다. 귀족 연립 체제에서 대대로와 다수의 막리지가 정국 운영의 중심체로서 국가의 중대사를 논의하는 귀족 회의체를 구성하고, 대대로는 이 귀족 회의체의 의장이 되었다. 귀족 연립 체제의 권력 구조는 대대로 – 막리지의 형태였다.

　비교적 안정적으로 귀족 연립 체제가 운영되는 가운데에서도 왕권의 위상에 변화가 나타났다. 먼저, 영양왕은 세상을 구제하고 백성을 편안히 할 것을 자임하였다.

그는 재위 9년(598)에 말갈병을 거느리고 수나라의 요서 지역을 공격하였다. 왕이 직접 군대를 거느리고 출정하는 것이 왕권의 강화와 직결된다는 점에서 고구려가 수나라를 먼저 공격한 사건은 왕권에 변화가 있었음을 나타낸다. 『신집』이라는 역사책의 편찬도 안정된 왕권의 위상을 과시하려는 노력으로 이해된다. 그러나 수 양제의 조서에서 영양왕 때 고구려의 국내 사정을 "힘센 신하와 호족이 나라의 권력을 잡고 당파를 짓는 것이 풍속이 되었다."라고 지적했듯이, 정국 운영의 주도권은 여전히 귀족 세력이 장악하고 있었다.

수나라와의 전쟁에서의 승리는 영양왕에게 왕권 강화의 계기를 마련해 준 것으로 보인다. 계속되는 수나라의 침공은 왕실을 중심으로 하는 국가적 통합력을 높이고, 이에 따라 왕의 권위도 강화되었을 것이다. 또, 전쟁 과정에서 발생한 귀족들의 희생은 귀족 세력의 재편 가능성도 열어 놓았다. 이러한 점은, 수나라와의 전쟁 중에 평양으로 침공해 온 수나라 수군(水軍)을 격파하는 데 결정적인 공을 세운 영양왕의 동생 건무(建武)가 영류왕으로 즉위한 데에서 짐작할 수 있다.

연개소문의 영욕

영양왕 때에 수나라와의 전쟁을 통해 왕권은 이전에 비해 안정된 기반을 확립한 반면에, 대대로의 선임을 통한 귀족 연립 정권의 운영은 점차 그 기능에 한계를 나타냈다. 연개소문(淵蓋蘇文) 가문은 여러 대에 걸쳐 막리지의 지위를 차지하면서 강력한 군사력을 바탕으로 당대의 여러 귀족 가문 중에서도 가장 세력이 강하였다. 실력으로 대대로를 차지하는 정치 운영 구조에서 연개소문 가문의 독주 가능성이 커진 것이다.

귀족 간의 합의를 통한 귀족 연립 체제에서 한 가문의 독주는 귀족들 전체의 이익에 큰 위협이 되었다. 이에 연개소문의 부친인 대대로 태조(太祚)가 죽은 것을 계기로, 다른 귀족들은 연개소문이 그 자리를 계승하지 못하도록 압력을 가하였다.

영류왕의 입장에서도 연개소문 가문의 독주는 결코 받아들일 수 없었다. 귀족들 사이에 세력 균형이 이루어질 경우에는 이전에 비해 상대적으로 높아진 왕권을 바탕으로 적절한 중재와 조정을 통하여 왕권을 강화할 수 있는 가능성이 있지만, 한 가문이 다른 귀족들을 압도할 경우에는 왕의 지위마저 불안해질 수 있었기 때문이다. 이러한 점에서 영류왕과 다른 귀족들은 연개소문 가문을 견제하려는 데에 이해 관계를

고구려의 통치 체계

같이하였다.

처음에는 연개소문이 아버지의 자리를 계승하지 못하도록 시도하였으나, 이것이 실패하자 연개소문을 변방의 천리장성 축조 책임자로 임명하여 중앙에서 내보낸 후 그를 살해할 계획을 세웠다. 그러나 이 계획이 사전에 누설되어, 거꾸로 연개소문의 반격을 받아 영류왕을 포함하여 대신 100여 명이 살해되었다.

보장왕 원년(642)에 정변을 통해 연개소문이 정권을 잡기는 했지만, 정변 직후에는 각 지방에 흩어져 있는 반대파 귀족들의 세력 기반을 완전히 장악하지는 못하였다. 당 태종의 침략을 물리친 안시성(安市城)의 성주는 연개소문의 정변을 반대했는데, 연개소문도 이를 굴복시키지 못하였다. 이처럼 지방의 군사력을 기반으로 하는 반대 세력이 존재하는 한, 연개소문으로서도 반대파를 완전히 제거하는 권력 구조의 재편을 적극적으로 추진할 수는 없었다. 또, 갈수록 고조되는 당나라와의 대외적 긴장도 대내 정치 분쟁의 확대를 주저하게 하는 요인이 되었다. 결국, 정변 이후에 연개소문은 반대파 귀족 세력의 정치적 입지를 어느 정도

낭랑산성 | 연개소문의 전설이 전해 오는 낭랑산성

인정하지 않을 수 없었다. 따라서, 정치 체제는 귀족 연립 체제의 성격을 어느 정도 유지하는 가운데 연개소문이 과거의 대대로에 비해 한층 강화된 정치적 권력을 행사하는 형태였다.

연개소문은 집권 이후 자신의 권력 기반을 강화하기 위한 일련의 노력을 기울였다. 정변 직후 동성(同姓)인 도수류금류(都須流金流)를 대신으로 삼고, 보장왕 2년에

는 도교 진흥책을 추진하면서 동시에 불교 및 유교에 대한 억압을 꾀하였다. 당시의 불교가 왕실이나 각 귀족 집단과 연결되어 있었던 점을 고려한다면, 그의 도교 정책은 왕권과 귀족 세력에 대한 통제 정책이었다. 사상계의 재편을 통하여 자신의 권력 기반을 강화하려는 연개소문의 도교 정책은 당연히 불교계나 귀족들의 강한 반발을 불러일으켰는데, 보장왕 9년(650)에 백제로 망명한 보덕(普德)의 예가 당시 고구려 불교계의 입장을 잘 보여 준다.

그 후 연개소문은 사적 권력 기반의 강화에 더욱 주력하였다. 그는 태대대로, 태막리지 등의 새로운 관직을 만들어 취임하였는데, 이는 연개소문이 자신의 집권력을 계속적으로 보장하기 위해 신설한 일종의 초월적 지위인 종신직으로 짐작된다. 아울러, 연개소문의 아들들인 남생, 남산 등은 보장왕 10년 이후 대형, 위두대형 등을 역임하면서 연개소문의 핵심적인 세력 기반을 조성하였다.

귀족 세력의 이탈

태대대로, 태막리지 등의 집권적 관직의 신설과 자신의 아들들을 요직에 등용하는 연개소문의 사적 권력의 강화는 대로의 주기적인 선출을 통해 귀족 세력 간의 세력 조정과 합의에 기초하는 기존의 정치 운영 체계를 부정하는 것이었다. 이는 곧 귀족 연립 정권의 정치 기반 자체를 붕괴시키는 결과를 초래하였기 때문에 귀족들의 상당한 반발을 불러일으키게 되었다.

귀족 세력의 반발은 연개소문이 사망한 후 그의 아들들의 권력다툼과 당나라와의 전쟁 과정에서 표면화되었다. 동생 남산, 남건에게 쫓긴 남생과 국내성의 귀족 세력은 국내성 등 6성과 10여만 호를 이끌고 당나라에 투항하였다. 당시 고구려의 이러한 분열 상황은 후기의 명문 가문 출신인 위두대형 고문(高文)이 당나라로 망명한 예로도 충분히 알 수 있다.

귀족 세력의 이탈은 당나라와의 전쟁 과정에서 고구려에 치명적인 타격을 주었다. 남생에 의한 국내성 세력의 이탈 이후, 서북의 요충지라고 할 수 있는 신성 등 16성과 부여성을 비롯한 40여 성이 차례로 당나라 군에 항복하였고, 연개소문의 동생 연정토(淵淨土)도 12성을 이끌고 신라에 투항하였다. 결국 국내성, 신성, 부여성 등 서북방의 중요 거점을 차례로 상실함에 따라 고구려는 더 이상 저항할 힘을 잃고 말았다.

고구려가 당나라와의 전쟁에서 결국 패배하게 된 원인의 하나는 귀족 세력의 분열과 이탈이었다. 전쟁의 중요 무력 기반인 지방 세력의 이탈도 이와 관련이 있다. 당시 귀족 세력 간의 모순이 심화된 이유는 기존의 귀족 연립 정권의 정치 운영 체제를 부정한 연개소문 가문의 파행적인 집권에서 찾을 수 있다. 대대로 – 막리지 중심의 정치 운영 체제는 불안정한 면도 적지 않았지만, 당시 귀족 집단 간의 정치적 이해 관계를 조정하여 분산적인 귀족 세력을 어느 정도 통합할 수 있는 기능을 가지고 있었던 것이다. 연개소문의 집권과 사적 권력의 강화는 이러한 정치 운영 체제를 부정하는 것으로, 귀족 간의 이해 관계를 조정할 수 있는 통로를 상실함으로써 귀족 세력 사이의 모순은 더욱 심화되고, 거듭되는 대외적 위기 속에서 끝내 귀족 세력의 분열과 이탈을 초래하였다.

결국, 힘센 사람이 대대로가 되었던 시기는 왕권이 약한 가운데 귀족들이 연합하여 그들의 이해 관계에 따라 대대로를 교대로 역임하다가, 귀족들 간의 조정에 실패하였을 경우에 무력으로 다투어서 이긴 자가 대대로가 된 시기였다. 따라서, 고구려 후기에 힘센 자가 모두 대대로가 된 것은 아니었다. 연개소문의 경우는 귀족들 가운데 지나치게 힘센 자가 권력을 독점함으로써 귀족 연립 체제를 파탄시켜 귀족 세력의 분열과 이탈을 초래한 대표적 예이다.

살수대첩 민족 기록화

다시 보는 고구려사

高句麗

제 3 부
고구려의 영역

고구려의 영역은 어디까지였나?

요동 땅을 다 차지하다

고구려의 그릇이 신라 무덤에 묻힌 까닭은?

고구려 보루가 아차산에 있는 까닭은?

고구려의 영역은 어디까지였나?

공석구 | 한밭대학교 |

 고구려의 땅끝 마을

고구려의 남쪽 끝은 어디까지이고, 북쪽 끝은 어디까지였을까? 우리는 학창 시절 고구려가 강력한 국가였고, 또 중국의 만주 지방까지도 우리 역사에 포함된다고 공부하였다. 따라서, 우리 역사에서 영토를 가장 많이 넓혔던 것으로 알려진 고구려의 경계선을 확인하고 싶어하는 것은 자연스러운 지적 호기심이다.

하지만 이 문제를 정확히 알기는 어렵다. 『삼국사기』나 『삼국유사』를 비롯한 어떠한 역사책에서도 우리가 필요로 하는 답을 얻어 낼 수 없다. 따라서, 이 문제를 해명하기 위해서는 역사책에 기록된 당시의 상황을 구체적으로 분석하여 추정해 내야 한다.

고구려는 왜 영역을 사방으로 확장해야 했을까? 그것은 고구려인이 직면하고 있던 환경적으로 불리한 조건들을 극복해 내는 과정에서 나타난 것이다. 『삼국지』에서도 지적하듯이, 고구려 지역은 농사를 지을 만한 평야 지대가 별로 없었다. 따라서, 고구려 사람들은 늘 배가 고팠고, 이러한 상황을 극복해야만 했다. 요즈음에는 부족한 식량을 외국에서 수입하면 되지만, 고구려 시대의 해결 방식은 주변의 평야 지대로 진출하여 식량을 확보하는 것이었다.

이 과정에서 고구려인들의 관심을 끌기에 충분한 지역이 요동 반도(중국), 대동강 유역(낙랑·대방군), 한강 유역(백제), 함경도의 해안 지대(옥저, 동부여)에 발달된 곡창 지대였을 것임은 짐작하기 어렵지 않다.

고구려의 영역 확장은 이처럼 주변의 평야 지대부터 시작되었다. 고구려가 처음 장악한 지역은 함흥 평야가 있는 옥저 지역이다. 고구려가 진출하기 제일 쉬운 곳이기 때문이다.

고구려가 영역을 가장 넓게 확장시켰던 때는 5, 6세기 무렵인데, 그것은 고구려가 사방으로 확장할 수 있는 국력이 축적되어 있었기 때문이다. 그 배경을 간단히 알아보자.

먼저, 고구려가 국가 성립 이후 당면해 왔던 대내외적인 상황이 달라졌다. 대내적으로는 왕권이 강화되어 왕권 중심의 집권력이 급성장하였다. 특히, 4세기 중엽 소수림왕 때에 시행된 일련의 시책들(불교 공인, 태학 설립, 율령 반포)은 고구려가 중앙 집권적 지배 체제를 정비할 수 있는 획기적인 계기가 되었다.

대외적으로는 국제 정세가 급격히 변화하였다. 국제 정세는 중국측의 세력 변동과 깊은 연관이 있다. 중국의 진(晉) 왕실은 내부적인 혼란으로 인해 국력이 약화되면서 급격히 쇠퇴하였다. 이를 틈타 주변의 여러 이민족이 봉기하였고, 진은 변방을 통치할 힘마저 상실하게 되었다. 고구려는 이러한 정세 변화를 능동적으로 주도해 나갔다.

이와 같은 변화상을 적극적으로 활용하고 난관을 극복해 나간 고구려인들은 5세기를 전후하여 대내외적으로 자신감을 표출하게 되었다. 〈광개토대왕릉비〉와 〈모두루묘지〉에는 당시 고구려인들의 자부심에 대하여 다음과 같이 기록하고 있다.

> (광개토대왕의) 무훈은 사해(四海)에 떨쳤다. (나쁜 무리를) 쓸어 없애니 국가는 부강하고 백성이 편안히 살게 되었다. 오곡이 풍성하게 잘 익었다.
> — 〈광개토대왕릉비〉

> 이 나라 이 고을이 가장 성스러움을 천하사방이 알고 있다.
> — 〈모두루묘지〉

고구려인들은 이러한 자기 정체성을 바탕으로 하여 다양한 민족과 문화를 하나의 문화 속에 융합시켰다. 고구려는 광개토대왕, 장수왕 대에 이르러 그 동안 축적된 강력한 힘을 바탕으로 하여 영역을 확장해 나갔다. 그러면 고구려가 어떻게 영역을 확장하였는지 구체적으로 알아보기로 하자.

요동 방면은 어디까지?

고구려의 서쪽 방면에 대한 영토 확장은 주로 요동 지방을 대상으로 하여 전개되었다. 요동 지방은 중국의 여러 왕조가 지배해 오던 지역이었다. 4세기에 접어들면서 진(晉) 왕조는 내부적인 혼란에 빠지면서 급격히 쇠퇴하였다. 이러한 상황은 요동 지방에도 영향을 끼쳤다. 요동 지방에 대한 진의 통제력이 약화되면서, 주변에 있던 이민족이 봉기하였다. 북방에서 유목 생활을 해 오던 선비족의 일파인 모용씨라는 집단이 봉기를 시작하였다. 모용씨는 요서 지방과 요동 지방을 장악해 나갔다.

한편, 요동 지방에서의 변화상을 알아 낸 고구려는 서서히 요동 지방을 향하여 영역을 확장해 나갔다. 이 과정에서 서로 간의 충돌은 불가피하였다. 양국의 충돌로 한때 고구려의 왕성이 함락되는 등의 피해를 입기도 하였다.

요동 지방을 장악한 모용씨는 전연이라는 국가를 세우고 점차 영역을 넓혀 나가 북중국 지역을 장악하기에 이르렀다. 그러나 급변하는 국제 정세로 인하여 전연은 얼마 가지 못해 멸망하였고, 중국의 서쪽 지역에서 일어난 전진이라는 국가가 요동 지방을 장악하게 되었다. 전진과 고구려는 서로의 필요에 따라 우호적인 관계를 유지하

백암성

였다. 이러한 상황 속에서 고구려에 불교가 전파되었다.

　얼마 후, 전진이 급속히 쇠퇴하고 후연이라는 세력이 등장하였다. 후연은 일찍이 미천왕릉을 도굴하는 등의 만행을 저질렀던 전연의 후예가 건립한 국가이다. 요동 지방에서 전진과 후연의 세력 교체라는 어수선한 상황이 벌어졌고, 이 상황을 면밀하게 지켜보던 고구려는 군대를 파견하여 요동 지방을 장악하였다. 고구려가 요동 지방을 장악하려 한 이유 중의 하나는 요동 지방의 경제력이나 선진 문화 이외에도 이 지역에서 생산되는 양질의 철이었다. 철은 당시 국가가 발전하는 데 없어서는 안 될 중요한 자원이었다.

　고구려는 요동 지방을 놓고서 요서 지방을 장악한 후연과 피나는 투쟁을 벌여야 했지만, 결국 고구려는 요동 지역을 지배할 수 있었다. 후연이 멸망하고 북연이 들어서서 고구려와 국경을 접하게 되었다. 북연은 고구려의 요동 지방 지배를 인정하였으므로 양국은 우호적인 관계를 유지하였다.

　한편, 북연은 서쪽에 인접한 북위의 공격을 받았다. 평소 친하게 지내 오던 북연왕의 망명 의사를 접한 고구려는 군대를 멀리 요서 지방 깊숙이 파견하여 왕과 그 일행을 호송해 오기도 하였다. 중국의 북쪽 지방을 통일한 북위가 요서 지방에 등장하

고구려의 영역　81

면서, 고구려와 북위는 요하를 국경선으로 대치하였다. 고구려의 요동 지역 확보는 고구려가 멸망할 때까지 지속되었다.

백제 방면으로는 언제, 어떻게?

고구려가 백제 방면으로 영토를 넓히기 시작한 시기는 4세기 후반인 고국원왕 때에 이르러서이다. 고국원왕은 낙랑·대방군 지역에 대한 지배 체제를 어느 정도 마무리한 후에 백제 지역을 공략하기 시작하였다. 하지만 백제의 힘이 강하여 오히려 고국원왕이 목숨을 잃고 말았다. 왕의 전사는 고구려가 내부적인 역량을 축적하는 자극제가 되었다.

이후 고구려는 백제와 피나는 싸움을 전개하였다. 양국은 예성강과 대동강 일대를 경계로 하여 일진일퇴의 공방전을 되풀이하였다. 하지만 광개토대왕 대에 이르러서는 고구려가 우세하게 되었다. 점점 강해지고 있는 고구려의 군사력에 위협을 느낀 백제는 바다 건너 왜와의 연합을 추진하였다. 고구려는 왜와 연결된 백제를 적극적으로 공략하였다. 〈광개토대왕릉비〉를 보면, 광개토대왕의 군대가 한강 이북 지역을 점령하고, 나아가 백제의 왕성마저도 공격한 뒤 돌아간 것으로 기록되어 있다.

임진강 유역의 고구려 성 | 호로고루 성벽

한편, 백제 개로왕은 중국의 북위에 편지를 보내어 고구려 공격을 제의하였다. 이 사실을 알아챈 장수왕은 475년에 백제를 공격하여 수도인 한성을 점령하였다. 이 전쟁에서 백제 개로왕은 비극적인 죽음을 맞이하였다. 고구려가 한강 유역을 공략한 데 그치지 않고 이 지역을 영토로 삼으려고 하였기 때문에 백제는 수도를 남쪽인 공주로 옮기지 않을 수 없었다.

고구려는 한강 유역을 확보하고, 이를 기반으로 하여 남양만에서 충청도 북부 지역까지 영토를 넓혔다. 이 때, 고구려는 한강 및 임진강을 비롯한 경기도 일부 지역에 성을 축조하여 공격 및 방어에 활용하였다. 특히, 조그만 산성(보루성)을 여러 개 쌓아 방어망을 형성하기도 하였다. 이와 관련하여 충청북도 청원군의 남성골 산성에서 발견된 고구려 유물들은 이 시기 고구려 세력의 남하와 관련하여 해석되기도 한다.

『삼국사기』 지리지에는 고구려가 백제 지역으로 영역을 확장하였던 사실이 구체적으로 기록되어 있다. 즉, 한강 이남의 경기도 여주, 안성 및 화성시 일대와 충청북도 진천, 음성, 괴산, 충주, 그리고 충청남도 직산 등의 지역이 고구려 영토였다고 한다. 이들 지역에 대한 고구려의 지배는 6세기 초반까지 지속되었다.

신라 지역으로 진출하다

고구려는 신라와 우호 관계를 유지하였다. 고구려는 대 백제 전략의 일환으로서 신라가 필요하였고, 신라 또한 고구려와의 우호적인 관계를 통하여 국가적 안정을 이룰 수 있었다. 이와 같은 관계 속에서 광개토대왕은 신라에 침입한 왜군을 격퇴하기 위해 대규모의 군대를 파병해 주었다. 〈광개토대왕릉비문〉에 의하면, 왜·가야 연합군이 신라에 침입하자 신라는 고구려에 구원을 요청하였고, 이에 광개토대왕은 5만의 병력을 파견하여 낙동강 유역까지 진출하여 신라에 침범한 왜·가야 연합군을 격파하였을 뿐만 아니라, 임나가야까지 추격하여 이들을 공략했던 것으로 기록되어 있다.

고구려는 이 전쟁을 계기로 하여 죽령 동남쪽의 일부 지역을 세력권 내에 포함시켰고, 신라에 정치적인 영향력을 확대시켜 나갔다. 이 때, 고구려는 신라 땅에 일부 군대를 주둔시켰다. 신라에 주둔한 고구려군의 존재에 대해서는 〈중원 고구려비〉에 '신라토내당주(新羅土內幢主)' 라는 용어에서 확인할 수 있다.

5세기 이후 상당 기간 동안 양국은 고구려의 일방적 우위 아래에서 우호적인 관계를 유지하였다. 경상도 지역에서는 이 시기에 고구려군이 남긴 것으로 보이는 고고학적인 유물들이 종종 발견되고 있다.

 고구려가 신라 방면으로의 진출에 본격적으로 관심을 가지게 된 것은 평양으로 천도한 이후부터이다. 내륙 교통의 요충지인 충주에 국원성을 설치함으로써 신라에 대한 진출 의도를 드러낸 것도 이 때를 전후한 시기의 일이다. 이에 위협을 느낀 신라는 나제 동맹을 통해 고구려의 압박에서 벗어나고자 하였다.

 이 당시 고구려는 소백 산맥 일대의 영월-단양-중원으로 이어지는 지역까지 진출하고 있었다. 신라는 신라 영토 안에 있던 고구려군을 공격하는 등 공세를 취하였다. 이 때, 고구려는 백제와의 소모전 때문에 신라 공략에 소홀하였다. 백제의 수도인 한성을 함락시켜 공주로 천도하게 하는 등의 전과를 거둔 고구려는 이후 신라에 대한 본격적인 공략에 나서게 되었다. 이 사건을 『삼국사기』에서는 다음과 같이 서술하고 있다.

고구려의 신라 지역 진출을 기록한 〈중원 고구려비〉

고구려가 말갈과 함께 북변을 공격하여 호명(청송) 등 7성을 탈취하고 다시 미질부(흥해)로 진군하여 …….

 장수왕은 481년에 신라를 대대적으로 공략하여 경주 부근까지 진출하였다. 이러한 사실은 『삼국사기』 지리지에 기록되어 있다. 즉, 소백 산맥의 죽령 이남에서 영일만에 이르는 지역인 경상북도 울진, 영덕, 진보, 임하, 청송 등의 지역이 고구려의 영토로 기록되어 있다. 이는 광개토대왕과 장수왕이 고구려를 다스리던 어떤 특정 시기에 고구려가 이들 지역에까지 영토를 넓혔음을 시사하고 있는 것이다. 이어 고구려는 나제 동맹에도 불구하고 이들 양국의 북부 교통로를 차단하기 위해 충청북도 중부 내륙 지방까지 장악하였는데, 이러한 상황은 5세기 말 6세기 초까지 지속되었다.

재미있는 것은, 『고려사』 지리지에서 현재 경상남도 남해군의 해안가에 있는 창선도라는 섬이 고구려의 부곡이었다고 하는 기록을 발견할 수 있다. 과연 사실일까? 그렇다면 그 때는 언제이고, 어떻게 지배하였을지 궁금해진다.

낙랑군과 대방군을 몰아 내고

우리는 고구려가 313년에 낙랑군, 314년에 대방군을 멸망시키고 이 지역(평안·황해도 지역)을 직접 통치하였던 것으로 이해하고 있다. 문제는 이 사실을 증명해 주는 관련 기록이 없다는 점이다. 그것은 4세기경의 고구려 역사에 대한 문헌 기록이 별로 남아 있지 않기 때문이기도 하다. 따라서, 이 문제를 해결하기 위해서는 이 지역에 남아 있는 고고학 자료를 분석해 내는 방법이 유력할 것이다.

눈길을 끄는 것은, 이 지역에 중국인 또는 그와 연관된 사람들이 남긴 유적이 상당수 남아 있다는 점이다. 예를 들면, 1천여 기가 넘는 벽돌무덤이 발견되고 있다. 주지하다시피, 이 시기의 고구려인은 주검을 돌 속에 묻는 데 비하여, 중국인들은 벽돌 속에 묻는 등 매장 풍습에 차이가 있다. 이를 분석해 보면, 평안도와 황해도의 일부 지역에 중국인의 문화적 전통이 4세기 후반 이후까지도 남아 있는 것은 이 지역에 중국인들이 많이 살고 있었다는 증거라 할 수 있다.

이러한 문제를 이해하는 데 중요한 고고학 자료는 안악 3호분이다. 이 무덤은 한반도에서 발견된 벽화 고분 중에서 가장 규모가 크고 다양하며 화려한 벽화를 가지고 있다. 이 무덤이 중요한 것은, 무덤의 주인공을 중국인 동수로 보느냐, 아니면 고구려왕(미천왕 또는 고국원왕)으로 보느냐에 따라 4세기 고구려 역사에 대한 이해가 완전히 달라질 수 있다는 점에 있다. 학계에서는 다양한 해석이 제기되어 있는 상태인데, 중국인으로 이해하는 견해가 다수를 이루고 있다.

그렇다면 우리는 이 시기 고구려의 통치 방식을 추정할 수 있다. 즉, 사방으로 영역을 확장해 나가던 고구려는 문화적 배경이 다른 종족들에 대해 직접적인 통치를 하지 않았던 것이다. 고구려는 대표자를 내세워 통치하게 하는 간접 지배 방식을 취하였다. 그리고 고구려는 천손(天孫) 민족이라는 독자적 정체성을 가지고 점차 다양한 종족과 문화를 하나의 틀 속에 포함시켜 나갔다. 고구려가 이 지역을 직접적으로 통치하게 된 시기는 4세기 후엽부터인 것으로 생각된다. 고구려는 이 지역을 확보한 이후에 백제 방면으로의 진출을 본격적으로 시도하였다.

부여 땅을 차지한 시기는?

고구려는 북쪽 및 동쪽으로 접하고 있던 부여 방면으로 진출하였다. 부여는 오늘날 중국의 길림성, 흑룡강성, 그리고 북한의 일부 지역을 포함하는 넓은 지역에 걸친 세력을 가지고 있었다. 고구려는 부여를 압박하여 그 주요 근거지인 오늘날의 길림 지역을 장악하였다. 고구려는 장악한 부여에 관리를 파견하여 지배하였던 것으로 나타난다. 이는 모두루 묘의 묘지(墓誌)에 고구려의 부여 지배를 상징해 주는 '북부여수사(北夫餘守事)'라는 관직 명칭이 적혀 있는 데에서 유추할 수 있다. 북부여수사인 모두루는 광개토대왕의 신하로 활약하였다. 또, 4세기 후반 이후 부여 지역이 고구려의 영토였다는 것은, 장수왕 23년(435)에 평양을 다녀간 북위 사신 이오(李傲)가 "고구려의 영토가 북으로는 옛날의 부여에 이르고 있다."고 한 사실에서도 확인할 수 있다.

한편, 서북쪽 농안 방면으로 옮겨 간 부여는 이후 세력이 크게 약화되어 점차 고구려에 종속되었다. 결국, 문자명왕 때인 494년에 부여 왕이 고구려에 항복해 옴으로써 고구려는 북방의 부여 지역까지 완전히 지배하였다.

고구려의 동쪽에는 일찍부터 부여에서 갈려 나와 나라를 세웠던 또다른 부여가 있었는데, 〈광개토대왕릉비〉에는 이를 동부여라고 기록하고 있다. 광개

토대왕은 조공을 바치지 않고 있던 고구려 동쪽의 부여마저도 복속시켰다.

그 외의 지역은?

고구려는 서북쪽으로도 세력을 확장하여 요하 상류 및 시라무렌 강 유역(내몽골자치구)에 세력을 가지고 있던 거란을 공략하였다. 뿐만 아니라, 대흥안령 산맥 동쪽 지역에서 세력을 형성하고 있던 실위에 철을 공급해 주는 등 내몽고 동북부 지역에까

부여 지역을 차지하고 고구려가 세운 용담산성 안의 연못

지도 영향력을 행사하였다. 목단강 동쪽, 연해주 일대에 있었던 것으로 추정되는 숙신도 광개토대왕 때에 고구려에 복속되었다.

거란족 및 숙신족의 일부를 토벌하여 이 지역을 세력화한 고구려는 5세기 후반에 이르러 서북방으로의 진출을 기도하였다. 이 때, 서북방에서는 물길이 세력을 확대해 오고 있었고, 이 과정에서 고구려와 충돌이 있었다. 고구려는 물길이 북위와 연결되는 것을 막기 위해 장수왕 67년(479)에 외몽고 지방에 있던 유연과 연합하여 그 사이에 끼여 있는 세력인 지두우 종족의 분할 점령을 시도하였다. 이러한 사실들은 당시 고구려의 영향력이 대흥안령 산맥 부근까지 미치고 있었음을 짐작하게 한다.

이로써 고구려는 5세기 중반에서 후반에 이르기까지 동·북으로는 북부여 및 동부여 지역을 정복하고 거란 및 숙신 지역에 영향력을 행사하였으며, 서쪽으로는 요동 지역을 차지하였고, 남으로는 백제와 신라를 공격하여 한강 유역 및 충청도 북부 지역과 소맥 산맥 이남의 영일만 지역에 이르는 넓은 영토를 차지하였다.

모두루묘 | 북부여수사로 파견되었던 고구려 귀족 모두루의 무덤이다.

요동 땅을 다 차지하다

이인철 | 동북아역사재단 |

 요동이 본래 중국 땅이라고?

요즘 중국이 고구려가 중국사에 속한다고 주장한다. 그러한 증거의 하나로, 요동 땅은 주(周)가 기자(箕子)의 나라로 삼았고 한(漢)의 현도군이었다는 사료를 자주 인용한다. 기자가 주나라 초기에 요동까지 왔을 리도 없고, 왔다고 하더라도 말도 통하지 않는 중국 사람을 조선 사람들이 왕으로 받아들였을 리도 없다. 하지만 『사기』 송미자세가에서는 기자를 조선에 봉하였다고 하였다. 요동을 기자의 나라로 삼았다는 기록과 기자를 조선에 봉하였다는 기록을 연결시키면, 기자가 오기 전에 요동에 이미 조선(朝鮮)이라는 나라가 있었고, 그 조선에 기자를 봉하였던 것이 된다. 기자가 책봉되어 오기 전에 요동 지역에 있던 조선이라는 나라는 필시 단군왕검이 세운 조선일 것이다. 요동은 본래 단군왕검의 고조선 땅이었던 것이다.

『고려사』 지리지에서는 단군조선을 전조선(前朝鮮), 기자조선을 후조선(後朝鮮)이라 하고, 그 41대손인 준(準)에 이르러 위만(衛滿)이 준의 땅을 빼앗고 왕험성(王險城)에 도읍하였는데, 이를 위만조선(衛滿朝鮮)이라 한다고 하였다. 그리고 왕험성의 험(險)은 검(儉)이라고도 하는데, 이를 곧 평양이라 하였다.

이는 단군왕검의 '왕검'과 왕험성의 '왕험'이 같다는 말로서, 왕험성이 왕검성으로도 불렸다는 의미이다. 왕험성이 왕검성으로도 불렸다는 사실은 『사기』와 『한서』에는 왕험성으로 기재되어 있는데, 『삼국유사』에는 왕검성으로 기록되어 있다는 사실에서도 확인된다. 왕험성이 곧 왕검성으로서, 단군왕검이 거주하면서 통치 행위를 했던 성(城)에서 유래된 명칭이다. 왕험에 대해 응소(應劭)는 『한서』 지리지의 요동 험독현(險瀆縣)을 조선 왕의 옛 도읍이라 하였고, 『괄지지』와 『정의』에서는 고구려 평양성이라 하였다. 여기서 둘 중의 하나를 잘못된 고증으로 보기보다 천도에 따라 도성의 이름도 옮겨 온 것으로 본다면, 요동의 험독을 단군조선의 치소(治所)로, 평양성을 위만조선의 치소였던 것으로 정리할 수 있다.

『위략』에 따르면, 후조선은 연나라 장수 진개(秦開)의 공격을 받아 그 서방 2천여 리를 상실하고 만번한을 경계로 삼았다고 한다. 만번한이 천산 산맥이든 청천강의 지류인 박천강이든 간에, 2천여 리를 상실하기 전에는 조선이 요동 땅을 차지하고 있었던 것이 틀림없다. 수도를 옮겨 새롭게 쌓은 성도 종래와 같은 명칭을 사용함에 따라 왕험성으로 불렸던 것으로 볼 수 있다.

고조선이 요동을 차지하고 있었다는 사실은 고고학적으로도 증명이 된다. 요동과 한반도에 걸쳐 고인돌과 비파형 동검이 널리 분포하고 있는데, 이는 요동이 청동기 시대에 이미 한반도와 같은 문화권이었음을 보여 준다. 단군조선은 바로 이 청동기 문화를 배경으로 요동 지역에 건립되었던 국가였다. 따라서, 요동은 본래 중국의 땅이었던 것이 아니라 조선의 땅이었고, 고구려가 요동을 차지한 것은 중국 땅을 빼앗은 것이 아니라 빼앗긴 우리 땅을 수복한 것이었다.

❀ 현도군을 몰아 내고 고구려를 세우다

기원전 108년에 한나라가 위만조선을 멸망시키고 낙랑·진번·임둔 세 군을 설치하고 이듬해에 현도군을 설치하게 되는데, 『한서』 지리지에는 현도군의 첫 번째 현으로 고구려현(高句驪縣)을 기록해 놓았다. 이는 현도군이 설치된 기원전 107년 이전에 이미 '고구려'라는 세력이 있었고, 거기에 고구려현을 두었음을 의미한다. 고구려의 강력한 저항을 받은 현도군은 기원전 75년에 서북쪽의 신빈현(新賓縣) 영릉진(永陵鎭)으로 그 치소를 옮기게 된다. 고구려는 당시에 이미 중국의 군현 세력을 몰아 낼 정도의 조직력과 군사력을 보유하고 있었던 것이다. 따라서, 『삼국사기』에는 기원전 37년에 고구려가 건국된 것으로 전하지만, 실제로는 늦어도 기원전 75년경에 고구려가 건국되었던 것이다.

고구려의 중국 세력과의 첫 전쟁은 선비족(鮮卑族)에 대한 정복으로 시작되었다. 유리왕 11년(기원전 9)에 왕과 장수 부분노(扶芬奴)가 계략을 써서 선비를 크게 참살

하니, 선비가 항복하여 속국이 되었다고 한다. 유리왕 31년에는 왕망이 고구려군을 동원하여 흉노를 치려 하였으나 고구려군이 흉노를 치지 않고 한나라의 군현을 공격하자, 엄우를 보내 고구려 장수 연비(延丕)의 목을 베어 가고 고구려왕을 '하구려후(下句麗侯)'라 폄하하였다. 하지만 이로 인하여 고구려는 한(漢)에 대한 침략을 가속화하였다. 유리왕 33년에 고구려는 양맥을 쳐서 나라를 멸망시키고, 군사를 내어 한나라의 고구려현을 쳐서 빼앗았다.

한나라와의 거듭된 전쟁

대무신왕 11년(28)에 한나라의 요동태수가 침범해 오자, 고구려는 위나암성에 들어가 수십 일 동안 고수하였다. 한나라 군이 포위를 풀지 않자 성 안의 연못에서 잉어를 잡아 보냈는데, 한나라 장수가 성 안에 물이 있어 이기지 못하겠다고 하고 돌아갔다. 대무신왕 20년에는 왕이 낙랑을 쳐서 멸망시켰는데, 대무신왕 27년에 후한 광무

환도산성 | 유리왕 22년(3) 국내성으로 수도를 옮기며 위나암성을 쌓았다는 기록이 첫 기록이며, 대무신왕 11년(28) 한나라가 침략해 왔을 때 이 위나암성에 들어가 방어한 기록이 있다. 10대 산상왕 2년(198) 돌을 잘 다듬어 성을 쌓은 후 환도성(丸都城)이라고 불렀다.

제가 군사를 파견하여 낙랑을 쳐서 살수 이남의 땅을 군현으로 삼았다. 모본왕 2년(49)에는 고구려가 한(漢)의 북평, 어양, 상곡, 태원을 침습하게 하였으나, 요동태수 채동이 은혜와 신의로 대하므로 한나라와 화친하였다.

고구려의 한나라 군현에 대한 공격은 태조왕 때에 현저해진다. 태조왕 23년(75)에 고구려는 한나라의 요동군 소속 6현을 공격하였으나 요동태수가 막아 실패하였다. 하지만 고구려는 태조왕 66년(118)에 다시 현도군의 화려성을 공격하였다. 태조왕 69년에는 한나라 군이 대대적으로 침략해 왔지만 고구려에 패배하였다. 고구려군은 그 해 11월에도 현도군을 공격하고, 태조왕 70년(122)에 요동군을 침습하였다. 이 때, 부여 왕이 원병을 보내 한나라를 지원하여 고구려군이 대패하였다. 그 후 태조왕 90년(142) 8월에 다시 요동군 서안평을 공격하여 대방현령을 죽이고 낙랑군 태수의 처자를 잡아 왔다. 신대왕 4년(168)에는 오히려 한나라 군이 쳐들어와 고구려군 수백 인을 죽였다. 신대왕 8년에도 한나라가 대군으로 쳐들어왔으나 명림답부가 이끄는 고구려군에 크게 패하였다. 고국천왕 6년(184)에도 한의 요동태수가 공격해 왔지만 고국천왕이 친히 정예 기병을 이끌고 나아가 크게 이겼다.

이상에서 보는 것처럼, 고구려는 한나라와 줄곧 전쟁을 하였다. 이는 고구려가 결코 한나라의 지방 정권이 아니었음을 의미한다.

한동안 평화가 지속되다가 동천왕 16년(242)에 가서 고구려가 요동군의 서안평현을 습격하여 쳐부수었다. 하지만 동천왕 20년에 위나라의 유주자사 관구검이 침입하여 고구려군이 크게 패하였고, 위나라 군은 환도성을 쳐부수고 계속 공격해 왔다. 이에 동천왕은 남옥저를 거쳐 북옥저까지 피신하였다. 그 동안 요동을 장악하기 위해 벌여 온 고구려의 끝없는 도전이 관구검의 침입으로 국가의 존망 위기까지 내몰린 상황이었다.

위기 상황에서 고구려를 구한 이는 동부인(東部人) 뉴유(紐由)였다. 뉴유는 식기 속에 칼을 감추고 적진에 들어가 적장을 죽이고 자결하였는데, 이로 인하여 위나라 군은 낙랑군을 거쳐 퇴각하였다. 그 후 중천왕 12년(259)에 위나라 군이 한 차례 더 침입하였으나 고구려군에 패배했다.

낙랑, 대방군을 몰아 내다

봉상왕 2년(293)에 선비족의 모용외가 침략해 오자 신성태수 고노자(高奴子)가 이를 물리쳤다. 봉상왕 5년에 모용외가 다시 침입하여 고국원에 있는 서천왕의 무덤을 파헤치다가, 갑자기 죽는 자가 생기고 무덤 속에서 음악 소리가 들리자 신이 있는 줄 알고 돌아갔다. 미천왕 3년(302)에 고구려는 3만의 병력으로 현도군에 침입하여 8천 명을 사로잡아 평양으로 이송하였고, 12년(311)에는 요동군 서안평을 습격하여 빼앗았다. 미천왕 14년(313)에는 낙랑군을, 15년에는 대방군을 축출하였으며, 16년에는 현도군을 점령하였다. 미천왕 20년(319)에는 고구려가 자주 요동을 습격하였으나, 모용외가 공격해 와 화맹을 구하여 돌려보냈다.

고국원왕 9년(339)에도 모용황이 신성을 공격해 오자 화맹을 청하여 돌려보냈다. 그러나 고국원왕 12년(342)에 모용씨가 다시 침입해 왔다. 고구려는 대병(大兵)을 북도(北道)에 배치하고 왕 자신이 약졸(弱卒)을 거느리고 남도(南道)를 지켰으나, 모용씨의 대군이 남도로 공격해 와 크게 패하고, 모용씨는 환도성에 입성하여 왕모 주씨와 왕비를 사로잡고, 미천왕릉을 파헤쳐 시신을 싣고 5만여 명을 포로로 끌고 갔다. 이듬해 고구려는 모용씨의 전연(前燕)에 칭신입조(稱臣入朝)하고 각종 진귀한 보물을 바쳐 미천왕의 시신을 돌려받았다. 이는 고구려가 처음으로 칭신입조한 사례에 해당한다. 하지만 고국원왕 15년(345)에 모용씨가 다시 침입하여 남소성에 주둔병을 두고 감으로써 양국 간에 형식적으로 맺은 군신 관계는 깨졌다.

🏵 마침내 요동을 차지하다

소수림왕 때에는 전연 대신에 전진(前秦)이 들어섰고 고구려와 우호적 관계를 유지했기 때문에 상호 침략은 없었다. 단지, 소수림왕 8년(378)에 거란이 북변을 침입하여 8개 부락을 함락하였다. 고국양왕 때에는 다시 모용씨의 후연과 싸움을 계속하였다. 고국양왕 2년(385)에 고구려는 4만의 병력을 동원하여 요동군과 현도군을 함락하고 남녀 1만을 사로잡아 왔다. 그러나 그 해 11월에 후연의 모용농이 요동·현도 2군을 회복하였다.

『삼국사기』에서는 광개토대왕 원년(391) 9월에 고구려가 북으로 거란을 쳐서 남녀 500인을 사로잡고, 잡혀 있던 고구려인 1만을 구하여 돌아왔다고 기록하고 있다. 이에 대해 〈광개토대왕릉비문〉에서는, 영락 5년(395)에 왕이 몸소 군사를 이끌고 가서 비려(裨麗)를 토벌하고 부산(富山), 부산(負山)을 지나 염수(鹽水)에 이르러 3개 부락 600~700영(營)을 격파하니, 노획한 소·말·양의 수가 헤아릴 수 없었다고 한다. 왕은 어가를 돌려 양평도를 지나 동으로 □성, 역성, 북풍, 오비□로 오면서 영토를 시찰하고 수렵을 한 후에 돌아왔다. 『위서』 거란국전에 필려부(匹黎部)가 보이고 있는 점을 감안한다면, 비려(裨麗)가 곧 거란의 1부족인 필려(匹黎)로서, 고구려가 영락 5년에 거란을 공격하여 3부락 6백~7백 영을 격파한 사실을 확인할 수 있다. 〈모두루묘지〉에서 알 수 있듯이, 이 당시에 고구려가 이미 북부여 지역을 장악하고 있었기 때문에 거란은 북부여의 서쪽이나 서북쪽에 있었다고 보는 것이 합리적이다. 자연히 비려는 시라무렌 강 남쪽 요하 서안 일대에 있다가 고구려에 정벌당한 것으로 정리할 수 있다.

광개토대왕 초기에 고구려와 후연은 우호적 관계에 있었다. 이는 모용보가 광개토대왕을 평주목(平州牧)으로 삼고, 요동·대방 2 국왕으로 봉하였다는 사실에서 짐작할 수 있다. 평주가 요동과 한반도 북부를 포괄하는 개념이기 때문에 후연이 광개토대왕에게 이런 작위를 내렸다는 사실은 요동을 고구려의 영토로 인정한 것이라 할 수 있다. 이에 고구려는 광개토대왕 9년(399)에 후연에 사신을 보내 공물을 바쳤다. 하지만 이러한 관계는 그 이듬해에 곧바로 깨졌다. 영락 10년(400)에 후연이 군사 3만으로 모용희를 선봉으로 삼고 침략해 와 신성(新城)과 남소성(南蘇城)을 함락하고 700여 리를 빼앗았기 때문이다. 이에 영락 12년(402)에 고구려가 숙군성(宿軍城)을 공격하니, 후연의 평주자사 모용귀는 성을 버리고 달아났다.

그리고 영락 14년(404)에 고구려는 연의 연군(燕郡)을 공격하였다. 이에 영락 15년에 후연 왕 모용희가 고구려의 요동성을 공격해 왔다. 성이 함락될 위기에 처했는데, 모용희가 병사들에게 명하여 먼저 성에 올라가지 못하게 하고, 성을 평정한 후에 황후와 함께 수레를 타고 들어가고자 하였다. 이 때문에 성 안에서는 다시 방비를 엄하게 하였고, 결국 후연의 군대는 이기지 못하고 돌아갔다.

영락 16년(406)에 후연군은 거란을 공격하러 갔다가 적군이 많은 것을 보고 군대를 돌려 고구려를 공격해

〈광개토대왕릉비〉 탁본

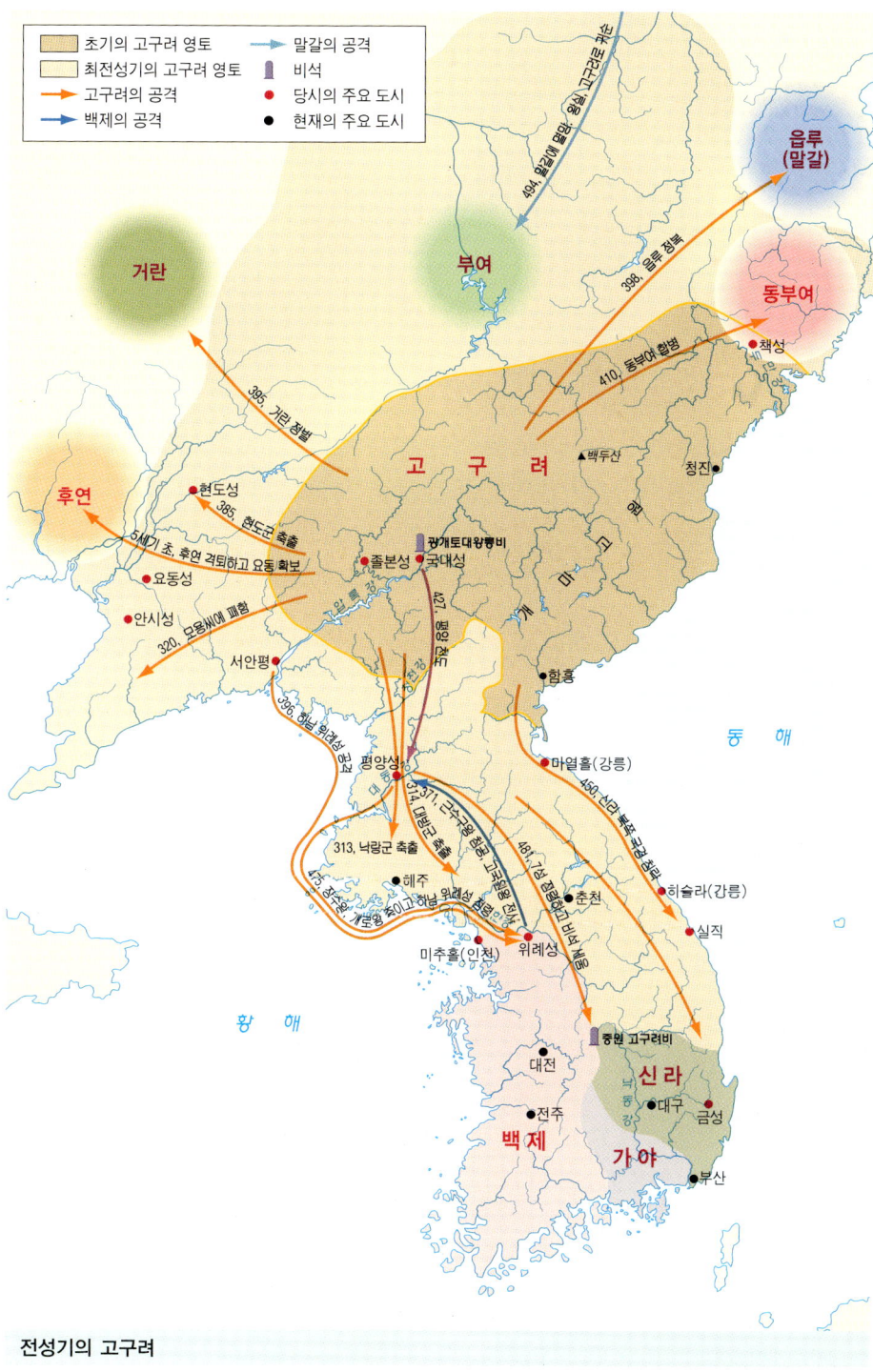

전성기의 고구려

왔다. 후연군은 3천 리를 행군하여 병사와 말이 피로하고 추위에 얼어 죽은 자가 길에 즐비하였다. 마침내 고구려의 목저성을 쳤으나 이기지 못하고 물러갔다. 『삼국사기』에는 특별한 기록이 없으나, 〈광개토대왕릉비〉와 〈덕흥리 고분 묵서명〉을 통해서 보면, 영락 17년(407)에 고구려가 후연을 정벌하고 유주를 설치하였음을 알 수 있다.

고구려의 유주 설치는, 이 해 7월에 후연이 망하고 대연(大燕)이 들어섰으나 그 통치력이 수도인 용성 일대에 한정되어 있는 상황을 이용하여 전격적으로 이루어졌다. 그러나 후연에 주둔했던 고구려군은 이듬해 3월에 철수함으로써 고구려의 유주 점령은 9개월 만에 끝이 났다. 대연을 이어 들어선 북연(北燕)과는 우호적 관계가 유지되었기 때문에 상호간에 침략은 없었다. 이로써 고구려는 광개토대왕 때에 요동을 확실히 장악했다.

❀ 북연 왕 풍홍을 살해하다

장수왕 초기에는 북위와 북연 왕 유치 문제를 두고 일촉즉발의 전쟁 상황이 발생하였다. 북위가 자주 북연을 공격해 오자, 북연 왕 풍홍은 고구려에 의지하여 후일을 도모하고자 하였다. 장수왕 24년(436)에 북연 왕이 북위에 조공하고 인질을 보낼 것을 제의하였으나, 북위는 이를 허락하지 않고 군사를 내어 북연을 공격하였다. 고구려도 북연의 요청에 따라 갈로맹광(葛盧孟光)이 수만의 병력을 이끌고 출동하였다.

436년 5월, 북연의 수도인 화룡성(지금의 조양)을 사이에 두고 북위군과 고구려군이 비슷하게 도착하여 대치 상태를 벌였다. 그 때, 화룡성 안에서도 친고구려파와 친북위파 간에 내분이 일어나, 서로 성 밖에 주둔하고 있던 자기 편의 외군을 먼저 성 안으로 끌어들이려고 하였다. 그러던 중 상서령 곽생(郭生)이 중심이 된 친북위파가 선수를 쳐서 성문을 열고 북위군의 영입을 시도하였다. 그러나 북위군은 속임수가 있는가 의심하여 움직이지 않았다. 이 사이에 고구려군이 안으로 들어가 성을 장악하고, 북연 왕 풍홍 이하 다수의 군민을 이끌고 동으로 회군하였다. 북연 왕을 고구려로 옮길 때 궁전에 불을 지르니, 열흘이나 꺼지지 않았다. 북연 왕을 데리고 오는 행렬이 80여 리나 되었는데, 이 때 북위의 군대는 고구려군의 기세에 눌려 공격하지 못하였다.

북연 왕 풍홍이 요동에 왔을 때, 장수왕은 사람을 보내 그를 위로하기를, "용성 왕 풍군이 이에 와서 야숙을 하고 있으니, 병사와 말이 얼마나 피곤하겠느냐?" 하였다.

이에 풍홍이 불쾌하게 여겨 '제(制)'를 칭하고 장수왕을 나무랐다. 하지만 그는 이미 고구려에 목숨을 의지하고 있는 포로에 지나지 않았다.

고구려는 풍홍을 평곽으로 옮겼다가 다시 북풍으로 옮겼다. 장수왕이 풍홍의 시중 드는 사람을 빼앗고 태자를 인질로 취하니, 풍홍이 분하게 여겨 남쪽의 송(宋)나라에 연락하여 송나라 군의 개입을 요청하였다. 438년 송나라 군대가 도착하자, 고구려는 풍홍 일가를 죽여 양자의 결합을 막았다. 이어 송나라 군과 충돌이 일어나자 이를 격파하였다. 북연 문제가 고구려와 송의 충돌로 확대된 것이었다.

고구려의 가장 큰 위협은 국경을 접하고 있는 북위였으므로, 송나라와의 분쟁은 바람직하지 못한 것이었다. 이에 고구려는 사로잡은 송나라의 장군 왕백구를 송나라에 압송하고 그의 처벌을 송 조정에 요청하는 식으로 처리하여 송나라와의 관계가 파탄나는 것을 회피하려 하였다. 송나라도 고구려와의 충돌이 오래 갈 경우 북위와 남북으로 대치하고 있는 국면에서 이로울 것이 없다는 판단에서 고구려의 요구를 수용함으로써 북연 문제를 둘러싼 고구려·북위·송의 삼국 간 대결 국면은 해소되었다.

북연 왕 풍홍 문제가 해결된 이후에 상당한 기간 동안 중국과 고구려 사이에는 전쟁이 없었다. 장수왕(413~491), 문자명왕(492~519), 안장왕(519~531), 안원왕(531~545) 대에 중국은 남북조로 나뉘어 있었는데, 당시 아시아에서 고구려와 남북조, 그리고 유연이 세력 균형을 이루고 있어 어느 쪽도 상대편을 쉽게 공격할 수 있는

고구려 후기의 수도인 평양의 안학궁 터

상황이 아니었기 때문에 오랫동안 평화가 유지되었다. 이러한 평화는 수나라가 중국을 통일하는 과정에서 깨졌다.

요동을 지키다

영양왕 9년(598)에 고구려의 선제 공격으로 시작된 수나라와 전쟁에서, 수나라는 여러 차례 고구려의 요동을 빼앗고자 하였으나 빼앗지 못하였다. 오히려 무리한 요동 출병으로 수나라가 망하고 당나라가 들어섰다. 하지만 당나라도 쉽게 요동을 차지하지 못하였다. 요동에는 천리장성을 비롯한 수많은 고구려 성이 있어서 적의 침략을 막았기 때문이다. 고구려는 광개토대왕 때에 요동을 차지한 이후부터 668년에 고구려가 멸망할 때까지 우리의 영토로 확보하고 있었던 것이다.

봉황산성 성벽

고구려의 그릇이 신라 무덤에 묻힌 까닭은?

정운용 | 고려대학교 |

고구려 그릇이 나온 신라 무덤은 어떤 무덤인가?

경주에 가면 시내 여기저기에 왕릉 규모의 무덤을 포함하여 크고 작은 무덤들이 소리 없이 신라의 역사를 우리에게 들려주고 있다. 이들 무덤의 대부분은 6세기 전반 이전에 만들어진 것으로서, 지금의 황남동·황오동·노서동·노동동 등에 집중되어 있다. 이 중 노서동에는 경주에서 가장 큰 고분인 노서동 130호 고분을 비롯하여 10여 기(基)의 무덤이 있다. 이 노서동의 여러 무덤 중 고구려와 관련하여 우리의 주목을 끄는 것이 호우총(壺杅塚)과 서봉총(瑞鳳塚)이다.

이 두 무덤은 4~6세기 신라에서 많이 만들어진 돌무지덧널무덤〔積石木槨墳〕이다. 돌무지덧널무덤은 나무로 곽(槨)을 만들어 시신을 넣은 관(棺)을 모시고, 냇돌 등 돌 무더기를 쌓아 그것을 덮은 다음 흙으로 봉분을 만든 신라의 독특한 무덤이다. 널리 알려진 금관총(金冠塚), 천마총(天馬塚) 등이 돌무지덧널무덤이다.

1946년의 호우총 발굴은 광복 후 우리 손으로 이루어진 최초의 고고학적 업적이다. 이 무덤은 호우라고 불리는, 고구려 광개토대왕과 관련이 있는 청동 그릇이 출토되었기 때문에 호우총이라는 이름을 가지게 되었다. 호우총의 청동 호우는 발견 당시부터 고구려 그릇이 신라 귀족 또는 왕족의 무덤에 묻혀 있었다는 점에서 고구려와 신라의 관계에 대해 많은 관심을 불러일으켰다.

이와 함께 1926년에 조사된 서봉총에서는 '연수원년(延壽元年)' 등의 글자가 새겨진 은그릇인 합우(合杅)가 발견되었다. 서봉총이라는 이름은 무덤에서 나온 유물 중

경주 노서동 고분군 | 사적 제39호. 노서동 고분군에는 호우총과 서봉총 이외에 금관총·은령총 등의 돌무지덧널무덤과 통일 신라 시대 쌍상총·마총·우총 등의 굴식 돌방무덤(橫穴式石室墳)이 뒤섞여 있다. 경주 지역 무덤의 변화 과정을 잘 보여 주고 있다.

호우총에서 출토된 청동 호우 |
높이 19.4cm, 큰 지름 23.9cm. 국립 중앙 박물관 소장.
광개토대왕과 관련된 명문(銘文) 이외에도 그릇 표면에 기하무늬, 동심원무늬 등이 새겨져 있다. 오똑한 꼭지는 연꽃에 싸여 있다. 공식적인 유물 명칭은 '청동 유명 호우(青銅有銘壺杅)'이다.

봉황 장식을 얹은 금관이 있다는 것과, 조사 당시 조선을 방문하였던 스웨덴의 황태자가 발굴 현장을 둘러 본 것을 기념하여 붙인 것이다.

이처럼 현재까지 경주에서는 고구려에서 만든 그릇 2점이 출토되었다. 게다가 청동 또는 은으로 만든 이 그릇들이 묻혀 있던 무덤은 신라 고위 귀족 또는 왕족의 무덤이다. 그렇기 때문에 우리는 어떤 시대적 상황 아래, 무슨 이유와 경위로 고구려의 그릇이 신라 왕릉급의 무덤에 묻히게 되었는지 궁금해하는 것이다.

신라 무덤에서 나온 고구려 그릇의 수수께끼

호우총에 묻혀 있던 호우는 본래 뚜껑이 있는 둥근 그릇으로, 그릇 밑바닥 바깥쪽에 '#' 표시와 함께 다음과 같은 내용의 글이 4줄로 새겨져 있다.

을묘년 국강상광개토지호태왕 호우 십 (乙卯年國 岡上廣開 土地好太 王壺杅十)

임금이나 훌륭한 사람이 죽은 뒤, 그 사람의 업적을 기리며 붙여 준 이름을 시호(諡號)라고 한다. 〈광개토대왕릉비〉에 보이는 고구려 광개토대왕(재위 391~413)의 정식 시호는 '국강상광개토경평안호태왕(國岡上廣開土境平安好太王)'이다. 따라서, 〈광개토대왕릉비〉와 같은 서체(書體)로 쓰여진 위의 글자를 통해, 이 그릇이 광개토대왕이 죽은 뒤의 을묘년에 만든 호우임을 알 수 있다. 광개토대왕이 죽은 이후 처음으로 을묘년이 되는 해는 광개토대왕의 아들 장수왕(재위 413~491) 때인 415년이다.

이 무덤을 발굴한 사람은 호우총이 내물왕(재위 356~402)의 아들 복호(卜好)의 무덤이며, 호우는 고구려에 인질로 갔던 복호가 귀환할 때 기념품으로 가지고 온 것이라고 하였다. 반면에, 호우총은 실성왕(재위 402~417)의 무덤이며, 호우는 복호와 마찬가지로 고구려에 인질로 간 경험이 있던 실성(實聖)이 가지고 온 것이라는 사람도 있다. 또, 호우는 광개토대왕을 장사지낸 1년 후에 거행된 대규모 제사에 참석했던 신라의 사신이 고구려에서 받아 온 것이라고도 한다.

이처럼 이 고구려의 그릇이 어떻게 신라의 무덤에 묻혔으며, 무덤의 주인공은 누구이며, 무덤이 만들어진 때는 언제인가 등에 관해서는 정확하게 알 수 없다. 그러나 광개토대왕과 관련된 호우가 신라의 수도에까지 전래되고, 그것이 무덤의 주인공이 아끼던 물건으로서 주인과 함께 묻혔다는 사실만은 분명하다. 따라서, 이 당시 고구

서봉총 출토 은제(銀製) 합우 ▮ 높이 약 15cm, 최대 지름 17.8cm. 국립 중앙 박물관 소장. 그릇의 아랫부분은 많이 파손된 상태이다. 일부에서는 '신묘년'을 511년으로 파악하기도 한다. 공식적인 유물 명칭은 '연수명 은합(延壽銘銀盒)' 이다.

려와 신라는 특수한 상황에서 매우 밀접한 우호 관계를 가지고 있었음을 알 수 있다.

한편, 서봉총에서 출토된 합우는 그릇 몸체 바닥의 바깥쪽과 뚜껑 안쪽에 각각 19자, 22자씩의 글자가 3줄 또는 2줄로 새겨져 있다.

> **몸체** : 연수 원년 태세 신(묘)년 삼월에 태왕께서 합우를 만들도록 하시어, 3근
> (延壽元年太歲在辛 三月中太王敎造合杅 三斤)
>
> **뚜껑** : 연수 원년 태세 (신)묘년 삼월에 태왕께서 합우를 만들도록 하시어
> (은) 3근 6냥을 사용하였다.
> (延壽元年太歲在卯三月中 太王敎造合杅用三斤六兩)

이 무덤을 조사한 사람은 서봉총이 5세기 후반~6세기 초반에 만들어졌을 것으로 생각하였다. 그래서 합우에 새겨진 '연수'는 알려지지 않은 신라의 연호이며, 몸체와

뚜껑에 나누어 새겨진 '신묘년'은 지증왕 12년(511)에 해당한다고 하였다. 그러나 『삼국사기』에는 신라가 법흥왕(재위 514~540) 때인 536년에 처음으로 '건원(建元)'이라는 독자적인 연호를 사용하였다고 전한다. 고구려의 경우에는 〈광개토대왕릉비〉에 보이는 광개토대왕의 '영락(永樂)' 연호가 391년부터 사용된 이후 몇몇 고구려의 독자적인 연호가 금석문 자료를 통해 밝혀져 있다.

또, 신라의 경우 법흥왕·진흥왕(재위 540~576) 때에 신라 임금이 왕 중의 왕인 대왕이라는 의식을 내세우게 되었으나, 고구려는 광개토대왕·장수왕 때에 이미 고구려가 천하의 중심이며 고구려 국왕이 최고의 통치자라는 의식을 가지고 있었다. 그런데 이 합우의 문장에는 '태왕'이라는 표현이 등장하고, 연도 표기에 '태세'라는 우아한 표현을 사용하며, 간지(干支)를 세련되게 '신'과 '묘'로 나누어 쓰고 있다. 이것은 일찍부터 독자적 천하관(天下觀)을 내세우고, 연도 표기에 연호를 사용하는 전통을 가지고 있는 고구려 문화의 요소로 보인다.

그렇기 때문에 일반적으로 합우에 새겨져 있는 '연수 원년'을 고구려 장수왕 재위 39년인 451년(신묘년)으로 보고 있다. 이것은 서봉총을 비롯한 신라 고분들이 만들어진 시기에 대한 새로운 이해의 진전과, 511년이라는 시점이 고구려와 신라의 관계가 악화된 때라는 점을 고려한 것이다. 이 합우는 고구려에서 장수왕과 관련된 기념품으로 451년에 제작된 것으로서, 고구려와 신라의 우호적 관계에 의해 신라에 전래되었다. 그리고 이 합우를 소중하게 간직하였던 신라 왕족의 무덤에 함께 묻혔던 것이다.

🌸 4~5세기 고구려와 신라의 밀월, 그리고 갈등

고구려는 소수림왕(재위 371~384) 때에 전진(前秦)으로부터 불교를 받아들여(372) 고구려 사회의 사상적 통일을 꾀하였다. 또, 태학(太學)을 설립하여(372) 인재를 양성하는 한편, 율령을 반포하여(373) 통치 체제를 정비하였다. 소수림왕은 이러한 내부적 발전을 바탕으로 요동군과 현도군을 물리칠 수 있었다(385). 그 뒤를 이은 광개토대왕과 장수왕은 중국 남북조 왕조의 대립을 이용하여 동아시아의 국제 관계에서 능동적 외교를 펼치면서 활발한 대외 팽창 정책을 추진하였다.

이즈음 신라는 미추왕(재위 262~284)을 제외하고는 벌휴왕(재위 184~196) 이후 탈해왕(재위 57~80)의 후손들이 왕위를 잇고 있었다. 그런데 이 때에 와서 다시 미추왕의 후손인 내물왕(재위 356~402)이 즉위함으로써 대내적으로 왕권의 안정적 확립을 서둘러야 했다. 또, 대외적으로는 백제의 독산성주(禿山城主)가 신라에 투항한(373) 것을 계기로 백제와의 우호 관계가 깨지는 상황을 맞게 되었다. 따라서, 신라로서는 고구려와의 관계를 강화할 필요가 있었다.

그래서 신라는 고구려의 도움을 받아 전진에 처음으로 사신을 파견하여(381) 동아시아 국제 사회에서 자신의 위치와 존재를 드러낼 수 있었다. 고구려 또한 백제를 견제할 전략적 필요성 때문에 신라로 사신을 파견하여(392) 두 나라의 우호를 증진하였다. 이 때, 현실적으로 고구려가 강한 국가라는 것을 인정할 수밖에 없었던 신라는 왕족인 실성을 고구려에 인질로 보냈다. 이것을 계기로 하여 5세기 전반에 고구려가 우월한 입장에서 고구려와 신라의 밀접한 우호 관계가 맺어지게 되었다.

〈광개토대왕릉비〉
높이 약 639cm, 너비 135~200cm. 414년에 건립된 〈광개토대왕릉비〉로, 현재 중국 길림성 집안시에 있다. 고구려 국가와 왕실의 유래, 광개토대왕의 업적 등을 기록한 기념비이다.

그 후 왜(倭)의 침입을 받아 일시적으로 곤경에 처한 신라는 고구려의 도움으로 왜병을 물리칠 수 있었다(400). 내물왕은 이에 대한 감사로 신라 국왕으로서는 처음으로 고구려를 방문하였다. 〈광개토대왕릉비〉에는 이러한 사실을 신라 국왕이 고구려에 '조공(朝貢)' 하러 온 것으로 표현하였으며, 이로써 신라의 고구려에 대한 의존도는 더욱 커졌다.

이후 고구려에서 돌아온 실성은 왕위에 오른 다음, 내물왕이 자신을 고구려로 보냈던 것에 대한 보복으로 내물왕의 아들인 복호를 고구려에 인질로 보냈다. 그런데 실성왕은 이에 그치지 않고, 자신이 고구려에 머무를 때에 잘 알고 지냈던 고구려인을 시켜 내물왕의 또다른 아들인 눌지(訥祗)를 죽이려고 하였다. 그러나 그 고구려인은 군자의 풍모를 갖춘 눌지의 인품에 감동하여, 눌지를 죽이지 않고 실성왕의 음모를 눌지에게 알려 주었다. 이에 눌지는 실성왕을 죽이고 스스로 왕위에 올랐다.

이처럼 신라는 고구려에 외교적, 군사적으로 큰 도움을 받았으며, 고구려 사람이 신라의 수도에서 정치적 활동을 하고 있었다. 그리고 그와 같은 고구려의 영향력은, 실성왕이나 눌지왕의 즉위 과정에 볼 수 있듯이, 신라의 왕위 계승에까지 직접적으로 미쳤다. 결국, 외교·군사·정치 등 여러 방면에서 고구려의 영향력이 신라에 크게 미쳤다는 것은 그만큼 신라가 고구려에 예속되어 있었음을 보여 준다.

당시의 이러한 상황은 1979년에 충청북도 충주시 가금면에서 발견된 〈중원 고구려비〉에 잘 나타나 있다. 〈중원 고구려비〉는 신라의 영토 안에 고구려의 소규모 부대 지휘관인 당주(幢主)가 주둔하고 있었다는 사실을 전하고 있기 때문이다. 또, 『일본서기』에는 신라의 수도에도 100여 명의 고구려 군사가 주둔했음을 보여 주는 내용이 있다. 이처럼 고구려는 신라 영토임이 분명한 지역에 군대를 파견해 놓고 있었으며, 이를 바탕으로 신라에 대해 영향력을 행사할 수 있었던 것이다.

한편, 두 나라 사이의 이러한 관계는 문화 교류에도 많은 영향을 주었다. 즉, 경상북도 영주시 순흥면 읍내리 벽화 고분은 고구려 당주와 관련 있는 지역에 이른 시기부터 고구려 문화가 전파되고 있었음을 보여 주는 좋은 사례가 된다. 그리고 고구려와 신라가 밀접한 관계를 맺고 있었기 때문에, 눌지왕 때부터 고구려의 불교가 신라의 변경 지역을 중심으로 신라 사회에 전파될 수 있었던 것이다.

그러나 이와 같은 고구려와 신라의 우호 관계는 점차 밀월에서 갈등으로 변화되어 갔다. 이는 두 나라의 관계에서 고구려의 일방적 우위에 대한 신라 사회의 반발에서 싹튼 것으로 보인다. 그래서 신라는 고구려와의 밀월 중에도, 한편으로는 백제와의 관계를 개선하여 나제 동맹의 결성이라는 커다란 발판을 마련한 것이다. 그리고 450년에 강릉 지역의 신라 성주(城主)가 삼척에서 사냥을 하던 고구려의 장수를 살해하는 사건도 발생하였는데, 이 사건으로 고구려는 신라에 대한 군사적 공격을 계획하였으나, 신라의 적극적인 사과를 받아들이는 선에서 마무리하였다.

신라의 도발 행위를 고구려가 평화적 방법으로 해결한 것은 당시까지 우월한 입장에서 신라와 우호 관계를 유지하려고 한 고구려의 정책 때문으로 보인다. 그러나 신라의 지방 성주가 고구려 장수를 살해한 사건은 두 나라의 관계에 점차 실질적인 변화가 일어나고 있다는 것을 보여 준다. 이러한 모습은 〈광개토대왕릉비〉와 〈중원 고구려비〉를 통해서도 볼 수 있다.

5세기 초반인 414년에 세워진 〈광개토대왕릉비〉에서 고구려는 신라를 자신에게 조공을 바치는 나라로 간주하여 기술하였고, 신라에 대해 상하 관계의 우월한 의식을 가지고 있었다. 그리고 〈중원 고구려비〉에 신라 국왕을 '동이매금(東夷寐錦)'으로 기술하였고, 고구려와 신라의 관계를 '형제' 관계로 표현하였다. 즉, 두 나라의 관계가 4세기 말~5세기 초반에는 고구려가 일방적으로 우위에 있었으나, 5세기 중반에는 점차 그 강도가 약화되어 가는 모습을 볼 수 있다.

이 때까지 신라의 수도에는 고구려 군사가 주둔하고 있었다. 그러나 수도에 주둔하는 고구려 군사가 신라의 안전을 위협하는 존재라고 인식하자, 신라는 464년에 서라벌에 있는 고구려 군사를 몰살시켰다. 이로써 고구려와 신라의 밀월 관계는 갈등의 수준을 넘어 결렬로 치닫게 되었다. 이 사건으로 인하여 고구려는 삼척 등 신라의 북쪽 변경 지역을 침공하여(468) 신라에 보복하였다. 그리고 475년에 백제의 한성(漢城 : 서울)을 공략한 다음, 481년에 경상북도 일원의 신라 영토를 대규모로 공격하였다. 이 공격은 백제·가야와 연합한 신라의 방어로 인해 실패하였지만, 이처럼 5세기 전반 고구려와 신라의 우호 관계는 5세기 후반에 들어 완전히 결렬되어 적대적 관계로 전환되었다.

〈중원 고구려비〉
국보 205호. 최대 높이 203cm, 앞면의 너비 49~55cm. 충청북도 충주시 가금면 용전리 입석 부락에 위치한 국내 유일의 고구려 비. 심한 풍화 작용으로 마모가 심하나, '고려태왕(高麗太王)' 등의 글자가 보이며, 5세기 고구려와 신라의 관계를 이해하는 데 중요한 정보를 주고 있다.

1600년 전 호우와 합우가 들려주는 고구려 이야기

　5세기 전반에서 중반에 만들어진 호우총과 서봉총에 묻힌 사람이 누구인지 정확하게 밝힐 수는 없다. 그러나 무덤의 규모나 껴묻거리〔副葬品〕 등으로 보아 이 무덤의 주인공이 귀족이나 왕족임은 틀림없다. 신라의 최고위 신분인 이들이 평소 호우나 합우를 아끼며 보유하고 있다가, 죽은 다음 저승에서도 고구려 그릇과 함께 생활하고자 하는 바람이 호우나 합우가 그 무덤에 묻힌 이유일 것이다.

　이처럼 5세기 전반 신라의 상류 사회에서는 고구려 문화가 애호나 선망의 대상이었다. 이는 4세기 후반 이후 신라가 고구려의 도움을 받으면서, 고구려가 우월한 입장에서 두 나라 사이의 우호 관계를 돈독하게 했기 때문이다. 호우와 합우는 이러한 고구려와 신라의 관계나 분위기를 상징적으로 보여 준다.

　당시 고구려는 소수림왕 이후 광개토대왕과 장수왕을 거치면서 국력의 급격한 팽창기를 맞고 있었다. 이러한 자신감이 고구려로 하여금 독자적인 천하관을 가지게 하였다. 우리는 그러한 모습을 천손(天孫) 의식을 표방하며 대왕-천자 관념을 드러낸 〈광개토대왕릉비〉, 〈중원 고구려비〉, 〈모두루묘지〉 등에서 확인할 수 있다. 호우총의 호우나 서봉총의 합우는 고구려의 이러한 의식에 의해 제작되어 주변 나라에까지 전해졌던 것으로 여겨진다.

　그런데 서봉총 합우는 '연수'라는 고구려의 독자적 연호를 사용하여 연대를 표기하고 있다. 연호는 중국적 정치 사상의 한 표현으로, 동양 여러 나라에서 제도화된 것이다. 연호는 대외적으로 국가의 독립과 자주성을 상징하며, 대내적으로는 공통된 역법(曆法)의 사용이라는 동일감을 바탕으로 국가 통합, 국민 통합을 목적으로 한다. 또, 군주의 입장에서는 천명(天命)과 천도(天道)를 따르는 것인 동시에, 통치자로서 근본에 충실하면서 선정(善政)을 베풀어 백성을 잘 돌보고자 하는 의지의 표현이기도 하다.

　고구려의 경우, 광개토대왕의 '영락(永樂)' 연호가 현재로서는 가장 이른 시기에 제정된 연호로 알려져 있다. '영락' 이외에 현재 금석문 자료를 통해 고구려 연호로 확인된 것은 서봉총 합우의 '연수'를 비롯하여 연가(延嘉), 영강(永康), 건흥(建興) 등이 있다. 이 중 '연수'는 국왕의 장수를 기원하는 의미에서 제정된 연호로서, 장수왕 때에 사용되었다. 일부에서는 연가·영강도 장수왕의 연호로 보기도 한다.

　그렇다면 장수왕 때에는 광개토대왕 때에 비롯된 연호를 사용하는 전통이 확고하게 자리잡은 셈이 된다. 이것은 광개토대왕 때부터 싹트기 시작한 고구려의 천하관·세계관과 관련하여, 고구려 국가·사회에 중국과 대등하거나 별개의 천자 개념이 도입되었기 때문이다. 즉, 고구려의 연호는 국가·왕권의 영원함에 대한 기원과 함께, 고구려 국가와 왕권이 당시 동아시아 사회에서 중국의 통일 제국에 못지않게 강대했다는 것과 고구려가 안정적으로 지속되리라는 확신을 드러낸 것이다.

따라서, 서봉총에서 나온 합우는 연호 사용의 전통과 관련하여 고구려가 중국과는 별개의 세계를 관념·형성하고 있었음을 상징하는 자료이다. 이러한 고구려의 의식이 〈광개토대왕릉비〉, 〈중원 고구려비〉 등에서 신라를 '동이(東夷)'로 규정하는 근거가 되었던 것이다. 즉, 중국이 자신들의 세계를 중화(中華)로 자부하면서 주변의 여러 정치 집단을 '이(夷)'라고 생각했던 것과 마찬가지로, 독자적 세계관을 형성한 고구려 또한 자기 나라를 중심으로 하여 주변 나라들을 '이(夷)'라고 인식했던 것이다. 호우와 합우는 고구려의 그와 같은 인식의 산물이며, 5세기 고구려의 대외적 자부심을 1600년이 지난 오늘까지 간직한 채 고구려의 기상을 우리에게 들려주고 있는 것이다.

고구려 보루가 아차산에 있는 까닭은?

최종택 | 고려대학교 |

 고구려, 한강에 오다

　지금으로부터 1500여 년 전인 475년 9월에 고구려왕 거련(巨璉 : 장수왕)이 군사 3만을 거느리고 와서 백제의 왕도 한성(漢城)을 포위하였다. 백제의 개로왕(蓋鹵王)은 성문을 닫고 능히 나가 싸우지 못하였다. 고구려는 군사를 네 길로 나누어 양쪽에서 공격하였고, 또 바람을 이용하여 불을 놓아 성문을 불태웠다. 고구려의 대로(對盧 : 벼슬 이름)인 제우, 재증걸루, 고이만년 등이 군사를 거느리고 와서 북성(北城)을 공격하여 7일 만에 함락시키고, 남성(南城)으로 옮겨 공격하였다. 성 안은 위태롭고 두려움에 떨었다. 개로왕은 곤궁하여 어찌할 바를 몰라 기병 수십을 거느리고 성문을 나가 서쪽으로 달아나다가 사로잡혔다. 과거 개로왕의 신하였다가 고구려에 망명한 장수 재증걸루 등은 왕을 보고는 말에서 내려 절한 다음, 왕의 얼굴을 향하여 세 번 침을 뱉고 그 죄를 꾸짖었다. 그리고는 왕을 포박하여 아차성(阿且城) 아래로 보내 죽였다.

　이상은 『삼국사기』 백제본기 개로왕 21년조에 나오는 백제의 한성 함락 기사를 요약, 정리한 것으로, 여기에서 북성은 한강 남안의 풍납토성(風納土城)으로, 남성은 몽촌토성(夢村土城)으로, 아차성은 아차산성(阿且山城)으로 추정된다. 이로 인해 백제의 한성 시대는 막을 내리고 웅진(熊津)으로 천도하게 되었다. 고구려는 이후 80여 년간 한강 유역을 차지하고 남진 경영을 시도하게 되며, 몽촌토성과 한강 북안의 아차산 일대에 수십 채의 요새를 쌓았다. 그러나 551년 백제군의 공격으로 고구려군이 주둔하였던 요새들은 역사 속으로 사라지고 말았다.

고구려, 잠에서 깨어나다

그로부터 1500여 년이 지난 1988년 어느 겨울 밤, 필자에게는 평생 잊을 수 없는 일이 일어났다. 당시 필자는 서울대학교 박물관 작업실에서 몽촌토성에서 출토된 토기 조각들을 복원하느라 밤샘 작업을 하고 있었다. 수많은 백제 토기 조각들 중에서 낯선 토기 조각 하나를 찾아 냈는데, 한 달 정도의 작업 끝에 복원된 토기는 이제까지

나팔입 항아리 | 1988년 몽촌토성에서 출토된 것으로, 긴 목과 나팔처럼 벌어진 아가리를 특징으로 하는 대표적인 고구려 토기의 하나이다. 이 토기의 발견을 계기로 남한에서 고구려 유적에 대한 조사가 본격화되었다. 발달된 어깨에는 네 개의 띠고리 손잡이가 달려 있고, 그 아래 왼쪽에는 벽사(辟邪)를 의미하는 우물 정(井)자 부호를 새겨 넣었다. 주로 부장용이나 의례 용기로 사용되었다. 높이 59cm, 서울대학교 박물관 소장

남한에서는 출토된 예가 없는 전형적인 고구려 토기였다. 계속된 작업으로 상당량의 고구려 토기들을 복원하여, 그것이 475년 백제 한성을 함락시키고 몽촌토성에 주둔했던 고구려군이 사용한 것들임을 밝혀 낼 수 있었다.

이를 계기로 한강 유역에서 고구려의 자취를 찾는 조사가 본격화되었고, 1977년에 발굴되어 백제 고분으로 보고되었던 구의동 유적이 고구려 보루임을 밝혀 내었다. 1994년에는 지표 조사를 통해 아차산에서 10여 개소의 고구려 군사 유적이 확인되었다. 이어 아차산(峨嵯山) 4보루를 발굴하게 되었는데, 1997년 9월 22일 아차산 헬기장으로 불리던 현장에서 개토제를 지내고 군용 헬기장 표지석으로 사용된 판석을 들어올리자 바닥에 검게 그을린 흔적들이 드러났다. 나중에 밝혀진 일이지만, 현대의 군인들이 고구려 온돌의 뚜껑돌을 헬기장의 표지석으로 사용한 것이었다.

어쨌든 두 달여 간의 작업 끝에 내부 시설물의 절반 가량을 조사하였으며, 이듬해

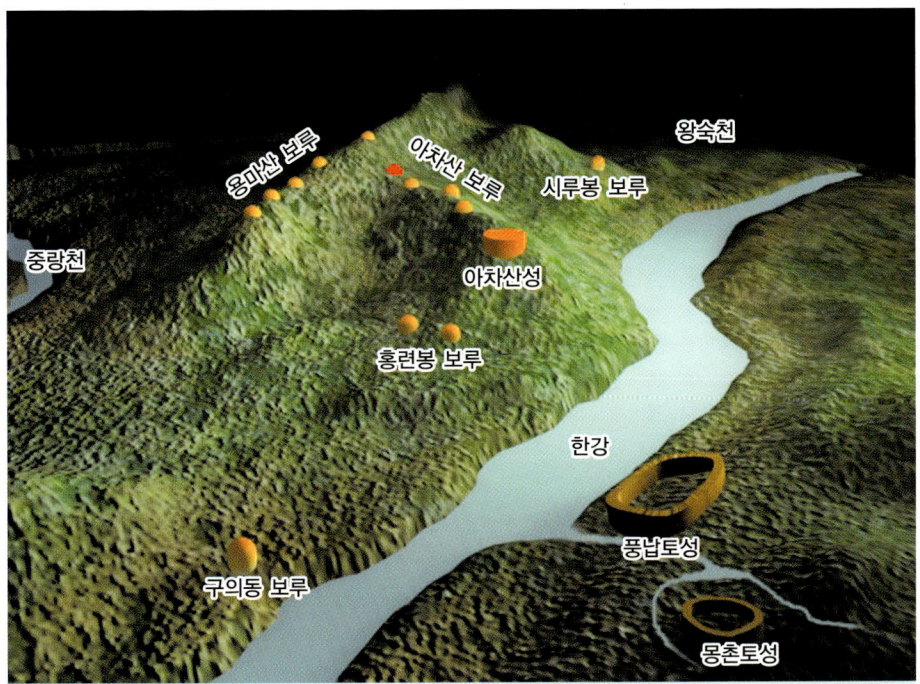

아차산 고구려 보루 분포도
구리시와 서울특별시의 경계를 이루는 아차산 일원에는 20여 기의 보루가 배치되어 있다. 한강변에는 한강을 따라 구의동 보루를 비롯하여 작은 규모의 보루가 배치되어 있으며, 아차산에는 그보다 큰 보루들이 두 줄로 배치되어 있다. 용마산의 보루들은 중랑천 주변을, 아차산의 보루들은 왕숙천 주변을 관할하였던 것으로 보인다. 발굴 조사를 통해 구의동 보루에는 10여 명, 홍련봉 1보루에는 50명, 아차산 4보루와 시루봉 보루에는 각각 100여 명의 고구려군이 주둔하고 있었던 것으로 밝혀졌다. 한강 이남에는 백제 도성이었던 풍납토성과 몽촌토성이 있다.

추가 발굴을 통해 처음으로 고구려 군사 요새의 전모를 밝혀 낼 수 있었다. 이어 시루봉 보루를 발굴하였으며, 현재는 홍련봉 1보루를 발굴 중인데, 이러한 일련의 발굴을 통해 1500년 전 고구려 군사들이 주둔하였던 요새의 모습이 하나 둘 밝혀지고 있다.

고구려를 만나다

아차산은 현재의 서울특별시 동쪽과 구리시 서쪽의 경계를 이루고 있는데, 흔히 서쪽의 용마봉, 북쪽의 망우산 및 봉화산 등 주변 산지를 포함하여 아차산이라 부른다. 아차산의 남쪽에는 서울의 젖줄이라 불리는 한강이 흐르고 있고, 맞은쪽 한강 남안에는 풍납토성과 몽촌토성이 자리하고 있다. 아차산 서쪽으로는 중랑천, 동쪽으로는 왕숙천이 흘러서 한강으로 유입되고 있으며, 이들 강 유역은 저평한 충적 평야가 비교적 넓게 발달해 있다.

아차산은 해발 285.8m로 그리 높은 산은 아니나, 용마봉(해발 348m)과 함께 인근에서는 가장 높은 봉우리를 이루고 있으며, 아차산에 오르면 남으로는 한강 이남의 전 지역이 한눈에 들어오고, 북으로는 멀리 의정부에 이르는 길목까지 한눈에 조망할 수 있다. 이러한 까닭에 아차산 일대는 고대부터 군사적으로 중요한 자리를 차지하였

구의동 보루 전경 | 현재의 잠실대교 북단 구의동에 있던 보루로, 한강을 따라 배치된 고구려의 최전방 보루이다. 지금은 없어졌지만 1977년 발굴 당시에는 15층 아파트 높이에 있었다. 둥글게 성벽을 쌓고 안쪽에는 군사들이 주둔하던 막사가 설치되어 있었는데, 10여 명의 군사가 주둔하였던 것으로 밝혀지고 있다.

으며, 아차산 일원 고구려 보루의 입지도 이러한 지리적, 지형적 이점을 바탕으로 하고 있다.

아차산 일대에는 모두 20개소의 고구려의 군사 유적이 있는데, 조사 전에 파괴된 것을 감안한다면 이보다 많은 수의 유적이 있었을 것으로 추정된다. 이들 유적은 산성보다는 규모가 작고 기능이 제한적이라는 점에서 보루(堡壘)라고 불린다. 아차산 일원의 고구려 보루는 아차산과 용마산 능선을 따라서 이어지고 있는 것들과 한강변에 인접한 것들의 두 부류로 나뉘며, 모두 주변을 조망하기 좋은 곳에 입지하고 있다.

한강변에 인접한 보루는 구의동 보루가 유일하지만, 일제 강점기에 조사된 자료에 의하면 중랑천과 한강이 만나는 뚝섬 근처의 자양동 일대에도 보루가 있었던 것으로 추정되며, 이러한 점을 감안할 때 중랑천 하구에서 아차산 자락에 이르는 한강변에도 일정한 간격으로 보루들이 배치되어 있었을 것으로 추정된다. 구의동 보루 발굴 자료에 따르면, 한강변의 보루들은 아차산 능선의 보루들보다 규모가 작았던 것으로 보인다.

아차산 능선의 보루들은 능선을 따라 이어지는 봉우리의 정상을 중심으로 입지하고 있는데, 이는 주변 지역, 특히 한강 남안의 몽촌토성과 풍납토성 일대를 조망하기 위한 것으로 생각된다. 이들 보루는 아차산과 용마산 줄기를 따라 두 줄로 배치되어 있으며, 이것은 지형적인 요소와 관련이 있는 것으로 보이는데, 지형상 아차산 능선

아차산 4 보루 성벽과 치 ❙ 아차산 4 보루의 성벽은 총 둘레가 210m에 불과한 작은 규모이지만, 고구려 성돌의 전형적인 특징인 잘 다듬어진 쐐기 모양 성돌을 사용했고, 특유의 방어 시설인 치를 설치하는 등 다양한 고구려 성 쌓기 기법이 대부분 이용되었다.

에서는 서쪽의 중랑천변을 조망하기 어려우며, 반대로 용마산 능선에서는 동쪽의 왕숙천변을 조망하기 어렵다. 따라서, 아차산 동서의 평지를 관할하기 위해서는 반드시 두 열의 보루를 축조해야만 했던 것으로 추정된다. 보루 사이의 거리는 400~500m 가량으로 비교적 일정한 편인데, 각 보루는 목책(木柵)이나 석축 등의 시설로 서로 연결되어 있었던 것으로 보인다.

발굴, 조사된 보루의 구조를 통해 볼 때, 아차산 일원의 고구려 보루는 외곽의 성곽과 내부의 건물지로 구성되어 있는데, 평면 형태는 원형 또는 타원형을 이루고 있다. 성곽의 규모는 대소의 차이가 있으나, 외곽에 석축 성벽을 쌓고 내부에 건물 등의 시설물을 설치한 점에서는 동일한 구조를 하고 있다.

성벽은 보루에 따라서 차이가 있으나 대체로 다듬은 화강암 석재로 쌓았으며, 구의동 보루의 경우는 특이하게 성벽 상부를 강돌로 쌓았다. 성벽의 총 연장 길이는 50m 내외에서 300m 이내의 규모이다. 발굴, 조사된 보루 모두는 성벽에 고구려 특유의 방어 시설인 치(雉)가 설치되어 있는 점도 특징이다.

성벽 내부의 평탄지에는 군용 막사로 이용된 여러 기의 건물과 저수 시설 및 배수 시설 등이 설치되었는데, 구의동 보루의 경우는 수혈식 건물이 1채 축조되었으며, 그 내부에 방형 저수 시설과 온돌 및 배수 시설이 설치되어 있었다.

아차산 4보루와 시루봉 보루, 홍련봉 1보루에는 여러 채의 지상 건물이 설치되었는데, 구조가 비교적 잘 남아 있는 아차산 4보루의 경우는 모두 7채의 건물이 설치되었으며, 건물 내부에는 모두 12기의 온돌이 설치되었다. 7채의 건물은 모두 장방형의 평면을 하고 있으며, 일부를 제외하고는 돌과 점토를 섞어 쌓은 담장식 벽채이고, 그 위에 맞배지붕을 덮었다. 이 중 가장 규모가 큰 것은 너비 10m, 길이가 45m나 되는 대형 건물지이다.

건물지의 네 벽은 모두 할석과 점토를 섞어서 쌓았으며, 동벽 가운데에 문비석(門扉石)이 놓여 있어 이 곳에 주출입문이 있었던 것으로 추정된다. 건물지 내부에는 중앙의 장축 방향으로 기둥 구멍과 초석이 배치되어 있어 남북 방향의 보를 받치던 기둥이 세워져 있었던 것을 알 수 있다. 건물지 내부는 다시 여러 개의 공간으로 나뉘는데, 온돌 시설이 있는 방 3칸과 2기의 저수 시설, 그리고 남쪽의 빈 공간으로 구성되어 있다. 건물지의 동벽과 서벽 가운데에는 각각 1개씩의 배수구가 설치되어 있어 사용한 물을 성벽 밖으로 배출하도록 설계되어 있다.

건물지 내부에 설치된 온돌은 'ㄱ'자형과 직선형의 두 종류가 있다. 온돌은 지금의 온돌과는 구조가 다른 벽난로와 같은 형태인데, 모두 외고래 형식으로 판석을 세워서

아차산 4보루 전경
아차산 정상에 위치한 4보루는 1997년과 1998년에 걸쳐 발굴되었다. 7채의 건물이 축조되어 있으며, 100여 명의 군사가 주둔하였던 것으로 추정된다. 건물지 내부에는 각각 1기 이상의 온돌과 저수 시설 및 배수 시설 등이 갖추어져 있으며, 건물지 외곽에는 간이 대장간도 설치되어 있어서 당시 고구려군의 부대 편제와 규모를 알 수 있게 해 준다. '후부도□형(後部都□兄)'이 새겨진 토기 접시를 비롯하여 고구려의 한강 유역 경영에 대해 알 수 있는 중요한 자료가 출토되었다.

벽채를 만들고, 그 위에는 역시 납작하고 긴 판석으로 뚜껑을 덮은 뒤 짚을 섞은 흙으로 미장한 형태이다. 온돌의 아궁이는 온돌고래와 직교하는 방향으로 설치되어 있는데, 아궁이 좌우에 좁은 판석을 세우고 그 위에 기다란 이맛돌을 올려서 아궁이를 만들었다. 온돌 아궁이 가운데에는 좁고 긴 돌을 세워 아궁이에 걸린 솥의 밑바닥을 받치도록 고안하였다.

그 밖에 아차산 4보루에는 간이 대장간도 설치되어 있어서 간단한 철기의 제작과 보수가 가능하였던 것으로 보이는데, 실제로 간이 대장간 주변에서는 수리 중인 철기가 다량으로 발굴되었다.

아차산 4 보루 온돌 및 복원된 온돌방 내부 |
아차산 4 보루에서 조사된 온돌 중 가장 큰 온돌로 아궁이가 2개이며, 온돌고래의 총 길이는 9m 가량 된다. 아래쪽은 이를 복원해 놓은 모습이다. 병사 10여 명이 기거하던 온돌방의 절반 가량을 복원한 모습으로, 고구려 사람들의 생활의 한 단면을 잘 보여 준다. 방 안에는 'ㄱ'자로 꺾인 온돌고래가 있고, 한쪽에는 낮은 시렁 위에 저장용 큰 항아리들이 놓여 있다. 두 개의 아궁이 위에는 쇠솥이 걸려 있고, 그 위에는 뚜껑 덮은 시루가 올려져 있다. 아궁이 주변에는 여러 가지 생활 용기가 정리되어 있고, 아궁이 왼쪽에는 불씨 저장소와 철제 낫이 있다.

아차산 4 보루에서 출토된 각종 고구려 토기
고구려 토기는 고운 점토질의 바탕흙을 이용하였으며, 모든 토기가 납작 바닥이라는 점이 특징이다. 30여 종류의 그릇이 있으며, 이 중 항아리와 시루 및 접시, 사발 등은 오늘날 우리가 사용하는 전통 옹기와 유사한 모양이다. 또, 제작 기법도 옹기 제작 기법과 유사한 것으로 밝혀지고 있어 고구려 토기가 오늘날 우리가 사용하는 전통 옹기의 원형이 되었음을 알 수 있다.

아차산 일원의 고구려 보루에서 많은 유물이 출토되었는데, 가장 많은 수를 차지하는 것이 토기류이다. 발굴이 진행 중인 홍련봉 1보루를 제외하고도 출토된 토기는 모두 24기종으로 분류되며, 몽촌토성에서 출토된 토기까지 합하면 최소 개체 수만도 1611개체에 달한다. 이들 각 기종은 용도에 따라 저장용, 조리용, 배식용, 운반용 등으로 사용된 실용기와 부장용이나 의례용으로 사용된 비실용기로 크게 구분되는데, 대부분 일상 생활에서 사용된 실용기이다. 나팔입 항아리나 구형 항아리 등의 변천 과정에 대한 분석에 따르면, 이들 토기류는 5세기 중엽에서 6세기 중엽에 사용된 것들이다. 그 밖에 접시를 비롯한 개인용 배식기에는 문자를 새긴 것들도 출토되었는데, 당시 사회를 이해하는 데 중요한 자료가 되고 있다.

토기류 외에 철기류도 많은 양이 출토되었는데, 무기류와 마구류, 농공구류 및 용기류 등으로 구성된 철기류도 1688개체분에 달하는 엄청난 양으로, 자료가 부족한 고구려 고고학 연구에 있어서 중요한 자료가 되고 있다. 더욱이 이들 자료는 역사적 정황으로 볼 때 백제의 한성이 함락되던 475년에서 백제군에 의한 한강 유역 회복이 있던 551년 사이에 속하는 것이어서 편년 자료가 부족한 고구려 고고학 연구에 중요한 자료로서 가치를 지니고 있다. 특히, 아차산 4보루에서는 말 재갈과 경판 및 등자 등의 마구가 출토되어 고구려뿐만 아니라 삼국 시대 마구의 편년에 중요한 자료가 되고 있다.

그 밖에 소량이지만 벽돌과 기와류가 출토되었는데, 벽돌은 구의동 보루에서만 출토되었으며, 기와류는 홍련봉 1 보루에서만 출토되었다. 기와 표면의 색은 붉은색이나 회색이며, 일부는 고온으로 소성되어 회청색을 띠며 경질인 것도 있다. 기왓등의 무늬는 대부분 꼰무늬[繩文]이며, 세로 방향으로 시문된 것이 일반적이다. 기와 내면에는 눈이 가는 포흔(布痕)이 찍혀 있으며, 이른 시기 기와의 특징인 모골흔(模骨痕)이 뚜렷하다. 기와를 만드는 바탕흙은 고운 점토나 일부 모래가 섞인 것도 있다. 기와의 외곽은 대부분 2~3차에 걸쳐 다듬어 매끈하다.

연꽃무늬 수막새
홍련봉 1보루에서 출토된 것으로, 남한에서 와당이 출토된 것은 이것이 처음이다. 고대에 기와나 와당은 사용이 엄격히 제한되어 있었던 점으로 미루어 보아, 당시 최전방의 보루이지만 홍련봉 1보루의 위상을 알 수 있다.

홍련봉 1 보루에서는 다량의 기와와 함께 연꽃무늬 수막새가 3점 출토되었다. 3점 모두 동일한 기와틀로 제작된 것은 아니나 같은 양식에 속한다. 막새 면에는 단판 연꽃무늬와 변형 화판을 교대로 네 판씩 배치하였다. 연판(蓮瓣) 사이에는 8개의 삼각형 주문(珠文)을 도드라지게 새겼으며, 가운데 자방(子房)에는 2조의 돋을테를 둘렀다. 이러한 와당은 남한 지역에서는 처음 출토되는 것으로, 고구려에서는 기와나 와당을 왕궁이나 사찰 및 관청 등 공공 건물에만 사용했던 점으로 미루어 보아 홍련봉 1보루의 위상을 짐작하게 해 준다.

고구려, 한강을 떠나다

 아차산 일원의 보루들은 출토 유물의 연대와 역사적 정황으로 미루어 551년에 백제군의 공격을 받아 폐기된 것으로 보인다. 그 동안의 발굴 성과를 통해 볼 때, 이들 보루가 폐기된 양상에는 뚜렷한 차이가 있다. 한강변에 입지한 구의동 보루의 경우, 온돌 아궁이에 두 개의 쇠솥이 걸린 채로 발굴되었으나, 아차산 4보루를 비롯한 아차산 능선상의 보루들의 경우에는 아궁이에 쇠솥이 확인되지 않았다. 또, 구의동 보루에는 다량의 무기류가 원래 위치에 놓인 채 완형으로 출토되었는데, 아차산 능선상의 보루에서는 파손된 무기 몇 점을 제외하고는 무기류가 출토되지 않았다. 구의동 보루는 보루 전체가 화재로 소실되었으나, 다른 유적에서는 화재의 흔적을 찾아보기 어렵다.

 이러한 점을 종합해 볼 때, 구의동 보루는 갑작스런 기습으로 인한 화재로 소실되었으며, 보루에 주둔했던 병사들은 한 번 싸워 보지도 못하고 전멸했을 것으로 추측된다. 반면에, 아차산 능선상의 보루에 주둔하던 고구려군은 구의동 보루를 비롯한 한강변 보루들이 공격당하자 쇠솥과 무기류 등 주요 장비를 거두어 철수한 것 같다. 이후 이들 보루 중 일부는 7세기 이후 신라군에 의해 재사용되기도 하였으나, 대부분은 땅 속에 묻혀 1500년 전 한강을 둘러싸고 치열하게 각축을 벌였던 삼국의 역사를 고스란히 간직하게 되었다.

 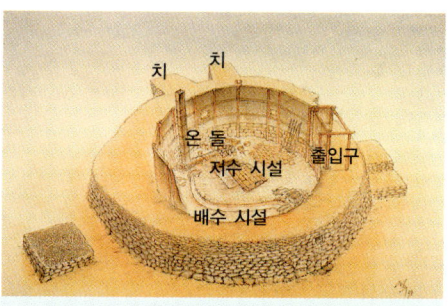

구의동 보루 복원도
1977년에 발굴된 구의동 보루를 발굴 당시의 기록을 통해 복원해 본 모습으로, 오른쪽은 보루 내부의 모습이다. 둘레 46m의 성벽에는 두 개의 치가 설치되어 있고, 안쪽에는 움집으로 된 막사가 있다. 막사 내부에는 온돌과 저수 시설 및 배수 시설 등이 설치되어 있고, 발굴 당시 온돌 아궁이에는 쇠솥과 주방 용기들이 그대로 놓여 있었다. 출입구 쪽에서는 3천여 점의 화살촉을 비롯한 무기류가 그대로 출토되어 1500년 전 전투를 해 보지도 못하고 불타 버린 상황을 그대로 보여 주고 있다.

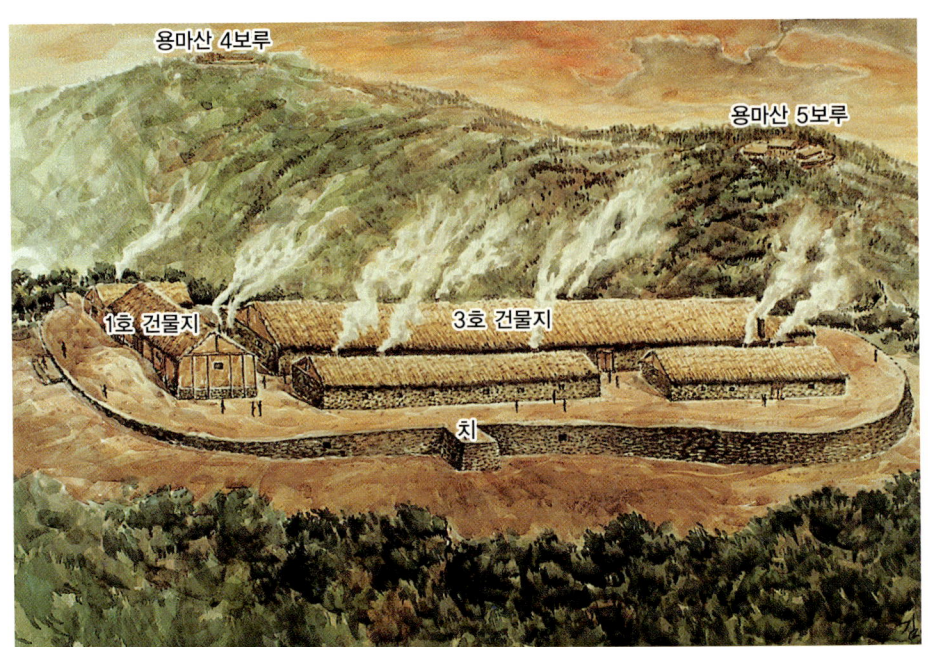

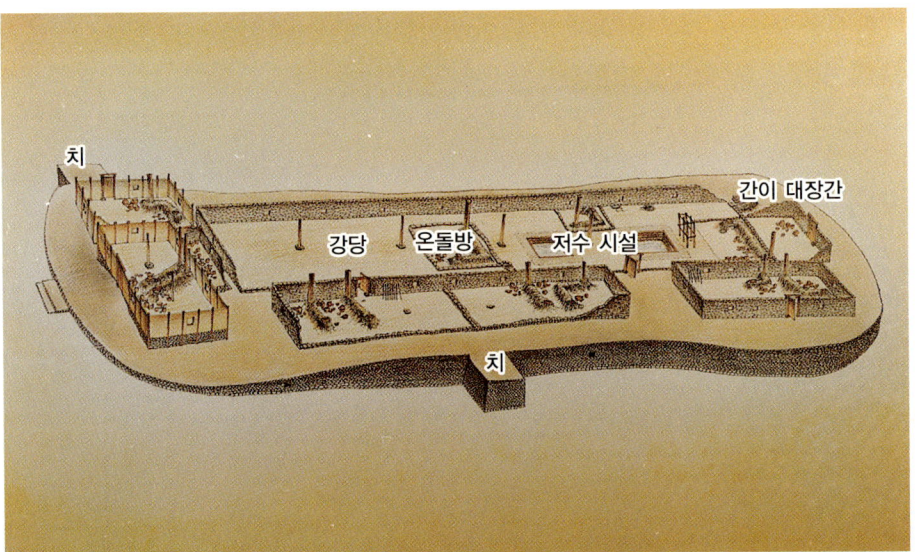

아차산 4보루 복원도 |
아차산 정상의 속칭 헬기장으로 불리는 곳에 위치한 보루를 복원한 모습으로, 뒤쪽에는 용마산 4보루와 5보루가 보인다(위). 둘레 210m의 성벽에는 두 개의 치가 설치되어 있고, 안쪽에는 7채의 막사용 건물이 있는데, 100여 명의 군사가 주둔하였던 것으로 추정된다. 건물지 내부에는 1기 이상의 온돌과 저수 시설 및 배수 시설 등이 갖추어져 있는데, 가장 규모가 큰 3호 건물지에는 3기의 온돌방과 2기의 저수 시설 및 배수 시설 등이 갖추어져 있다(아래). 이처럼 단위 부대의 모습이 완벽하게 발굴된 것은 북한이나 중국에서도 유례가 없는 것으로, 함께 출토된 3천여 점의 유물과 더불어 고구려 연구에 더없이 중요한 자료가 되고 있다.

아차산 고구려 보루의 의미

　그 동안의 발굴 조사와 유물에 대한 연구 결과를 종합해 보면, 아차산 일대의 고구려 보루는 한강을 경계로 한 고구려의 최남단 방어 기지의 역할을 하였으며, 대략 500년을 전후한 시점에 축조되어 백제군의 공격이 있었던 551년에 폐기된 것으로 밝혀지고 있다. 또, 이들 각 보루에는 10명(구의동 보루), 50명(홍련봉 1보루), 100명(아차산 4보루, 시루봉 보루)의 단위로 군사들이 주둔했으며, 아차산 일원에 주둔했던 전체 군사의 수는 2천여 명에 달했던 것으로 추정된다. 보루의 입지와 기와 건물의 존재 등으로 미루어 보아 중심 부대는 홍련봉 1보루에 주둔했을 가능성이 크다.

　이러한 내용을 중심으로 당시 상황을 재구성해 볼 수 있을 것이다. 서기 475년 장수왕이 이끄는 3만의 고구려군은 7일간의 공격 끝에 풍납토성을 함락하고, 백제의 개로왕을 사로잡아 아차산성 아래에서 죽인다. 장수왕은 이내 남녀 포로 8천 명을 잡아 돌아가지만 고구려 부대 중 일부는 몽촌토성에 주둔하면서 남진을 시도하였다. 그 후 웅진으로 천도한 백제가 다시 전열을 정비하여 한강 유역으로 북상해 옴에 따라, 500년 무렵에 고구려군은 몽촌토성을 버리고 한강을 경계로 아차산 일원에 보루를 구축하였다. 한강을 경계로 대치하던 고구려군은 551년 나제 연합군의 공격으로 한강 유역을 포기하고 임진강 방면으로 이동한 것으로 보인다.

　아차산 일원 고구려 보루의 발굴은 여러 면에서 중요한 의미를 지닌다. 이들 유적은 남한에서 처음으로 발굴된 고구려 유적으로, 학술적인 면에서 고구려 고고학 또는 고구려사 연구에 새로운 전기를 마련하였다. 그 동안 남북 분단이라는 정치적 상황으로 인해 우리 민족의 가장 자랑스러운 역사 중의 하나인 고구려에 대한 연구는 북한을 중심으로 이루어질 수밖에 없었다. 중국 여행이 자유로워지면서 중국에서의 고구려 연구도 일부 시도되었지만 자료에 대한 접근에는 한계가 있었다. 특히, 최근 중국이 '동북공정'이라는 국가적 사업의 일환으로 고구려사를 중국사라고 왜곡하고 있는 현실에서 아차산 고구려 유적이 가지는 중요성은 어느 때보다 크다고 할 수 있다. 아차산 일대의 고구려 보루의 발굴 성과는 북한의 개설서에도 반영되어 있을 정도로 관심이 높으며, 앞으로 고구려를 주제로 한 남북 간의 학술 교류에서도 중요한 역할을 할 것이다.

　이처럼 중요한 고구려 유적이 아차산에 밀집 분포하고 있다. 그러나 대부분의 유적이 등산로 개설과 군사 시설 및 체육 시설 설치로 훼손되고 있다. 세 곳의 유적이 발굴되었으나, 아직 해명되지 않은 여러 문제를 밝혀 내기 위해서는 추가 발굴이 필요하다. 이러한 점을 감안할 때, 발굴된 유적을 포함한 아차산 일원의 고구려 유적을 묶어 사적 공원화하고, 현장을 정비하여 답사 코스를 개발하며, 기념관과 박물관을 설치하는 등 종합적인 발굴 및 보존·활용 대책의 수립이 절실히 필요하다. 이미 정비를 마친 한강 남안의 백제 유적지들과 연계하여 한강을 중심으로 하는 고구려·백제 수학 여행 코스를 개발하는 것도 고려해 볼 만하다.

고구려 탄생의 젖줄인 비류수

3. 고구려의 영역

고구려의 영역

高句麗
다시 보는 고구려사

제 4 부
고구려의 사회

좀 다르지만 우리도 고구려 사람

정치 망명객들이 고구려로 온 이유

고구려 최대의 스캔들, 온달과 평강공주의 결혼

좀 다르지만 우리도 고구려 사람

김현숙 | 동북아역사재단 |

말갈, 그들은 누구인가?

수·당과 고구려의 전쟁 과정을 보면 말갈(靺鞨)이라는 존재가 자주 눈에 띈다. 특히, 당 태종(太宗)이 직접 군사를 이끌고 온 645년의 침략 전쟁에서 말갈 군대가 눈부신 활약을 보이자, 뒤에 말갈 병사 3천 명이 생매장을 당하기도 했다. 황제가 속해 있는 부대를 직접 공격했다는 죄목 때문이었다.

말갈은 고구려가 망한 후 부흥 운동에 앞장서기도 하였다. 고구려의 옛 땅에 남아 있던 유민(遺民)의 저항이 완강하여 사그라질 줄 모르자, 당나라는 유명무실한 나라

발해의 영승 유적 | 고구려 유민들은 고구려의 옛 땅이었던 이 곳 동모산(돈화)로 와서 나라를 세웠다.

를 세우고, 중국으로 끌고 갔던 보장왕(寶藏王)을 요동으로 돌려보내 그를 통해 유민들을 통치하고자 하였다. 그러나 보장왕은 당나라의 의도와 달리, 속말말갈(粟末靺鞨)과 내통하여 고구려 복국(復國)을 도모했다. 그러나 불행히도 이 모의는 사전에 발각되었고, 보장왕과 고구려 유민들은 다시 강제로 중국의 오지로 끌려갔다.

696년에 요서의 영주(營州)에 끌려가 있던 고구려 유민들과 말갈족들은 거란인 이진충(李盡忠)이 반란을 일으키자 그 혼란을 틈타 탈출하여 고구려의 옛 땅인 지금의 돈화 지방에 발해를 세웠다. 대조영과 그의 아버지인 걸걸중상, 그리고 걸사비우가 이들을 이끌었다. 발해는 일본에 보낸 국서에서 자신들이 고구려를 계승한 후계국임을 분명히 밝혔다. 역사와 문화, 모든 면에서 발해는 고구려의 부흥국이었다.

우리가 알고 있는 한 말갈은 뒤에 여진족으로 불리게 된 종족으로, 만족(滿族)의 선조이다. 그들은 금나라를 세웠고 뒤에 청나라를 건국했다. 이처럼 여진족은 분명히 우리 역사와 거리가 먼 존재이다. 그런데 그 선조인 말갈은 왜 고구려와 운명을 같이 했을까? 자못 궁금해진다.

『삼국사기』고구려본기에는 고구려 건국 시기부터 말갈이 등장한다. 그러나 중국 사서에서는 말갈이라는 명칭이 『북제서(北濟書)』무성제기(武成帝紀) 하청(河淸) 2년(563)에 처음으로 나온다. 그리고 『수서(隋書)』단계에 이르러 독립된 열전(列傳)이 설정되었다. 따라서, 『삼국사기』고구려본기에 나오는 말갈은 그 종족 계통에 관한 일을 후대에 일괄 소급해서 통칭(通稱)한 것임을 알 수 있다. 『삼국사기』백제본기와 신라본기에도 말갈에 관한 기사가 많이 나오는데, 여기에 나오는 말갈은 대부분 '위말갈(僞靺鞨)'로서, 동예(東濊)를 가리키는 것으로 보고 있다. 그러나 고구려본기에

등장하는 말갈은 이른바 '진말갈(眞靺鞨)'로서, 백두산과 송화강, 흑룡강, 연해주의 삼림 지대나 오지에 거주하던 산림족을 가리킨다.

말갈의 계보에 대해서는 『구당서(舊唐書)』 말갈전에 "말갈은 곧 숙신(肅愼)의 땅이다. 후위(後魏) 때에는 이를 물길(勿吉)이라 하였다."고 되어 있다. 또, 『신당서(新唐書)』 흑수말갈전(黑水靺鞨傳)에는 "흑수말갈은 숙신 땅에 있는데, 또한 읍루(挹婁)라고도 하며, 후위 때에는 물길로도 불리었다."라고 기록되어 있다. 중국의 정사에서는 이 두 사서의 계보관과 후대 금(金)나라 왕실의 조선 의식(祖先意識)을 연결하여 '고대의 숙신→ 동한(東漢)의 읍루 → 원위(元魏)의 물길 → 수·당(隋唐)의 말갈 → 금의 여진'으로 말갈의 계보를 정리했다.

호시와 석노로 대변된 종족

실제로 시기차가 큰 여진의 경우를 제외하고는 숙신, 읍루, 물길, 그리고 말갈은 몇 가지 특징적인 문화 요소를 공유한 것으로 기록되어 있다. 사서에 따르면, 이들은 예맥족 등의 농경족과 달리 반농 반수렵의 산림족으로서, 반지하식 수혈 주거(竪穴住居)를 하였다. 집을 지을 때 지하로 얼마나 깊이 파고 들어가는가 하는 것이 부와 권력의 척도였다. 그래서 대인의 경우 사다리를 아홉 개나 놓고 내려갔다는 기록도 있다. 또, 이들은 방 가운데에 뒷간을 두고 살았고, 오줌으로 세수를 했다. 이 때문인지 중국 사서에는 이들이 대단히 지저분하다고 적혀 있다. 이 종족의 특산물은 초피(貂皮 : 돈피)와 돼지, 그리고 호시(弧矢)와 석노(石砮)였다. 중국에 대한 조공물도 호시와 석노가 주된 물품이었다. 중국 사서에는 이들이 독을 바른 화살을 잘 쏘았으며, 쏘면 백발백중이고 맞으면 즉시 독이 퍼져 죽는다고 적어 놓았다.

이들에게 돼지는 매우 중요한 가축이었다. 돼지고기를 주요한 식량으로 삼았고, 그 가죽으로 옷을 해 입었다. 뿐만 아니라, 날씨가 혹독하게 추운 지역에 거주했기 때문에 겨울이 되면 모두 지하로 들어갔는데, 들어가기 전에 방한용으로 돼지기름을 온몸에 몇 겹이나 덧바르고 들어갔다. 돼지는 이 종족에게 없어서는 안 되는 존재였던 것이다. 말갈족의 거주지를 발굴하면 실제로 돼지뼈가 아주 많이 출토된다고 한다.

이들은 여름철이 되면 지하에서 밖으로 나와 숲 속에서 사냥을 했다. 그러다 추위가 닥치면 다시 지하 주거지로 들어갔다. 농경민과 달리 한 곳에 정착하지 않고 수초를 따라 이동했다. 하지만 일정한 범위 안에서 계절성 이동을 한다는 점에서 목초지를 찾아 지속적으로 이동하는 유목민과는 성격이 달랐다. 자연 환경이 열악했으므로 주로 약탈에 의존하였다. 이 때문에 사서에는 상당히 호전적이라고 기록되어 있다. 경험과 연륜을 중요시하여 노인들이 존중받는 농경 사회와는 달리, 용력(勇力)이 우선시되었으므로 젊은이가 더 귀하게 여겨진 사회였다.

중국 사서의 숙신, 읍루, 물길, 말갈에 대한 기록을 보면, 이처럼 몇 가지 공통점을 가지고 있다. 그래서 숙신의 후손이 읍루이고, 읍루의 후손이 물길이며, 그것을 이은 것이 말갈, 말갈을 이은 것이 여진이라고 보는 중국 정사의 계통 의식이 옳은 듯 보이기도 한다.

그러나 이에 대해 명칭이나 언어적 관련성을 찾기 힘들고, 거주 지역이나 분포 범위도 다르므로, 직접적으로 계보가 연결되지는 않는다고 보는 학자도 있다. 특히, 숙신과 읍루 및 물길 사이에는 위치 비정뿐만 아니라 종족 계통에 대해서도 논란이 심해 그 역사적 계보 설정에 의문을 더해 준다.

말갈의 토기 | 발해 시기의 말갈 유적지에서 나온 토기

「구당서」 말갈전 부분

　최근에 발굴, 보고된 자료들을 보면 한 개의 종족 집단이 시대에 따라 숙신, 읍루, 물길, 말갈 등의 명칭으로 달리 불렸던 것 같지는 않다. 숙신은 목단강 유역, 읍루는 목단강 유역으로부터 장백산 주변 및 연해주 일대에 이르는 지역, 물길은 훗날 속말말갈의 거주 지역인 제 2 송화강 연안 지역과 그 북쪽 아성(阿城) 등에 거주했던 정치 세력이다. 그러나 말갈은 이들 지역을 모두 포함하되 서북과 동북 지역으로 더 확대된 지역 범위에 살았다.

　즉, 중국 사서에 나오는 말갈은 숙신, 읍루, 물길 등의 후손이 중심을 이루되, 그 주변에 거주하던 사람들까지 포함되어 있었다. 예컨대, 백돌말갈과 속말말갈에는 물길과 부여의 후손이 섞여 있었고, 백산말갈에는 읍루와 옥저의 후손이 섞여 있었다. 이런 점에서 말갈은 일종의 범칭이라고 볼 수 있다. 그래서 이들을 편의상 말갈계 종족이라 칭하기도 한다.

고구려와 말갈계 종족과의 깊고도 긴 인연

　7세기 이전까지 동북 만주 일대에는 중국의 세력이 미치지 못하였다. 따라서, 이 지역에서 말갈계 종족과 가장 밀접한 관계를 맺고 있던 세력은 부여와 고구려였다. 특히, 고구려와 말갈의 관계는 역사적 연원이 깊다. 중국 사서에 의하면, 말갈계 종족은 3세기 이래 송화강-연해주-흑룡강 일대를 포함하는 지역에 광범위하게 거주하였고, 고구려도 5세기경에는 서쪽으로는 요하(遼河), 서북쪽으로는 심양(瀋陽), 북으로는 길림(吉林)과 영안(寧安)을 잇는 선, 동쪽으로는 훈춘(琿春), 남쪽은 아산만(牙山

灣)에서 죽령과 계립령을 넘어 영덕에 이르는 선까지를 자신들의 영토로 만들었다. 따라서, 말갈의 거주지와 고구려의 영역은 만주 일원에서 일정 기간 동안 서로 겹치고 있는 것이다.

또, 6, 7세기의 중국 사서와 『삼국사기』에 나오는 고구려 군대와 말갈족 군대의 활동상을 보면, 그 양적인 면이나 내용면에서 결코 소규모이거나 일시적 제휴가 아닌 대규모적이며 일정한 지속성을 가진 것임을 짐작할 수 있다.

그리고 『구당서』 말갈전에 의하면, 고구려 멸망 이후에 고구려의 지배를 받았거나 그 세력 범위에 들어 있었던 백산부(白山部), 골돌부(汨咄部), 안거골부(安居骨部), 호실부(號室部) 등이 정치적인 힘을 잃고 분산미약(奔散微弱)해져서 후에는 그 존재를 알 수 없게 되었다고 한다. 그러다가 발해가 성립되자 점차 발해로 편입되었는데, 오직 흑수부(黑水部)만이 전성(全盛)했다고 한다. 이것은 고구려가 멸망하자 그 세력권 안에 들어 있던 말갈 부락들이 구심점을 잃고 흩어져 버렸다는 것을 말해 준다. 이 사료를 통해, 수·당 시대의 말갈 7부 가운데 흑수부를 제외한 6부는 고구려의 영향권 아래에 들어와 있었다는 것을 알 수 있다.

이것은 모두 고구려와 말갈족의 관계가 상당히 밀접하였다는 것을 보여 주는 사례들이다. 그러면 고구려와 말갈계 종족과의 관계는 언제부터 성립되었으며, 어떤 성격이었을까?

고구려와 말갈계 종족과의 만남은 시조인 동명성왕(東明聖王)의 창업기에 이미 이루어졌다. 말갈 부락과 땅이 이어져 있어 초기에는 말갈족을 두려워했지만, 말갈족의 침략을 물리치는 데 성공한 후로 그들을 두려워하지 않았고 말갈족도 다시 침범하지 않았다고 한다. 이후 주변 소국들에 대한 통합 활동을 전개하는 과정에서 백두산 일대에 거주하던 말갈족 일파도 고구려의 세력권 아래로 들어왔고, 북부여 지역을 차지하면서 송화강 유역에 살던 부락도 영역 안에 편입되었다.

따라서, 말갈 7부를 기준으로 각 지역 말갈족과 고구려의 관계를 보면, 백산말갈의 선대는 일찍부터 고구려 영역에 속해 있었다. 왜냐하면, 백산말갈의 거주지인 백두산 일대는 1세기 이래로 고구려의 영향권 아래에 들어와 있었기 때문이다. 이 지역 주민들은 고구려 이외에는 선진적인 정치 세력과 직접적인 교류를 가지지 못하였다. 그리고 태조왕 때부터 책성을 중심으로 이 지역에 대한 경영이 본격화된 이래 고구려 말기에 이르기까지 변동 없이 고구려 영역에 들어 있었다. 따라서, 백산말갈에 대한 고구려의 지배는 다른 지역보다 더 지속적이고 안정적이었다고 할 수 있다.

또, 속말말갈의 거주 지역은 서천왕(西川王) 때부터 일부가 고구려 세력 아래에 들어왔고, 4세기 이후 부여에 대한 지배권을 강화하면서 그 주변 지역도 고구려에 편입되었다. 그러나 이 지역 말갈족은 백산말갈과 달리 고구려의 지배에 모두 순응하지는 않았다. 일부는 여전히 독자적인 세력을 유지하며 중국과 교류하기도 하고, 또 일부는 끝까지 고구려에 항거하다가 수나라로 이탈해 가기도 했다. 그러나 대개의 부락은 일찍부터 부여·고구려인과 근접해 살면서 그 문화에 익숙해져 있었으므로 고구려와의 관계는 밀접했다고 할 수 있다. 그러므로 백산말갈과 속말말갈은 고구려 말기에는 완전한 고구려인으로 존재했다고 보아도 무리가 없다.

한편, 물길의 퇴조 이후 백돌부와 안거골부는 고구려가 북부여 지역을 재차 장악하고 치치하얼 부근과 아륵초객하(阿勒楚喀河) 연안으로까지 활동 영역을 확장하는 과정에서 고구려의 지배권 아래로 편입되었다. 그러나 불열부와 호실부에 대한 고구려 세력의 침투는 언제 행해졌는지 정확하게 알 수 없다. 현 상태에서는 단지 고구려의 동북 방면으로의 확장 과정에서 그 세력권 아래로 들어왔을 것으로 짐작하고 있는 정도이다.

요컨대, 고구려와 관계를 맺은 말갈의 경우에도 부락에 따라 어느 정도 차이가 있었다. 일찍부터 고구려 영토 안에 들어와 살았던 사람들도 있고, 간접적인 영향만 받았던 부락도 있었다. 아마도 불열부·호실부 말갈은 후자에 속할 것이고, 속말부·백산부 말갈 등은 전자에 속할 것이며, 백돌부와 안거골부는 그 중간 정도에 해당할 것이다. 즉, 흑수말갈을 제외한 6부 말갈은 모두 고구려의 직·간접적인 지배권 아래에 있었던 존재였다.

말갈이 대중국 항쟁에 나서고, 고구려 부흥 운동에 앞장섰던 이유는?

고구려는 말갈족을 통치함에 있어, 필요에 따라서 직접 통치를 하기도 했지만, 대부분 말갈족 기존의 생활 방식을 유지할 수 있게 한 상태에서 집단적으로 간접 통치를 하였다. 이러한 통치 형태는 말갈 6부 중에서 속말말갈과 백산말갈이 가장 핵심적이었다. 이 두 말갈은 고구려 영역 안에 들어와 살게 된 시기 자체도 오래 되었고, 지리적으로도 가까웠다. 이들은 농경족인 다른 고구려인들과 달리 군사적인 면으로 의무를 다했다. 즉, 고구려에서는 민첩하고 호전적인 이들의 성격을 잘 살려서 세금은 다

백두산 ▎말갈 6부 가운데 백산말갈은 백두산 일대에 거주하였다.

송화강 ▎수·당 시대의 말갈 6부 가운데 하나였던 속말말갈은 송화강 유역에 거주하였다.

른 사람에 비해 아주 적게 받는 대신 특수 부대원으로서 전쟁터에서 활약하게 하였다. 수·당과의 전쟁 기간 동안 활약했던 말갈군이 바로 이들이었다.

중국 사서에는 말갈군이 마치 고구려군과는 별개의 군대인 양, '고구려와 말갈병'이라는 식으로 표현하였다. 이에 따라 말갈군을 고구려가 동원한 용병이었다고 보기도 한다. 하지만 용병이라면 나라가 망하는 순간까지 목숨 걸고 싸우고, 멸망 후에도 복국(復國)을 도모거나 하지는 않는다. 이 전쟁에서 활약했던 말갈군은 모두 고구려 사람으로서, 그들만으로 구성된 특수 부대에 속해 있던 사람들이었다.

이런 점을 종합해 보면, 말갈이 왜 고구려 멸망기에 그토록 처절하게 싸웠으며, 왜 멸망 이후에도 보장왕과 모의하여 복국을 도모했는지, 그리고 왜 고구려를 계승한 발해를 세웠는지 바로 이해할 수 있다. 건국 주체 세력이자 주구성원인 예맥족과 마찬가지로 말갈족도 고구려 사람이었던 것이다.

그런데 일반적으로 말갈이 이종족(異種族)이라 하여 고구려와 관계 없는 존재라고 알고 있는 경우가 많다. 물론, 말갈은 발해 멸망 이후부터는 우리 역사와 거리가 멀어졌다. 여진이라는 이름으로 불리며 금·청을 세우면서부터 그들의 역사는 완전히 중국사가 되었다. 하지만 고구려와 발해가 존재하던 당시에는 그렇지 않았다. 그들은 고구려와 발해의 주민이었다.

벽화에 등장하는 코 큰 서역인(안악 3호분 수박희) | 고구려는 다양한 성격의 구성원들로 이루어진 다종족 국가였다.

고구려에는 종족 계통이 다른 사람들도 많이 있었으며, 생활 방식이 다른 사람들도 함께 살았다. 원래 고구려를 건국한 종족은 예맥족이었지만, 이들 외에 한족(韓族), 선비족(鮮卑族), 한족(漢族), 거란족(契丹族) 등 여러 계통의 사람들이 고구려 주민으로 살았다. 고구려의 성장과 발전 과정을 이해한다면 이것은 매우 자연스러운 현상이다. 영토 확장 과정에서 고구려는 부여, 옥저, 동예와 함께 옛 백제와 신라 땅에 살던 한과 예, 요동 지역에 살던 선비족, 거란족 등을 아울렀다. 중국에서 망명 온 사람도 많았고, 혼란을 피해 고구려로 들어온 피난민도 많았다. 고분 벽화에 그려진 생활 풍속도에는 코가 큰 서역인들도 심심찮게 등장한다. 신분상에 차이가 있고 생김새와 사는 방식이 달랐어도 그들은 모두 고구려 사람이었던 것이다.

이들 다양한 구성원 가운데 단연 두드러진 존재가 말갈족이다. 이들은 수적으로도 다수를 차지했고, 생활 풍속면에서도 다른 사람들과 현저하게 차이가 났다. 이들은 수·당과의 전쟁이 일어났을 때 고구려 사람으로서 자기 나라, 자기 가족을 지키기 위해 싸웠다.

흔히 발해는 소수의 지배자인 고구려인과 대다수의 피지배자인 말갈로 구성된 나라라고 한다. 그리고 그 말갈은 금·청을 세운 여진의 선조로서, 고구려와 관계 없는 별개의 존재라고 여긴다. 그러면서 발해의 역사를 한국사 안에 넣고 있다. 이것은 너무나 오랫동안 좁은 땅 안에서 비교적 단일한 종족으로만 역사를 구성해 왔기 때문에 생긴 모순된 인식이다. 고구려는 넓은 영토에 다양한 구성원을 포괄하고 있던 다종족 국가였다.

국가 발전 과정에서 새로운 구성원들이 많이 들어오고 또 나가곤 하였다. 따라서, 고구려는 자신과 다른 존재에 대해 그다지 배타적인 시각을 가지고 있지 않았다. 물론 신분제 사회이고 예맥족이 중심인 나라였기 때문에 그에 따른 차별은 있었겠지만, 다른 왕조에 비해서는 확실히 열린 나라였다. 이러한 점에서 고구려는 대국적인 기질을 가진 나라였다고 볼 수 있다.

강했던 옛 시절에 대한 그리움으로 우리는 늘 고구려를 꿈꾼다. 하지만 오늘을 사는 우리가 고구려로부터 정작 배워야 할 것은 이 같은 개방성, 열림, 대국적 기질이 아닐까?

정치 망명객들이 고구려로 온 이유

공석구 | 한밭대학교 |

4세기에서 5세기로 넘어가는 시간의 흐름 속에서 고구려 역사의 내부를 들여다보면, 고구려 땅에는 상당수의 외국인이 거주하고 있었음을 알게 된다. 마치 '세계화'로 상징되는 오늘날, 우리 주변에서 외국인을 보는 것이 흔한 일이 된 것처럼.

한 가지 예를 들어 보자. 집안(集安)에 있는 벽화 고분인 각저총에는 씨름하는 사람의 그림이 있는데, 현재의 우리와는 다른 모습을 하고 있다. 그는 서역인(西域人)이었던 것이다. 당시 동북 아시아의 격변기 속에서 수많은 외국인이 고구려로 이주해 왔다. 문헌 사료나 고고학 자료를 통해 확인되는 외국인의 대표적인 예는 중국 사람들이었다.

지금의 중국은 통일된 국가의 모습이지만, 고구려 때에는 여러 왕조가 등장하여 고구려와 접촉하면서 각기 성장과 멸망의 과정을 되풀이하였다. 즉, 북방의 유목 민족이 세운 전연과 후연, 서쪽의 오랑캐인 저족(氐族)이 세운 전진, 흉노족 계통의 후조, 한족(漢族)이 세운 진(晉), 그리고 한족이 양자강 이남 지역으로 남하하여 세운 동진 등을 비롯한 여러 왕조가 고구려와 교류하였다.

한편, 고구려의 주변에도 떳떳한 독립 국가의 모습을 하지는 못했지만 숙신족, 거란족을 비롯한 여러 종족 집단이 존재하고 있었다. 고구려는 사방으로 영역을 확장하는 과정에서 이들 국가와 종족 집단의 일부를 내부 구성원으로 포함하였다.

고구려에 중국인이 대거 몰려들게 된 까닭은, 당시 고구려 땅이 주변 다른 나라들에 비해 살기 좋은 환경이었기 때문이다. 이런저런 사연을 가지고 모여든 사람들은 이국 땅 고구려에서 더 나은 삶을 꿈꾸었을 것이다. 이 시기에 고구려가 가졌던 힘은 〈광개토대왕릉비〉와 〈모두루묘지〉에 기록된 내용을 통하여 짐작할 수 있다.

> (광개토대왕)의 무공은 사해(四海)에 떨쳤다. 외래의 침략과 우환을 제거하고 백성들로 하여금 평안히 그 업에 종사하게 하였다. 국가는 부유하고 백성도 은실(殷實)하였다. 오곡이 넉넉하게 잘 익었다.
> — 〈광개토대왕릉비〉

> 천하사방이 이 나라의 성스러움을 알고 있을지니……
> — 〈모두루묘지〉

위의 기록을 보면, 당시 고구려인들의 자부심을 생생하게 느낄 수 있다. 이와 같은 고구려인들의 자신감은 내부적으로는 왕을 정점으로 한 통치력의 안정, 그리고 외부적으로는 당시 중국의 정치적 혼란이라는 몇 가지 요인에 기인하고 있다.

정치적으로 안정된 고구려와 달리 중국은 내부의 혼란에 휩싸여 있었다. 후한 왕조가 멸망한 이후 계속적으로 전란에 휩싸여 있었는데, 이 시기를 '삼국 시대'라고 부른다. 우리에게 잘 알려진 인물들, 즉 제갈공명, 관우, 손권, 조조 등이 활약하던 시대였다.

씨름하고 있는 서역인의 모습 | 각저총

고구려의 사회

삼국 시대를 마감하고 진(晉) 왕조가 들어서면서 중국은 한동안 평화스러운 모습을 보였다. 그러나 그것도 잠시였으며, 진은 3세기 말~4세기 초에 이르러 큰 혼란에 휩싸이게 되었다. 왕자의 난을 포함하여 진나라 왕실이 내분으로 복잡해지면서 국력은 급격히 약화되었다. 이를 틈타, 중국의 외곽 지역에 거주하고 있던 이민족들이 사방에서 봉기하였다. 급박하게 전개되는 상황은 중국의 동북방 지배에 큰 영향을 끼쳤다. 이와 같은 중국의 혼란상은 수많은 중국계 이주민이 고구려로 유입해 오는 직접적인 계기가 되었다.

　요동 지방을 지배해 오던 진나라의 통제력은 4세기 초에 이르러 행정적인 지배권

부하들에 둘러싸여 행진하는 무덤 주인공의 모습 ▮ 안악 3호분

을 상실할 정도로 약화되었고, 주변 지역의 이민족들은 더욱 세력을 확장해 갔다. 진나라가 멸망한 이후에는 요서 지방을 중심으로 하여 전연(前燕), 전진(前秦), 후연(後燕), 북연(北燕) 등의 국가가 차례로 등장하면서 인접한 고구려와 다양한 관계를 가졌다.

이처럼 고구려와 서쪽으로 국경을 접하고 있던 여러 왕조가 명멸해 가는 과정에서 중국은 내부적으로 커다란 정치적 혼란이 계속되고 있었다. 언제 어떻게 될지 알 수 없는 사람들의 삶은 불안해질 수밖에 없었고, 이를 극복하는 과정에서 중국인 정치 망명객들이 빈번히 고구려로 이주해 왔던 것이다.

정치 망명객들은 어떠한 사람들이었을까?

우문부 왕 일두귀

우문부(宇文部)의 왕인 일두귀(逸豆歸)가 망명해 왔다. 우문부는 요동의 서북방 지역인 시라무렌 강(西拉木倫河)과 라오하무렌 강(老哈河) 유역을 중심으로 세력을 형성하고 있던 선비족의 일파이다. 오늘날의 내몽골 자치구 남쪽 지역에 해당된다. 3세기 중반 이후에 세력을 형성하였는데, 일두귀는 동부대인 출신으로서 왕이 된 인물이다. 일두귀는 전연과의 전쟁에서 패하여 후퇴를 거듭하다가 345년에 고구려로 망명해 왔다.

북연 왕 풍홍

북연 왕 풍홍(馮弘)이 망명해 왔다. 북연은 요서 지방, 오늘날의 요령성과 하북성 일대에 세력을 가지고 있던 국가였다. 이 사건에 대해서는 『삼국사기』에 다음과 같이 기록되어 있다.

> 4월 (북)위가 (북)연의 백랑성을 공격하여 이기니, (장수)왕은 장수 갈로맹광(葛盧孟光)을 보내어 군중 수만을 거느리고 양이(陽伊)를 따라 화룡(북연의 왕성)에 가서 연나라 왕을 맞이하게 하였다. 갈로맹광은 성 안으로 들어가 군사들에게 명령하여 떨어진 군복을 벗어 버리고 연나라의 무기고에 저장된 정교한 군수품을 가져다 나누어 주고 성 안을 대대적으로 노략하였다. 5월에 연나라 왕이 (화)룡성의 사람들을 거느리고 동으로 옮길 때 궁전에 불을 지르니 불이 열흘 동안이나 꺼지지 않았다. 이 때, 부인들은 갑옷을 입혀 (행렬의) 가운데에 있게 하고, 양이(陽伊)는 정예 병사들을 단속하여 밖을 가리고, 갈로맹광은 기병을 거느리고 뒤에서 수레를 나란히 하여 행진하니, (그 행렬이) 앞뒤로 80여 리나 되었다.

북연은 동쪽으로 고구려, 서쪽으로는 북위와 국경을 접하고 있었다. 북연 왕 풍홍은 점점 가중되는 북위의 압박을 견디지 못하고 고구려로 망명해 온 것이다. 그 과정을 보면, 북연은 세자가 432년에 북위로 망명해 가면서 결정적으로 힘이 꺾이게 되었고, 계속되는 북위의 위협을 막기 위해 양자강 남쪽의 송나라에 의지하려 하였다. 하지만 송나라는 군대를 지원할 만한 처지가 못 되었다. 위급을 느낀 북연 왕 풍홍은 435년, 고구려에 사신을 보내어 미리 자신의 망명 의사를 타진하였다.

북위는 436년 2월에 대규모 군사를 일으켰다. 북위는 고구려를 비롯한 주변 각국에 북연 정벌을 통고하고 본격적인 군사 행동에 착수하였다. 결국, 풍홍은 망명 요청을 받아 주었던 고구려로 망명할 수밖에 없었다. 장수왕은 436년에 대규모의 군대를 멀리 북연의 수도인 화룡성(오늘날의 요령성 조양 지방)에 파견하여 북연 왕 일행을 호송해 왔다. 그 행렬이 80여 리에 달하였다는 것으로 보아, 왕을 비롯한 대규모의 인원이 고구려로 망명해 왔다는 것을 알 수 있다.

북연 왕의 동생인 풍비

북연 왕 풍발의 동생인 풍비(馮丕)가 망명해 왔다. 망명해 온 연대는 분명치 않지만, 고구려에 거주하던 풍비는 414년에 북연 왕 풍발의 부름을 받고 돌아갔다.

동이교위 최비

동이교위(東夷校尉) 최비(崔毖)가 망명해 왔다. 동이교위라는 관직은 중국이 동이족을 통제할 목적으로 만든 것이다. 최비는 진나라에서 이탈하여 화북 지방을 중심으로 하여 독자적인 세력을 구축하고 있던 왕준(王浚)이라는 인물의 장인이다. 왕준은 세력을 사방으로 확장해 나가는 과정에서 311년에 최비를 동이교위로 임명하여 파견하였다. 새로운 동이교위로 부임해 온 최비는 이 지역에서 진나라 세력을 몰아 내고 세력을 구축해 나가던 선비족의 모용외를 견제하고자 하였다. 하지만 중국의 유랑민이 대거 모용외에게 몰려들면서 점차 세력의 우열 관계가 드러나게 되었다. 이에 최비는 모용씨 주변에 있던 고구려, 우문부, 단부와 같은 여러 종족 집단과 연합하여 모용씨를 제압하려고 하였다. 최비는 삼국과 연합하여 모용외의 근거지인 극성(현 요령성 금주시 부근)을 포위하는 상황에까지 이르렀다. 그러나 모용외의 방해 공작과 연합국 간의 이견으로 삼국 연합은 와해되고 말았다. 결국, 319년에 모용씨 공격에 실패한 최비는 기병을 이끌고 고구려로 망명하였다. 그가 선택할 수 있는 곳은 고구려밖에 없었던 것이다. 이는 요동 지방 최고위급 관료의 고구려 망명 사건이다.

사마 동수

선비족 정권의 고위 관료인 동수(冬壽)라는 인물이 망명해 왔다. 동수는 요서 지방에 세워진 전연이라는 국가에서 사마(司馬)라는 관직에 있었던 인물이다. 그의 망명 배경은 다음과 같다. 선비족의 지도자였던 모용외가 죽자(333) 권력 계승을 놓고 자식들 간에 내분이 일어났다. 셋째 아들 모용황이 모용외를 계승하여 권력을 장악하게 되자, 이전부터 요동 지방을 장악하고 있던 다른 아들 모용인이 반란을 일으킨 것이다. 요서 지방의 모용황과 요동 지방의 모용인이 대립하자 이 지역의 세력 관계는 양분되었다. 마침내 모용인의 반란은 3년 만에 진압되었는데(336), 이 과정에서 한때 모용인에게 협력하였던 일부 관료(동수, 곽충)들이 336년에 고구려로 망명해 왔다.

그런데 망명해 온 동수가 고구려에서 20여 년을 살다가 357년에 죽었다는 기록이 황해도의 한 무덤 벽면에 기록된 것이 발견되어 관심을 끌고 있다. 그 무덤이 안악 3호분이다. 안악 3호분은 한반도에서 발견된 벽화 고분 중 최대 규모이다. 또, 무덤 안에는 다양하고도 화려한 벽화와 함께 동수의 묘지가 있다. 이 시기 동북 아시아에서 가장 화려한 벽화 고분 중의 하나로 꼽히고 있으며, 무덤 안에는 동수가 고구려에 와서 호화스럽게 생활하던 여러 가지 모습이 그려져 있다.

동이교위 봉추, 호군 송황, 거취령 유홍

전연의 일부 관리들이 고구려로 망명해 왔다. 이 사건은 전연의 서쪽에 인접하여 세력을 확장해 나가던 후조(後趙)라는 국가와 연관되어 있다. 후조가 전연을 공격하면서 양국 간에 전쟁이 시작되었다. 그 사이에서 세력 관계를 저울질하던 전연의 관료 일부가 후조로 넘어갔다. 하지만 후조의 공격이 실패하자, 이 과정에서 보복을 두려워하던 후조측 전연의 관료-봉추(封抽), 송황(宋晃), 유홍(游泓)-들이 338년에 고구려로 도망해 왔다. 이들 중에서 호군(護

망명객 동수의 초상화 | 안악 3호분

軍) 송황은 고구려에서 생활하다가 고구려의 외교 전략상 전연으로 송환해 주었다. 돌아간 송황은 전연에서 요직을 역임하였다.

태부 모용평

전연의 최고 실권자로서 태부(太傅)직에 있던 모용평(慕容評)이 망명해 왔다. 이 사건은 전연이 370년에 전진(前秦)과의 일전에서 크게 패하고, 불과 2개월 만에 수도로부터 멀리 요동 지방에 이르기까지의 영역을 상실하고 멸망하는 과정에서 일어났다. 전진이 요서 지방을 점령하자, 동쪽으로 후퇴를 거듭하던 모용평은 결국 고구려로 망명해 왔다. 전진과의 우호적인 관계를 희망하던 고구려는, 370년 모용평이 망명해 오자 그를 붙잡아 전진으로 돌려보냈다. 이후 고구려와 전진은 내내 우호적인 관계를 유지하였다.

망명객 진의 초상화 | 덕흥리 벽화 고분

유주자사 진

대동강 하류 지역인 남포시에서 유주자사(幽州刺史) 진(鎭)의 벽화 고분이 발견되었다. 벽화에는 주인공인 진이라는 인물의 내력을 기록한 묘지가 먹으로 길게 쓰여 있다. 그 내용은 진의 국석(신도현 도향), 성명(□□氏鎭), 역임한 관직(건위장군, 국소대형, 좌장군, 용양장군, 요동태수, 사지절, 동이교위, 유주자사), 향년(77세), 안장일(영락 18년, 408년)과 후손의 번영을 기원하는 길상어 등으로 구성되어 있다.

관심을 끄는 것은 '영락

(永樂)'이라는 광개토대왕이 제정한 연호가 사용되었다는 점과 고구려의 북중국 지배를 상징하는 관직명이 다수 나타나고 있다는 점이다. 이 사실을 구체적으로 나타내 주는 벽화, 즉 주인공인 진이 유주에 소속된 13군 태수들과 함께 정사를 논의하고 있는 장면은 너무나도 유명하다. 13군은 오늘날 북경 이동(以東)으로부터 만주 지역에 이르는 지역이고, 유주자사는 이들 13군을 통할하는 행정적인 책임자이기 때문이다.

이 무덤에 대해서는 학계의 논란이 있으나, 대체로 주인공 진을 중국에서 이주해 온 망명객으로 이해하고 있다.

✿ 정치 망명객들은 어떻게 살아갔을까?

고구려로 이주해 온 망명객들은 어떠한 심정으로 지냈을까? 고향과 근거지를 버리고 먼 타국 땅에 와서 살 수밖에 없는 그들의 처지는 한숨 그 자체였을 것이다. 이국 땅에서 그들의 삶을 결정짓는 중요한 요소는 고구려가 그들을 어떻게 예우해 주었느냐 하는 것이었다.

그렇다면 고구려는 유입해 온 정치 망명객들을 어떻게 대우하였을까? 고구려는 4세기 초엽 이후 비약적으로 확대된 영역, 그리고 편입된 다양한 종족 집단을 통치하기 위해 그 지역 및 주민에 대한 포괄적이고 효과적인 편제 및 지배 방식을 강구할 필요가 있었다. 소수림왕에 의한 불교의 수용과 율령의 반포는 이런 면에서 중요한 의미를 가지고 있다.

4세기 후반 이후 강력해진 왕권은 불교의 수용과 밀접한 관련이 있다. 고구려 왕실에서는 왕권의 절대성, 초월성을 논리적으로 뒷받침하는 보편적인 관념 체계가 필요하였다. 강력한 왕권을 확립하기 위한 효과적인 방법은 복잡한 종교나 사상 등을 통일하는 것이다. 불교는 고구려 왕실의 이와 같은 소망을 교리로 뒷받침할 수 있었으며, 필요에 따라 도입된 불교는 왕실의 적극적인 후원 아래 전파되었다. 고구려인의 독자적인 천하관은 이러한 상황 속에서 형성되었다.

이와 같은 고구려의 내부적 상황 속에서 정치 망명객들이 수용되었다. 하지만 사회·문화적 배경이 상이한 망명객들에게 고구려의 관습법 내지는 독자적 율령을 적용시켜 지배하기에는 상당한 무리가 따를 수밖에 없다. 따라서, 고구려는 모든 구성원들에게 적용시킬 보편적 율령 체계의 개발이 필요하였다. 망명객들도 이와 같은 고구려 율령 체계의 직접적인 적용 대상이 되면서 점차 고구려인이 되어 갔다. 또, 이들을 사상적으로 동화시키는 데 유용한 것은 불교 정책이었다. 이와 같은 고구려의 동화 정책에 의해 망명객들은 서서히 고구려인이 되었다.

정치 망명객들은 어떻게 살아갔을까? 이들 망명객은 정치적인 배경이 다양하고 또한 중국의 선진 문물에 익숙한 사람들이었다. 고구려가 국가 체제를 확립하기 위해서는 여러 분야에 대한 제도적인 정비가 필요하였다. 이 과정에서 이들의 협력이 필요하였다. 이들은 중국의 다양한 제도와 문화를 고구려에 전파시켰을 것이다. 또, 중국의 율령을 비롯한 제반 제도에 익숙한 일부는 고구려 정권에 참여하여 국력 향상에 기여하기도 하였을 것이다.

망명객의 신분은 왕, 왕의 동생, 고위직의 관료에 이르기까지 다양하였다. 물론 군인, 일반인의 망명도 빈번하였을 것이다. 고구려는 정치 망명객들을 선별하여 각기 도읍과 지방에 나누어 살게 하였다. 따라서, 망명객들은 그들이 배치된 지역에 따라서 각기 다른 생활을 영위한 것으로 생각된다. 당시 국가의 행정력이 미치는 강도, 즉 정치 환경은 국도와 지방이 다를 수밖에 없었다. 따라서, 이들 지역이 표출해 내는 역사상은 서로 차이를 나타내고 있다.

도읍에서 멀리 떨어진 지방에 배치된 망명객들은 비교적 자유롭게 살아갈 수 있었다. 고구려의 행정 통치력이 비교적 약했기 때문에, 이들은 자기들이 가지고 있던 문

13군 태수를 불러 놓고 정사를 논의하고 있는 유주자사 진(덕흥리 벽화 고분)

화와 관습을 유지하면서 살아갈 수 있었다. 안악 3호분이나 덕흥리 벽화 고분에 나타나는 생생하고도 다양한 중국적 요소들은 이러한 측면에서 이해되어야 한다. 또, 당시는 지방에 해당되었던 평양 및 그 주변 지역에서 발견되는 1천여 기가 넘는 중국식 묘제인 벽돌무덤〔塼築墳〕도 이러한 정치·사회적 환경 속에서 나타난 것이다.

반면에, 국도 및 그 주변에 배치된 망명객들은 지방에 배치된 사람들에 비해 자유로운 생활을 하지 못하였다. 그들에게는 고구려와는 이질적인 자기들의 문화를 향유할 수 없다는 사회적 압력이 있었다. 그들은 고구려왕의 직접적인 지배를 받아야 했

견우 직녀의 사랑 이야기(덕흥리 벽화 고분)

다. 따라서, 국도에 적용되는 고구려의 관습법 내지는 율령의 적용을 받아야 하는 것이 현실이었다. 오늘날 이 지역에서는 정치 망명객의 흔적을 쉽게 찾아볼 수 없는데, 아마 이러한 이유 때문일 것이다. 이들은 각자가 처한 환경에 따라 고구려 땅에서 살아갔으며, 일부는 끝내 망명 생활에 적응하지 못하고 중국으로 돌아갔을 것이다. 고향을 등진 그들의 삶은 슬픔과 한숨이었을까? 아니면 새로운 삶의 방식에 적응하면서 점차 고향을 잊어 갔을까?

고구려 최대의 스캔들, 온달과 평강공주의 결혼

임기환 | 서울교육대학교 |

충청북도 단양군 영춘면에는 세칭 온달 산성이라 불리는 성이 있다. 고구려 장군 온달의 비극적인 최후를 담은 전설이 전해지는 곳이다.『삼국사기』 온달전에 의하면, 온달은 계립령(鷄立嶺)과 죽령(竹嶺) 서쪽의 땅을 되찾기 전에는 돌아오지 않겠다고 맹세하고 출정한 후 아단성(阿旦城) 아래에서 전사하였다고 한다. 여기서 계립령은 오늘날 충주 미륵리와 문경 관음리를 잇는 옛 길인 하늘재이며, 죽령은 단양과 풍기를 잇는 오늘날의 죽령으로, 이 일대는 삼국 간에 쟁패가 치열하였던 전략적 요충지였다.

그런데 정작 온달이 전사한 아단성의 위치를 둘러싸고는 의견이 분분하다. 여러 의견 중에서 서울 광장동의 아차산성으로 보는 견해와 충청북도 단양군 영춘면의 온달 산성 일대로 보는 견해가 유력하다. 아차산성이라는 설은 당시 신라와 고구려의 충돌 지역이 한강 하류 일대임을 근거로 하고 있다. 그러나 현재 좀더 지지를 얻고 있는 견해는 아단성 = 온달 산성이라는 설이다. 이 곳의 고구려 때의 지명이 '을아단(乙阿旦)'이었다는 점과, 계립령 및 죽령과 가깝다는 점이 중요한 근거가 된다. 또, 이 지역에 온달 관련 전승이 많이 남아 있다는 점도 눈길을 끈다. 하지만 지금 남아 있는 온달 산성 자체는 신라 때의 산성이니, 결국 온달은 죽어서 신라 산성에 자신의 이름을 남김으로써 생전에 못다 한 회한을 푼 셈인지도 모른다.

온달 산성(위)과 아차산성 | 온달이 전사한 아단성의 후보지로는 단양의 온달 산성과 서울의 아차산성이 거론되고 있다. 현재 남아 있는 성벽은 두 곳 모두 6세기에 신라가 한강 유역으로 진출하면서 쌓은 축조물이다.

❀ 온달은 실존 인물인가?

　이렇게 온달의 전사지를 둘러싸고 논란이 일어나면서도 정작 온달이라는 인물 자체에 대해서는 관심이 덜한 것 같다. 온달이 실존 인물인지, 아니면 단지 설화의 주인공에 불과한지 궁금하지 않을 수 없다. 이 점 또한 현재로서는 명확한 답을 얻기 어렵다. 그러나 적어도 신라와의 전투에서 영웅적인 최후를 맞이한 온달은 역사상 실존했을 가능성이 높다.

　온달전을 보면, 평강공주와 결혼한 온달은 매년 3월 3일에 치러지는 춘계 수렵 행사에서 두드러진 활약을 보여 평원왕의 눈길을 끌고, 북주(北周)의 침입 때에 큰 공을 세워 마침내 대형(大兄)이라는 벼슬과 함께 정식으로 부마로 인정받는 것으로 되어 있다. 그리고 영양왕 때에 신라와의 전투에서 전사하였던 것이다.

　당시 고구려가 처하였던 국제 정세를 보면, 이러한 온달의 행적은 충분히 사실이었을 가능성이 있다고 여겨진다. 북쪽으로는 북제, 북주, 수 등의 북중국 세력 및 돌궐이 6세기 중반 이후 요해 지역으로의 세력 확장을 꾀하고 있었고, 남쪽으로는 한강 유역을 차지한 신라가 신흥 강국으로 떠오르며 삼국 간 항쟁의 주도권을 쥐고 있었다. 이러한 상황에서 당시 고구려의 대외 정책은, 요동 지역에서는 지금까지의 세력권을 그대로 유지하는 한편, 남쪽으로는 신라에 빼앗긴 한강 유역을 회복하는 데에 힘을 기울이고 있었다. 따라서, 이 과정에서 온달 설화에서 보이는 것과 같은 행적을 한 인물이 실제로 존재하였을 가능성이 있으며, 그 인물의 이름도 전하는 바와 같이 온달이었을 수도 있다.

❀ 온달은 과연 공주와 결혼하였는가?

　사랑 이야기는 언제나 마음을 설레게 하는 주제이지만, 바보 온달과 평강공주의 이야기는 도저히 이루어질 수 없는 신분의 벽을 뛰어넘었다는 점에서 더욱 흥미를 불러일으킨다. 사실 결혼을 통한 신분 상승이나 부귀영화를 누린다는 식의 이야기는 동서고금을 막론하고 존재하며, 대표적으로는 신데렐라 이야기를 들 수 있다. 그래서 그러한 욕망을 '신데렐라 콤플렉스'라고도 한다. 그런데 요즈음 우리 사회에는 '온달 콤플렉스'라는 신조어가 나오고 있다. 적당히 미모도 갖추고 돈도 많은 집 딸과 결혼하려는 젊은 남성들의 결혼 세태를 풍자하는 말이다. 물론, 이는 바보 온달 설화에서 유래하고 있다. 그러면 과연 온달은 공주와의 결혼을 통해 출세한 인물인가?

앞에서 고구려 평원왕 때의 뛰어난 무장으로서 신라와의 전투에서 전사한 온달이 실존 인물이었을 가능성을 생각해 보았다. 그런데 온달전에 전하는 온달의 사회적 지위를 고려한다면, 그러한 가능성을 다시 접어 두지 않으면 안 된다. 즉, 온달은 바보라고 불릴 정도로 가난하고 미천한 출신으로, 그러한 출신이 과연 공주라는 높은 신분과 혼인을 하고, 또 무공을 세워 높은 벼슬자리에 오를 수 있었을지에 대해 의문을 가지는 것은 당연하다. 지금까지 우리가 알고 있는 역사 지식으로는 당시 그런 혼인은 결코 이루어질 수 없었다. 사실, 이런 식의 혼인은 신분제가 존재하지 않는 오늘날에도 커다란 뉴스거리가 될 만큼 극히 예사롭지 않은 일이다.

바로 이처럼 현실적으로 불가능한 일이 하나의 이야기로 꾸며졌기 때문에 오랜 세월 동안 온달 이야기가 설화로서 생명력을 지니고 전해졌을 것이다. 그렇다고 해서 이 설화를 단지 꾸며진 허구로만 간주해도 좋다는 뜻은 아니다. 우리는 이 이야기에서 사실과 허구의 경계를 조심스럽게 찾아 내야 한다. 이에 대한 답을 얻기 위해, 우리는 위 이야기를 조심스럽게 거꾸로 풀어 갈 것이다.

신라와의 전투에서 전사한 온달이 실존 인물이라고 한다면, 그가 평원왕의 부마라는 사실도 허구는 아닐 것이다. 그렇다면 당시 고구려의 신분제에 비추어 볼 때, 공주와 결혼한 온달을 설화에서처럼 가난한 평민 출신이었다고는 생각할 수 없다. 그렇다

무용총 수렵도 부분 ┃ 온달전에 의하면 3월 3일에 낙랑 언덕에서 벌어진 수렵 행사에서 온달이 출중한 무예를 자랑하여 평원왕의 눈에 띄었다고 한다.

고구려의 사회

고 온달을 명문 귀족 출신으로 보기도 어렵다. 왜냐하면, 이 설화의 핵심은 온달과 평강공주와의 지극히 비정상적인 결혼에 있는데, 온달이 명문 출신이라면 이러한 설화가 만들어질 이유가 없기 때문이다. 따라서, 온달이 평민 출신은 아니었다고 하더라도, 그가 평원왕의 부마가 되는 것이 당시로서는 충격적인 것으로 받아들여질 만큼 출신이 낮았을 것으로 생각된다. 아마도 왕실과의 통혼권에서 벗어나 있던 하급 귀족 출신 정도로 보는 것이 타당하리라. 이 점은 그가 북주와의 전투에서 공을 세우고 정식으로 부마로 인정받은 뒤에야 겨우 7위에 해당하는 대형(大兄) 벼슬에 오른 사실로도 짐작할 수 있다. 명문 귀족 출신인 연개소문이나 그의 아들들이 아버지의 직책을 계승하여 어린 나이에 최고위 관직에 오른 사실과 비교하면 확실히 그 차별성을 엿볼 수 있다.

좀더 추측을 해 보자면, 온달의 가문은 온달 당대에는 하급 귀족에 속하는 가문이었지만, 그의 몇 대 선조는 여기에도 속하지 못하는 더 낮은 출신이었는지도 모른다. 설화에서 온달을 가난한 평민 출신으로 묘사하고 있는 것은 이러한 가문의 내력을 반영하고 있다고 생각해 볼 수 있다.

온달이 하급 귀족 출신이라면, 어떻게 평강공주와 파격적인 결혼을 할 수 있었을까? 물론 이 때에도 자유 연애는 있었을 터이니, 두 사람이 깊은 사랑에 빠져 신분적 한계에도 불구하고 마침내 결혼하게 되었을 것이라는 낭만적인 상상도 해 봄직하다. 이 경우, 신라에서 김유신의 아버지 서현이 왕족인 만명과 연애를 하여 주위의 반대에도 불구하고 마침내 사랑의 결실을 이루었다는 이야기가 떠오른다. 그러나 서현의 경우는 가야 왕족 출신의 진골 신분이라는 점에서 온달의 경우와는 비교할 수가 없다. 또, 온달과 평강공주 두 사람의 사랑만으로 신분의 벽을 뛰어넘을 수 있을 만큼 당시의 신분제가 그렇게 녹록하지는 않았으리라.

그러면 온달이 공주와 결혼할 수 있었던 배경은 무엇일까? 설화에는 온달이 공주와 결혼한 후 무훈을 세운 것으로 되어 있지만, 사실은 그 반대였을 것이다. 오히려 그의 뛰어난 무예와 북주와의 전투에서 세운 혁혁한 군공 때문에 공주와의 결혼이 이루어졌다고 생각할 수 있다. 아마도 당시 귀족들이 수긍할 만한 뛰어난 공을 세움으로써 파격적인 결혼을 약속받았을 것이다.

물론 하급 귀족 출신인 온달로서는 결혼에 이르기까지의 과정이 그리 순탄치는 않았을 것이니, 예컨대 상부(上部) 고씨(高氏) 같은 유력한 경쟁 상대가 나타나기도 했던 것이다. 그러나 온달은 평원왕의 신임을 바탕으로 최후의 승리자가 되었고, 이를 시기한 귀족들이 이 결혼을 '바보'와 '울보'의 결혼이라고 빈정거렸을지도 모른다.

온달과 서동의 공통점

 지금까지 우리는 온달 설화에서 역사적 사실을 찾는 작업을 하였다. 그 결과, 온달은 실존 인물이며, 그가 평원왕의 공주와 결혼한 것도 사실일 가능성을 확인하였다. 이제 우리의 눈을 그 나머지 이야기로 돌려 보자.

 온달과 평강공주의 파격적인 결혼은 당시 세인들의 화젯거리가 되기에 충분하였다. 사람들의 입에 오르내리면서 이들의 결혼은 더욱 흥미진진한 이야기 요소가 덧붙여졌고, '울보'인 공주가 궁을 나와 '바보'인 가난한 온달과 결혼하였다는 식으로 바뀌어 갔을 것이다. 이런 이야기 요소는 물론 허구이다. 그러나 거기에는 일정하게 당시의 사회상이 반영되어 있게 마련이다. 예컨대, 온달과 같이 밥을 빌어먹는 가난한 평민들의 존재, 온달이 공주와 결혼하여 황금 팔찌를 팔아 부자가 되었다는 이야기처럼 새로 부를 축적한 계층, 그리고 군공(軍功)를 통하여 관직을 얻어 하급 귀족으로 진출한 계층 등의 모습은 당시의 사회 변동 속에서 나타난 여러 형태의 인간상을 묘사한 것으로 보인다.

 이러한 사회상을 반영한 설화로는 백제 무왕과 관련된 서동 설화를 들 수 있다. 홀어머니를 모시고 마를 캐어 내다 팔아 사는 서동은 신라 진평왕의 셋째 딸 선화공주를 사모하여 거짓 노래를 퍼뜨리고, 이 때문에 궁에서 쫓겨난 공주와 결혼한다. 공주가 왕궁에서 가지고 나온 황금을 팔아 살림살이를 마련하고자 하였을 때,

무령왕릉에서 나온 금제 관 장식, 금 제품 | 고대에 금은 최고 지배층의 권위를 드러내는 상징적 재화였다. 관 장식에 있어서도 금 제품과 금동 제품은 신분적, 정치적 차별을 반영하고 있다.

서동은 비로소 집 곁에 쌓아 둔 돌덩이가 황금임을 알게 된다. 공주는 "이것만 있으면 한평생을 부자로 살 수 있다."고 황금의 가치를 깨우쳐 준다. 서동은 많은 황금을 진평왕에게 보내어 신임을 얻고, 훗날 백제의 왕위에 오르게 된다. 이 서동 설화도 온달 설화와 내용이 거의 흡사하다.

그러면 이러한 설화가 형성될 수 있는 사회적 배경은 어떠했을까? 4세기에서 6세기에 걸친 시기에 삼국 사회에는 커다란 변동이 일어나고 있었다. 철제 농기구와 우경이 널리 보급되면서 농업 생산력이 발달하였고, 아울러 상업과 수공업도 급속도의 진전을 보였다. 이 과정에서 사회 분화가 촉진되어 온달이나 서동처럼 경제적으로 몰락한 계층도 나타난 반면, 상당한 토지와 부를 소유한 부민층도 등장하였다. 이들의 부의 축적 과정은 조상 대대로 권세를 누려 왔던 귀족 세력과는 달랐다. 그래서 위 설화에서는 온달과 서동이 마치 황금을 횡재하여 부자가 된 것처럼 묘사했을 것이다.

온달 설화의 역사적 배경은?

이와 관련하여 온달과 서동이 황금을 소유했다는 의미를 생각해 보자. 온달이나 서동은 공주가 궁에서 지니고 나온 황금 때문에 부자가 된다. 선화공주의 말대로 당시에도 황금은 평생을 부자로 살 수 있는, 세상에 다시없는 보물로 여겨졌다. 그러면 언제부터 황금이 이처럼 일반민에게까지 부의 상징으로 받아들여졌을까?

황남대총에서 출토된 귀걸이와 금관

고대 사회 초기에는 황금이 부의 상징으로 인식되었던 것 같지는 않다. 오히려 당시는 황금 제품을 향유할 수 있는 계층을 극히 한정함으로써 최고 신분층의 상징, 권위와 위엄의 상징이라는 의미를 지녔다. 백제 무령왕릉이나 거대한 신라 고분에서 쏟아져 나오는 화려한 금관이나 금제 장식품 등은 모두 왕실이나 최고 귀족층이 사용하던 유물이었다. 그런데 위 설화에서는 황금이 더 이상 특정 신분층의 향유물이 아님을 보여 주고 있다. 온달은 공주의 금팔찌를 팔아 저택과 전답은 물론 노비와 우마까지 마련한다. 이제 황금은 신분적 의미보다는 교환 가치를 지니는 재화로서, 경제적 가치가 보다 중요해졌다. 황금을 획득한 온달과 서동을 통해 6세기를 전후하여 새로이 부를 축적하며 성장하는 부민층의 존재를 엿볼 수 있다.

마지막으로, 온달이 무인으로 출신하여 벼슬길에 올랐다는 의미를 생각해 보자. 새로 성장하는 부민층이 단지 경제적인 부의 축적으로만 만족하였을 리 없다. 당시 사회에서 쉽지는 않았겠지만 어느 정도 정치적 진출과 성장도 추구했을 것이다. 물

쌍영총 기마무사도 | 고구려 벽화에서는 이러한 상무적 기풍을 전해 주는 그림을 쉽게 찾아볼 수 있다.

론, 이들의 경제 기반이 곧 정치적 진출을 보장하는 것은 아니었다. 그러나 지배 체제의 개편을 꾀하던 왕권이 관료 체제를 확대하는 과정에서 이들 새로운 세력과의 결합을 꾀했기 때문에 어느 정도는 정치적 성장을 이루었을 것으로 보인다. 그리고 이들이 관료로서 국가 지배 세력 내로 편입되기 위해서는 관료로서의 기본적인 소양을 갖추어야만 하였다.

『구당서』 고구려전에는 다음과 같은 기록이 있다.

> 고구려의 풍속은 서적을 매우 좋아하여, 미천한 집안까지도 그러하다. 네거리에 큰 집을 지어 경당이라 부르고, 자제들이 결혼할 때까지 그 곳에서 독서와 활쏘기를 익히게 한다.

이 기록처럼 고구려의 경당은 일반 평민 자제들이 활쏘기 등의 무예를 닦고, 독서

고구려를 계승한 발해의 육정산 유적

를 통해 유교적 소양을 기르는 곳이었다. 이러한 경당에서 중심이 되었던 사람들은 의당 경제적으로 여유가 있는 부민층이었을 것이다. 이들은 경당에서 기본적인 소양을 쌓고, 온달전의 내용처럼 수렵 행사나 대외 전쟁을 통해 갈고 닦은 실력을 발휘하여 관직에의 진출을 꾀했을 것이다. 온달이 왕의 사위가 되었다거나 태형의 벼슬에 올랐다는 전승은, 적어도 그러한 일이 일어날 가능성이 어느 정도 열려 있는 사회 분위기 속에서 형성되었던 것으로 보인다.

한 시대에 형성된 설화는 그것이 가지는 풍부한 이야기적 요소로 인해 여러 시대에 걸쳐, 다양한 계층에 의해, 다양한 모습으로 바뀌면서 전해진다. 그 점이 설화를 통해 역사를 이해할 때 겪는 어려움이다. 하지만 설화에는 한 시대를 살아가는 인간의 모습이 생동감 있게 그려져 있기 때문에 설화를 통해 역사의 한 부분을 찾아보는 것은 언제나 의미 있는 과제로 남는다.

高句麗
다시 보는 고구려사

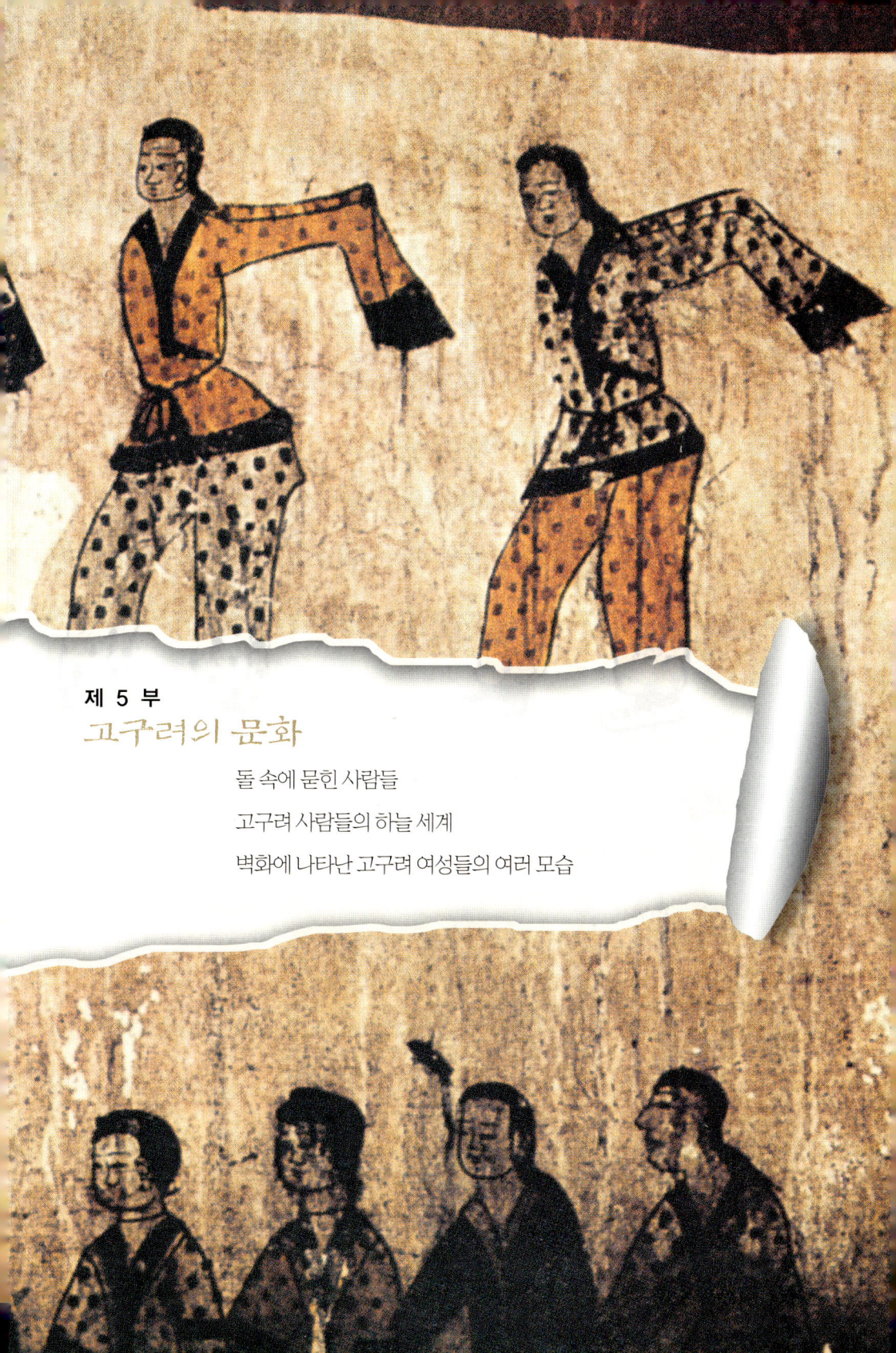

제 5 부
고구려의 문화

돌 속에 묻힌 사람들

고구려 사람들의 하늘 세계

벽화에 나타난 고구려 여성들의 여러 모습

돌 속에 묻힌 사람들

공석구 | 한밭대학교 |

高句麗

고구려의 수도였던 집안에 가서 놀라는 것은, 이 곳에 고구려 시대의 무덤이 적어도 1만 2천 기 이상 분포되어 있다는 사실이다. 어느 나라에 가서도 찾아보기 힘든 역사적 사실이 아닐까 싶다.

우리에게 광개토대왕릉으로 알려진 태왕릉은 무덤 한 변의 길이가 60m가 넘는다. 또, 그 앞에 서 있는 〈광개토대왕릉비〉는 그 크기(6.39m)로 볼 때 세계사적으로도 유례를 찾기 어려울 정도라 하니 더욱 놀라운 일이다.

돌무덤의 나라, 고구려 | 환도산성 입구에 있는 산성하 고분군

고구려인들은 죽음을 이 세상과의 단절이 아니라 지속되는 것이라고 생각하였다. 그래서 무덤을 크게 만들고, 무덤 안을 집처럼 꾸며 죽은 자의 영혼이 머물도록 하였다. 물론, 무덤 안에는 죽어서도 사용하라는 의미에서 생전에 쓰던 물건들, 즉 생활 도구나 식량 등을 넉넉하게 넣어 주었다. 『삼국지』 동이전을 보면, 고구려인은 "남녀가 서로 결혼을 하면 죽어서 입을 수의를 만들기 시작하였다. 장례에 금은을 비롯한 귀중한 보물을 모두 사용하였다."라고 기록되어 있다. 고구려 사람들이 죽음을 얼마나 장엄한 행사로 생각했는지 짐작할 수 있다.

오늘날은 사람이 죽으면 3일 만에 장례를 지내지만, 고구려 시대에는 그 기간이 상당히 길었다. 왕의 경우에는 죽은 지 3년 만에 장례를 지냈다. 고구려인들은 사람이 죽었을 때에는 그 죽음을 슬퍼하지만, 장례날에는 춤추고 술 마시며 노래를 불렀다고 한다.

고구려 무덤의 대표적인 특징은 주검을 돌 속에 묻었다는 점이다. 이는 신라, 백제와 비슷하고 중국과는 다르다. 이 시기 중국의 대표적인 무덤 형태는 무덤방을 벽돌로 만들었는데, 이것을 벽돌무덤〔塼築墳〕이라고 한다. 보편적으로 주검은 무덤방에 안치되는데, 그 방식에 따라서 홀로 묻히는 단독장과 2인 이상이 묻히는 합장으로 구분된다. 무덤방이 단독장인 경우에는 돌덧널무덤〔石槨墓〕, 합장인 경우에는 돌방무덤〔石室墳〕이라고 부른다. 돌방무덤 중에는 벽화가 그려져 있는 것도 있다. 사람들의 생활 수준이 점차 높아지면서 무덤 벽면과 천장에 화려한 그림을 그려 치장하기도 하였다.

고구려의 문화

고분 벽화에는 고구려인들이 당시를 살아가던 모습이 생생하게 나타나 있다. 작가의 뛰어난 표현 기법을 통하여 문헌 자료에서는 볼 수 없는 귀족과 평민의 복식, 음악과 춤, 종교, 천문도, 생활 도구 및 풍습 등이 당시의 모습 그대로 재현되어 있다. 이러한 모습은 백제나 신라, 일본 등에서는 찾아보기 어려운 것으로, 당시 동아시아의 역사를 복원하는 중요한 자료로 인정받았다. 유네스코에서는 일부 고구려 무덤의 우수성을 인정하여, 세계 인류가 지켜 나가야 할 세계 유산으로 등록하였다.

무덤은 죽은 자의 터전이다. 인간의 문화적 전통이 가장 오래 유지되는 행사 가운데 하나로서 장례 행위를 꼽는다. 고구려인들은 처음에는 무덤의 봉분을 만드는데, 돌을 쌓아 지붕처럼 덮었다. 나중에는 봉분이 돌에서 흙으로 대치되었다. 이러한 전통은 각기 수백 년간 유지되었다. 그렇지만 봉분 내부는 돌로써 구획하여 무덤방을 만들었다. 전자를 돌로 쌓았다는 뜻으로 돌무지무덤[積石塚], 후자를 흙으로 덮었다는 의미에서 흙무덤[封土墳]이라고 부른다.

돌무지무덤이란?

고구려의 돌무지무덤이 분포한 대표적인 지역은 압록강 유역과 혼강 유역이다. 혼강 유역은 고구려의 첫 번째 수도인 흘승골성이, 압록강 유역은 두 번째 수도인 국내성이 있는 지역이다. 세 번째 수도인 평양 지역에도 돌무지무덤이 일부 분포되어 있음은 물론이다. 『삼국지』를 보면, 이 시기 고구려 사람들의 무덤에 대하여 "돌을 쌓아 봉분으로 만들고 주변에 소나무와 잣나무를 나란히 심어 놓았다."라고 기록되어 있어 돌무지무덤이 만들어졌음을 확인해 준다.

이 시대를 배경으로 나타난 역사적 사실 한 가지를 더 살펴보자. 고국천왕과 산상왕(이 둘은 형제이다.)의 왕비였던 우씨가 죽을 때 산상왕릉에 묻히기를 유언하여 그 뜻에 따라 합장해 주었다. 그러자 고국천왕이 무당의 꿈에 나타나 우씨가 자신의 무덤으로 오지 않은 사실에 화를 내며 자신의 무덤을 가리라고 하여, 고국천왕릉 주변에 소나무를 7겹이나 심었다는 이야기가 있다.

돌무지무덤은 강가의 언덕이나 평지, 산록의 중간부에 위치하며, 몇 기 또는 수십 기가 군집을 이루고 있는 경우가 대부분이다. 외관상으로는 돌무더기처럼 보이고, 규모가 큰 것은 피라미드 모양에서 위를 잘라 낸 것 같은 방대형(方臺形)을 하고 있다.

크기 및 축조 방식에 따라서 바깥쪽 돌을 나란히 배열하여 기단을 조성한 기단식과 강돌을 끌어모아 쌓아올린 무기단식이 있다. 일반적으로 무기단식 돌무지무덤이 가장 선행하는 형식이었다. 무기단식은 돌을 끌어모아 불규칙하게 쌓아올렸기 때문에 무덤을 크게 만들 수가 없다. 반면에, 기단식 돌무지무덤은 훗날 계단식 돌무지무덤으로 발전하여 더욱 규모가 커지고 복잡해졌다.

고구려에서 돌무지무덤이 사용된 중심 연대는 대체로 기원전 3세기경부터 5세기까지이다. 돌무지무덤은 발전 단계에 따라 초기의 돌무지돌덧널무덤[積石石槨墓]과 후기의 돌무지돌방무덤[積石石室墳]으로 구분할 수 있다.

돌무지무덤은 고구려의 문화적 독자성을 나타내는 문화 유산이다. 무덤방을 지하 깊숙이 만드는 중국의 매장 방식과 달리, 고구려의 돌무지무덤은 주검이 지상에 묻힌다는 특징을 가지고 있다. 고구려는 돌무지무덤이라고 하는 독특한 문화를 배경으로 하여 국가를 형성시켜 나갔다.

돌무지무덤의 변화 과정을 통하여 고구려의 국가 형성과 발전 과정을 이해할 수도 있다.

1) 돌무지돌덧널무덤

돌무지돌덧널무덤은 압록강 중·하류 지역과 혼강 유역을 중심으로 분포하고 있다. 돌무지돌덧널무덤이 축조된 중심 연대는 대체로 기원전 3세기경부터 기원후 3세기 무렵이다. 돌무지돌덧널무덤은 주검이 땅 위에 묻혔다는 점에서 이 시기 중국 지역의 매장 방식과 구분된다. 여기에 고구려 고유의 묘제라는 특수성이 있다. 이른 시기의 돌무지돌덧널무덤에서는 청동기가 출토되었는데, 이는 고구려가 건국되기 이전의 역사적 사실을 반영하고 있다. 따라서, 돌무지돌덧널무덤은 원시 고구려 사회를 탐구할 수 있는 연구 대상이다. 고구려는 이러한 돌무지돌덧널무덤 사회를 배경으로 하여 국가를 형성하고 발전시켜 나갔다.

돌무지돌덧널무덤은 구조적인 특성상 죽은 자를 수직 방향, 즉 위에서 밑으로 매장한다. 매장은 지면을 평탄하게 정리한 후에 강돌을 가지런히 포개어 깔고 분구를 만들어 그 안에 시신을 안치하는 무덤방을 조성하였다. 초기의 것은 기단이 없으며, 시간이 흐르면서 점차 무덤이 커지게 되었고, 이 과정에서 기단이 만들어졌다.

고구려 무덤의 발전 과정(❶→❷→❸→❹)   高句麗

❶ 무기단식 돌무지무덤

❷ 기단식 돌무지무덤

❸

계단식 돌무지무덤

❹

돌방무덤

고구려의 문화

2) 돌무지돌방무덤

돌무지돌방무덤이 축조된 중심 연대는 대체로 3세기경부터 5세기 무렵이다. 돌무지돌방무덤은 돌무지돌덧널무덤이 대형화되면서 나타나기 시작하였으며, 돌무지돌덧널무덤보다 발전된 무덤 형태이다. 사방에 기단이 있는데, 계단식으로 몇 겹씩 둘러진 것이 많다. 주로 국내성 지역에 많이 분포되어 있으며, 평양 지역에서도 다수 발견되고 있어 고구려의 영역 확장 과정을 이해할 수 있다.

돌무지돌방무덤은 구조적인 특성으로 인해 죽은 자를 수평 방향으로 매장한다. 그러기 위해 무덤의 입구에 출입문을 만들어야 한다. 무덤방은 지상에 만들어졌는데, 무덤방으로 들어가는 통로와, 합장이 가능하도록 대형의 돌방을 조성하였다. 이 중에는 간혹 벽화가 있는 것도 있다.

특히, 4세기 중엽부터 5세기 전반에 만들어진 돌무지돌방무덤은 규모가 큰 것이 많다. 한 변의 길이가 60m 이상인 초대형 무덤을 여럿 볼 수 있는데, 이 시기의 왕릉에 해당된다. 왕릉은 무덤 주변에 관리 시설을 비롯하여 일정한 묘역을 독립적으로 가지고 있었다. 장수왕은 선왕인 광개토대왕의 무덤을 지키기 위해 묘지기로 전국에서 330가(家)를 징발하여 배치한 사실이 〈광개토대왕릉비〉에 기록되어 있다. 이러한 무덤에는 정상부에 와당으로 장식한 건축물이 세워지기도 하였는데, 이것은 무덤 위에서 제례 행위가 있었다는 것을 암시한다.

돌무지돌방무덤은 고구려가 영역을 비약적으로 확장시켜 나가던 시기에 축조된 것인데, 이를 통해 고구려의 힘과 문화적 독자성을 엿볼 수 있다. 이 시기의 고구려인들은 독자적인 천하관과 자부심을 가지고 있었으며, 돌무지돌방무덤을 통해 이를 알 수 있다.

돌무지돌방무덤에는 권력자 또는 귀족 계급이 묻혔던 것으로 보인다. 그 중에서도 고구려왕의 무덤으로 추정되고 있는 것을 몇 가지만 소개해 보기로 한다.

태왕릉(太王陵)이라는 이름이 붙여진 것은 무너진 돌틈에서 "태왕의 능이 산처럼 오래오래 남아 있기를 기원하는(願太王陵安如山固如岳)"이라는 글자가 새겨진 벽돌이 발견되었기 때문이다. 무덤은 대부분 무너졌는데, 한 변의 길이가 60m가 넘는다. 무덤방은 정상부에 있으며, 서벽의 중앙부에 무덤 안으로 통하는 널길과 돌방이 조성되었다. 무덤방에는 윤기나는 돌로 만든 석곽이 있는데, 관을 보관하였던 시설이다. 그리고 2개의 관이 나란히 놓여 있었던 흔적이 있으며, 이 곳에서는 나무로 만든 관을 사용하였던 것으로 추정되는 유물이 발견되었다.

태왕릉에서 200m 가량 떨어진 곳에 〈광개토대왕릉비〉가 서 있는데, 이 때문에 태왕릉을 광개토대왕의 무덤으로 해석하기도 한다. 태왕릉의 주변에서는 제사 및 무덤의 관리와 연관되는 커다란 건물 터가 발견되었다. 무덤에서는 연꽃무늬가 있는 와당과 기와편, 벽돌편 등이 발견되었으며, 근래에는 '好太王'이라는 글자가 새겨진 청동 방울과 금동으로 만든 제사상의 다리, 왕이 말을 탈 때 발걸이로 사용하였던 금동제 등자 등이 출토되었다.

장군총 널방 안의 관대

태왕릉에서 출토된 호태왕 명문 동종과 등자

장군총(將軍塚)은 고구려 돌무지무덤의 백미라 할 정도로 완벽하고도 아름다운 모습을 하고 있다. 모두 7층으로, 피라미드형이다. 크기는 맨 밑층 한 변이 약 33m이며, 전체 높이는 13m 가량이다. 무덤을 보호하기 위하여 아래층에는 한 변에 3개씩 큰 돌을 세워 기대어 놓았다. 입구는 남서쪽 방향인 4층과 5층 사이에 조성되어 있으며, 무덤의 정상부에는 연꽃무늬 와당으로 장식한 기와 건물이 있었던 것으로 추정된다. 무덤의 인근에는 왕릉의 유지 및 관리와 연관되어 세워진 것으로 보이는 부속 건물지가 있다. 무덤방은 큼직하고 관을 올려놓는 시설인 시상대가 나란히 놓여 있는데, 부부의 관이 함께 놓여졌을 것으로 생각된다.

그런데 무덤의 주변에는 배총(딸린무덤)으로 알려진 소형의 장군총이 있다. 그렇다면 '장군총의 주인공은 누구이고, 그 옆의 배총에 묻힌 인물은 주인공과 어떤 관계였을까?' 하는 호기심이 생긴다.

천추총(千秋塚)이라는 이름은 무덤 안에서 '천추만세(千秋萬歲)'라는 글자가 새겨진 벽돌이 발견된 데에서 유래하였다. 한 변의 길이가 60m가 넘는 초대형 돌무지돌방무덤으로서, 왕릉으로 추정되고 있다. 대부분 무너지고 계단만 3층 가량 남아 있으며, 한 층마다 5단으로 쌓았다. 무덤 주변에서는 연꽃무늬가 있는 와당이 출토되었다.

장군총과 배총

흙무덤으로의 발전

　흙무덤[封土墳]은 2인 이상 합장이 가능한 봉토 돌방무덤이 대부분이다. 흙무덤이 축조되는 중심 연대는 5세기 중엽 무렵부터 고구려 멸망 시기까지로, 평양 천도 이후의 고구려 무덤을 대표하는 양식이다. 흙무덤은 4세기경을 전후하여 축조되기 시작하였다.

　집안 지역에서 돌무지무덤을 축조하는 전통은 장군총이 마지막인 것으로 생각되며, 그 이후로는 흙무덤이 주를 이루었다. 흙무덤이 고구려의 묘제로서 일반적으로 정착된 시기는 대체로 6세기 무렵이며, 고구려의 전 영역에서 만들어졌다.

　흙무덤은 구조적인 특성상 죽은 자를 수평 방향으로 매장한다. 그러기 위해 무덤 입구에 출입문을 만들었다. 무덤방은 반지하나 지상에 만들었으며, 합장이 가능하도록 규모가 큰 돌방으로 조성하였다. 무덤은 돌을 쌓아 만들었는데, 널길과 널방[玄室]을 기본 구조로 한다. 널방에 측실이나 감실과 같은 곁방이 달려 있거나, 널방 앞에 별도로 앞방이 마련되어 있기도 하다. 경우에 따라서는 여러 개의 무덤방과 회랑 같은 복도 시설이 배치되기도 하였다. 무덤의 천장부는 다양한 모습을 하고 있는데, 그 중에서 모서리의 각을 줄여 나간 모줄임 천장[말각조정식 천장(抹角藻井式天障)]은 중앙 아시아의 영향을 받은 것으로 알려져 있다.

　흙무덤에 묻힌 인물은 왕을 비롯하여 다양한 상류 계층이었다. 봉토 돌방무덤의 예를 몇 가지만 들어 보자.

　동명왕릉은 고구려의 시조인 농명왕의 무덤으로 알려져 있는데, 고구려가 평양으로 천도한 이후 시조묘를 평양으로 옮겨 축조한 것이라고 한다. 한 변의 길이 22m, 높이 8m 가량 되는 대형의 봉토 돌방무덤이다. 하지만 기단부는 2층으로 돌을 쌓아 조성하였는데, 국내성 시기에 유행하였던 돌무지무덤의 전통을 계승하고 있다. 무덤방에는 연꽃무늬의 벽화가 있다.

　모두루묘는 고구려의 대신급 인물의 무덤이다. 광개토대왕 때에 부여 지방을 지키는 북부여수사(北夫餘守事)의 관직을 맡아 활약하였던 모두루(牟頭婁)가 주인공으로, 임무가 끝난 뒤 수도였던 국내성으로 돌아와 묻혔다. 무덤방에 벽화는 없으나, 벽면에는 먹으로 쓴 장문의 묘지(墓誌)가 있다.

　유주자사 진 무덤은 고구려의 대신급 인물의 무덤이다. 특이한 것은, 중국에서 고구려로 망명해 온 관료 출신인데 광개토대왕의 신하로 활약하였다는 것이다. 유주는 행정 구역 명칭이고, 자사는 관직 명칭이다. 따라서, 유주자사는 유주 지역을 다스리는 행정적인 책임자를 의미한다. 1970년대 후반에 북한 학계를 흥분시켰던 유명한 벽화 고분이다. 그것은 벽화의 내용이 4세기 후반 어느 시기에 고구려가 북경 지방의 동쪽으로부터 한반도에 이르는 넓은 지역(유주)을 지배하였다는 주장과 관련이 있기 때문이다.

무덤 안에는 동북 지역을 행정적으로 총괄하는 유주자사라는 관직을 가진 진이라는 인물이 유주에 소속된 13개 군의 태수를 모아 놓고 정사를 논의하는 장면이 극적으로 그려져 있다. 그는 고구려 광개토대왕으로부터 '국소대형(國小大兄)'이라는 관직을 받기도 하였다. 주인공 진은 408년에 사망하여 대동강 하류에 해당하는 오늘날의 남포시 지역에 묻혔다. 그런데 사망 연대를 광개토대왕이 제정한 영락(永樂)이라는 연호로 표기하여 주목되는데, 무덤의 절대 연대인 408년은 이 시기 고구려 벽화 고분 연구의 기준점이 되고 있다. 무덤방에는 진이 생전에 경험했던 다양한 삶의 모습들이 사실적으로 표현되어 있다.

고구려 무덤의 특징 가운데 한 가지는 벽화 고분이 많다는 것이다. 벽화는 돌무지돌방무덤과 흙무덤에서 발견되는데, 흙무덤이 훨씬 많은 비중을 차지하고 있다. 고구려 벽화 고분의 예술성은 인류가 남긴 문화 유산으로서의 가치가 있으며, 현재까지 90여 기 가량이 알려져 있다. 평양 및 안악 지방에 약 70여 기, 국내성 및 환인 지방에 약 20여 기가 있다.

벽화는 그 주제와 내용, 표현 기법 등에서 시기적인 변화상을 보이고 있다. 5세기 중엽에는 생활 풍속도가 주로 그려졌다. 생활 풍속도는 내세에서도 풍요로운 삶이 재현되기를 바라는 마음에서 그린 것으로, 주로 생전에 기념할 만한 사건을 비롯하여 다양한 생활상이 생동감 있게 표현되었다.

이 그림을 통하여 고구려 사람들의 물질 문명관과 정신 세계관을 이해할 수 있으며, 고구려 사람들의 복장이나 세세한 표정까지도 확인할 수 있어 사실감을 느낄 수 있다. 고구려인들이 살아가던 모습, 예를 들어 굴뚝과 아궁이가 연결된 부뚜막에 시루를 걸어 놓고 음식을 만드는 부엌, 노루·꿩·돼지를 달아맨 푸줏간, 디딜방아, 우물, 소의 코를 꿰어 매어 놓은 외양간 등의 모습이 생생하게 묘사되어 있다. 무덤 주인이 부하들의 시중을 받으며 부인과 함께 앉아 있는 모습, 자유분방하게 말 타고 달리며 사냥하는 모습, 가무와 놀이를 하는 장면, 무장한 군인들이 군악대의 연주를 들으며 씩씩하게 행진하는 모습 등을 바라보면, 1600여 년 전 고구려의 진취적인 역사가 되살아나는 듯하다.

벽화에 표현된 인물들의 모습을 자세히 살펴보면, 다양한 색상과 각기 다른 형태의 복장을 하고 있으며, 얼굴과 머리는 한껏 치장한 모습이다. 더욱이 많은 외국인이 고구려 땅에 들어와 살고 있었다는 사실을 알 수 있어 특이하다. 각저총 씨름도에서 씨름하는 사람을 보면 코와 눈의 모양이 우리와는 구별되는 서역인이다.

안악 3호분은 한반도의 벽화 고분 중에서 가장 규모가 크고 화려한 것으로 알려져 있다. 무덤 안은 궁전을 연상시킬 정도로 화려할 뿐만 아니라, 벽면에는 먹으로 쓴 글씨가 다수 발견되는데, 특기할 것은 『자치통감』이라는 역사 기록에 보이는 동수라는 인물과 관련이 있다는 것이다.

동수는 요서 지방에서 큰 세력을 형성하였던 선비족의 고위 관료로서, 나라에서 발생한 변란을 피하여 고구려로 망명해 온 인물이었다. 그는 336년에 고구려로 도망해 온 이후 357년에 사망하기까지 20여 년 간 고구려에서 살았다.

이 무덤에서 발견된 동수의 묘지(墓誌)는 학계의 커다란 관심을 끌었다. 4세기 중반 고구려사의 흐름을 이해할 수 있는 증거 자료이기 때문이다. 학자들은 이 무덤의 주인공에 주목하였는데, 지금까지 무덤의 주인공이 고구려왕이냐, 아니면 망명객 동수냐 하는 논란이 지속되고 있다. 하지만 학계의 유력한 학설은 동수가 주인공이라는 것이다.

그렇다면 고구려의 영향력 아래 있던 동수의 생활상을 알 수 있게 된다. 기마 무사를 비롯한 부하들에 둘러싸여 소가 끄는 수레에 앉아 행진하는 모습, 위세품인 절(節)

최근 태왕릉에서 발굴된 고구려의 부뚜막

고구려의 문화

안악 3호분의 여주인과 시녀들

을 옆에 놓고 앉아 부하들과 정사를 논의하는 모습, 갖가지 깃발을 들고 서 있는 의장대의 모습, 화려하게 치장한 부인과 가발을 얹은 멋쟁이 하녀의 모습은 지금으로부터 1600여 년 전 고구려 귀족의 삶의 모습이었던 것이다.

중기, 즉 5세기 중엽에서 6세기 초엽에는 생활 풍속도와 장식 무늬 또는 사신 무늬가 독자적으로, 또는 뒤섞여서 그려졌다. 장식 무늬로는 불교와 관련된 연꽃무늬를 비롯하여 동심원무늬, 인동무늬 등이 많이 사용되었다. 앞 시기에 비하여 인물의 비중은 약화되었지만, 역시 다양한 고구려인의 모습이 나타나고 있다.

장천 1호분은 생활 풍속도와 장식 무늬가 그려져 있는데, 부처에게 공양하는 예불도, 보살상 등이 표현되어 당시에 불교가 유행하였음을 알게 해 준다. 또, 큰 나무 아래의 굴 속에 곰 한 마리가 웅크리고 앉아 있는 모습을 보면 단군 신화를 연상시킨다. 부유하게 살았던 고구려 상류층의 무덤으로 추측된다.

수산리 고분은 주인공 부부의 모습이 몇 장면 그려져 있다. 주인공 부부가 남녀 시종을 거느리고 곡예를 관람하는 모습, 부하들에 둘러싸여 행진하는 모습, 특히 여주인공의 아름다운 옷차림이 인상적이다.

후기, 즉 6세기 중엽에서 7세기 후반에는 대부분 사신도(四神圖)가 표현되었다. 이 시기에는 인간 세계의 모습이 그다지 표현되지 않았다. 사신은 사방을 호위하는 방위신의 개념이다. 즉, 사방의 방위신으로서 하늘의 28개 별자리 가운데 동서남북의 각 7개 별자리를 나타낸다. 동쪽은 청룡, 서쪽은 백호, 남쪽은 주작, 북쪽은 현무의 순서로 그려진다. 하지만 이 시기의 평양 지역과 국내성 지역의 벽화는 약간 다른 모습을 하고 있다. 평양 지역은 사신도 중심인 데 비하여, 국내성 지역은 사신도와 함께 다양한 신상(神像)이 인물의 형태로 표현되고 있다.

오회분 4호 및 5호 묘는 화려한 사신도와 함께 다양한 신의 모습이 보인다. 대장장이의 신, 수레바퀴의 신, 불의 신, 농사의 신, 해와 달의 신, 용을 탄 사람의 모습, 짐승을 탄 하늘의 신 등이 표현되어 있다.

고구려에는 사신 신앙이 있었다. 사신 신앙은 본래 중국에서 들어왔으나 오히려 고구려에서 꽃피었다. 사신도를 대표하는 것은 강서대묘의 사신도인데, 이러한 계열

곡예를 구경하는 귀족의 모습 ▮ 수산리 벽화 고분

의 벽화 중에서 최고의 예술적 가치를 지니고 있다. 고구려왕의 무덤으로 추정된다.

고구려인들은 한때 자신들이 최고라는 자부심을 가지고 있었다. 그들의 삶이 점차 풍족해지면서 무덤 안에는 벽화와 같은 호화로운 장식이 덧붙여지기도 하였다. 우리는 그들의 죽음에 남겨진 여러 가지 흔적을 통하여 그들의 다양한 삶을 재현해 낼 수 있을 것이다. 우리 역사에서 영광의 시대를 살다 간 고구려인들은 돌 속에 묻혀 저승

해의 신과 달의 신 | 오회분 4호묘

에서의 삶을 이어 나갔으며, 이러한 전통은 통일 신라 시대, 고려 시대를 살았던 많은 사람에게까지 이어졌다. 마치 고구려가 평양으로 천도한 이후 '고려'라는 국호가 생겨났고, 그 국호를 고려 왕조가 계승하였으며, 그것이 다시 오늘날 '코리아'로 이어지고 있는 것처럼.

고구려 사람들의 하늘 세계

김일권 | 한국학중앙연구원 |

 고구려 벽화 속의 신화와 전설

▶ 별과 신화와 사랑이 어우러진 천상의 선경(덕흥리 고분)

 덕흥리 고분(408)은 천상의 선경적(仙境的) 이미지가 가장 잘 드러난 무덤 중의 하나이다. 사방 천장과 벽면에 밤하늘의 무수한 별들과 은하수를 배경으로, 하늘 세계를 노니는 여러 선인과 선녀들, 각종 신이한 금수들이 화려하고 웅장하게 펼쳐져 있는 선경적 이상 세계가 중심 제재이다.
 각종 장면에 묵서가 함께 있어 내용을 설명하고 있는데, 사람 머리에 날갯짓을 하는 새 모습의 천추지상(千秋之象)은 천년을 살라는 의미인 듯하고, 역시 사람 머리에 타조 같은 몸을 한 만세지상(萬歲之象)은 만년을 살라는 의미인 듯하다. 약 항아리를 등에 진 하조지상(賀鳥之象)은 무병장수를 기원하는 신령스러운 새이며, 벽독지상(辟毒之象)은 삿되고 악한 것을 물리치는 벽사(辟邪)의 신수이다. 머리 둘에 몸통이 붙은 지축지상(地軸之象)은 남극과 북극이 하나의 축으로 이루어진 천체학적인 관계를 신화도로 표현해 낸 보기 드문 작품이다. 초식 공룡처럼 생긴 길리지상(吉利之象), 부귀지상(富貴之象)은 고구려인들의 이로움과 부귀를 바라는 마음이 담겨 있다.

▶ 은하수 강가에서 이별하는 견우와 직녀 이야기(덕흥리 고분)

덕흥리 고분 안 칸의 남쪽 벽화에는 좌상에서 우하로 짙게 그린 푸른 은하수를 사이에 두고 견우(牽牛)와 직녀(織女)가 애절하게 이별하는 장면이 있다. 견우는 소를 몰고 동쪽으로 떠나고, 검둥개를 뒤에 딸린 직녀는 두 손을 모은 채 말없이 전송하고 있다. 실제 별자리에서 견우를 뜻하는 우수(牛宿 : 염소자리)와 직녀성(거문고자리)은 서로 은하수 건너편에 위치하고 있다. 지금도 우리는 칠월 칠석날 내리는 비는 일 년에 한 번 만나는 견우와 직녀가 흘리는 눈물이라고 이야기하곤 한다.

▶ 서왕모와 불사의 신화(감신총)

서왕모는 중국 서쪽에 있는 곤륜산 위에 산다는 불사(不死)의 신이다. 온갖 기화요초와 상금서수가 가득하고 모든 강의 근원이라는 설화 속의 곤륜산은, 아래는 좁고 위는 넓으며, 깃털도 빠뜨리는 약수(弱水)로 둘러싸여 있어 상서로운 짐승들도 쉽게 접근하기 어려운 곳이다. 이 신비한 세계의 주인인 서왕모는 인간의 오형(五刑)을 담

견우직녀도 | 덕흥리 고분 안 칸 남벽의 견우직녀도. 푸른 은하수를 사이에 두고 견우는 소를 몰고 떠나며, 직녀는 떠나는 견우를 애처롭게 바라보고 있다. 검둥개도 따라 짖는 듯하다. 여름철 칠석 전후에 머리 꼭대기에 오르는 별이 직녀성이어서 생겨난 천문 설화이다. 고대 한·중·일 모두 칠석 설화가 회자되었지만, 이처럼 그림으로 아름답게 그려 낸 것은 고구려가 처음이다.

당하며 불사약을 지니고 있어 불사의 세계를 상징하는 중국 설화의 여신이다. 용호좌에 앉은 서왕모는 삼족오(三足烏)와 구미호(九尾狐), 약을 찧는 옥토끼, 두꺼비 등의 권속을 거느리는 것으로 묘사되기도 한다.

감신총에 서왕모를 연상하게 하는 신상형 인물도가 둘 그려져 있는데, 이 인물도는 한나라 이후 유행하였던 서왕모 신화가 반영된 것으로 짐작된다. 평양의 낙랑 지역에서는 한나라에서 수입한 것으로 추정되는 신선 사상과 관련된 많은 유물이 출토되었는데, 그러한 낙랑 문화가 고구려로 흘러들어온 것으로 여겨진다.

장천 1호분 앞방 천장 막음돌 ┃ 태양 속에 공작 벼슬이 우아한 봉황형 삼족오를 그렸고, 달 속에서는 옥토끼와 두꺼비가 절구에 불사약을 찧고 있다. 위아래 두 별자리 모두 먹색 연결선이 있고, 가운데에 세로로 '北斗七靑'이라는 붉은 글자를 써 놓은 것으로 미루어 보아, 둘 다 북두칠성으로 해석된다. 다만, 아래쪽은 아홉 개가 그려졌으므로 북두구성(北斗九星)을 의미한다.

▶ 부부가 함께 기약하는 내세에서의 영원한 삶(장천 1호분)

장천 1호분의 앞방 상단 벽면과 천장 고임 부분에는 해맑은 남녀 어린아이 둘이 연꽃잎 속에 태어나는 '연화화생도(蓮花化生圖)'의 장면이 여럿 표현되어 있다. 삼실총에서는 연꽃 속에 동자나 노인의 얼굴이 표현되기도 하였다.

이러한 연화화생 표현은 사후에 부부가 다시 태어나는 모습으로 해석되기도 하는데, 불교적인 내세 관념이 반영된 그림이다. 1919년 부소산성 사비루에서 발견되었다는 정지원명(鄭智遠銘) 금동 삼존불 입상(6세기 백제)의 광배 뒷면에 정지원이 죽은 부인을 위해 불상을 조성하였다는 음각 명문이 떠오른다.

> 정지원이 망처(亡妻) 조사(趙思)를 위하여 금불상을 공경히 만드니, 빨리 삼도를 떠나게 해 주소서(鄭智遠爲亡妻 趙思敬造金像 早離三塗).

애틋한 부부의 사랑이 느껴지는 듯하다. '연화화생도' 역시 부부가 내세에서도 영원히 함께 살고자 하는 염원이 투영된 것은 아닐까?

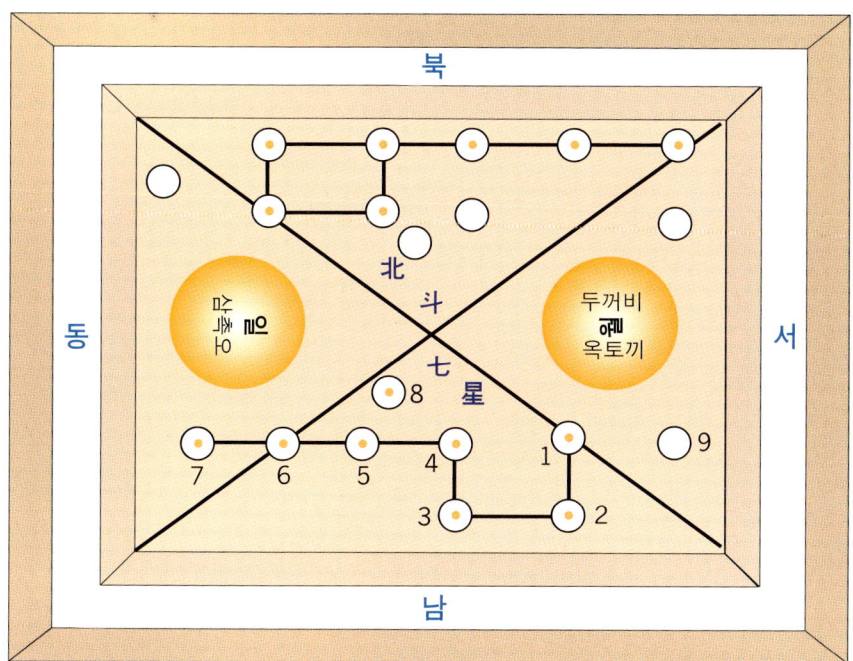

장천 1호분 앞방 천장 막음돌의 일월칠성도(김일권 모사, 1996년, 번호는 필자 주)
고구려 칠성 사상의 세 가지 가능성을 보여 준다. 북두칠성, 북두팔성, 북두구성

고구려의 문화 179

▶ 칠성을 향한 인간의 바람(장천 1호분)

고구려 벽화 속에 가장 많이 그려진 별자리는 북두칠성이다. 그 중 5세기 중엽에 만들어진 장천 1호분에는 북두칠성이 무려 셋이나 그려져 있다.

장천 1호분에는 앞방 천장 막음돌에 '북두칠청(北斗七靑)'이라는 붉은 글씨 위아래로 두 개의 북두칠성이 남북으로 대칭된 형식으로 있다. 이 중 아래쪽은 독법에 따라 북두팔성(北斗八星)으로도, 북두구성(北斗九星)으로도 읽힌다. 북두팔성으로 읽는다면, 도교적 맥락에서는 천제(天帝)를 보좌하는 재상의 별로 여기는 보성(輔星) 관념으로 조망할 수 있다. 또, 불교적 맥락에서 보면, 가장 작은 곳에서 우주의 삼라만상을 살핀다는 관음보살의 화현인 묘견보살(妙見菩薩) 신앙으로 조망할 수 있다.

장천 1호분 앞방 천장 고임부 칠성단
칠성단 중앙에 커다란 붉은색 원반을 그렸고, 그 속에 'ㄹ'자형 북두칠성을 그렸다. 일종의 칠성 마크와 같은 느낌을 준다. 칠성단 좌우에서 호위하는 동물이 둘 다 등에 줄무늬가 있고 목에 사자의 갈기 같은 부분이 없는 것으로 미루어 호랑이로 생각된다. 단상의 인물도 도포를 입었고, 상투와 수염에 공수를 하였다. 고구려의 칠성단 신앙을 엿볼 수 있는 중요한 장면이다.

북두구성으로 본다면, 좌보성(左輔星)과 우필성(右弼星)이라는 두 개의 숨어 있는 별을 합하여 북두구진(北斗九辰) 체계를 구성하는 도교적 맥락에서 조망될 수 있는데, 숨어 있는 두 별을 보게 된다면 장생(長生)하여 신성(神聖)을 이룬다고 전해진다.

그 외에 장천 1호분의 앞방 안쪽 천장 고임부에는 또다른 북두칠성을 묘사한 칠성단(七星壇) 그림이 있다. 그 단상에는 카이젤 수염에 상투를 틀고 공수한 인물이 자리하였고, 그 단 아래 가운데 원형 테두리 속에는 'ㄹ'자형의 북두칠성이 위쪽으로 약간 치우쳐 묘사되어 있다. 그 칠성단 좌우에는 등에 줄무늬가 있는 두 마리의 호랑이가 호위하며, 그 오른쪽에는 절하는 남녀가 묘사되어 있다. 만약 이것이 예불하는 장면이라면, 불교의 사찰 속에 지금까지 전해지는 칠성각(七星閣) 신앙의 원형으로 볼 수 있으며, 그렇지 않다면 도교적 칠성 신앙, 또는 칠성에 대한 고구려인들의 신앙심을 엿볼 수 있는 귀중한 자료라 할 것이다.

고구려의 밤하늘과 별자리, 그 신비의 세계

▶ 고구려의 천문 벽화 고분

벽화에 묘사된 많은 일월성수 그림들은 당시 고구려인들이 가지고 있던 하늘에 대한 생각의 단면을 보여 주는 매우 중요한 자료들이다. 현재까지 별자리 그림이 발견된 고분은 모두 24기이며, 그 중 집안 지역의 것이 8기, 평양 지역의 것이 16기이다. 이 성수도들은 연결선을 지닌 별자리를 포함한다는 점에서 당시의 천문 관측 내용을 반영한 일차적 천문 성수 자료로서 중요한 가치를 지니며, 또 성수도들이 무덤방 벽화를 구성하는 주요 제재의 하나라는 점에서 고구려인들의 천문 사상적인 사후 내세관, 또는 천문 문화사적인 맥락에서 조망되는 바가 크다.

별의 개수는 24기 고분 전체를 합하면 대략 750개 이상 되는데, 성수도의 내용이나 고분마다 반복되어 등장하는 별자리 등을 분석하여 어떠한 천문학적인 체계가 반영되어 있는지를 추출할 수 있을 것이다.

이러한 별자리 그림과 더불어 고구려인들의 천문관을 드러내는 주요 제재들로 일월상과 사신도, 팔괘도 등이 주목된다. 전체 벽화 고분 중 사신도는 34기, 일월상은 27기의 고분에 그려져 있다. 팔괘도는 집안 오회분 4호 묘의 앞방 북벽에 그려져 있는데, 고구려의 역학적(易學的) 우주론을 담고 있는 매우 귀중한 자료이다.

▶ 고구려 벽화의 4방위 우주론과 사신도

동 청룡, 서 백호, 남 주작, 북 현무의 사신도(四神圖)는 고구려 벽화의 고분 사방 벽면 또는 천장 부분에 자리하고 있는 4방위 우주론의 대표적 제재이며, 무덤 주인의 사후 안녕을 위하여 4방위를 수호하는 방위신의 역할과 삿된 기운을 막아 낸다는 벽사신의 역할을 함께 했던 것으로 보인다.

사신 중에서 동서의 청룡과 백호가 짝을 이루어 벽사(辟邪)의 신수로, 남북의 주작과 현무는 음양 조화의 신수로 여겨졌다. 평양 부근 무덤에서 출토된 낙랑 시기의 금석문에서 "좌청룡과 우백호는 상서롭지 못한 것을 물리치고, 주작과 현무는 음양을 조화한다(左龍右虎辟不羊 朱雀玄武順陰陽)."라는 동일한 명문이 발견되었다.

사신 표현의 방향은 청룡과 백호는 남수북미(南首北尾), 주작과 현무는 서수동미(西首東尾)로 그리는 것이 고구려 후기로 갈수록 일반화된다. 다만, 주작은 암수 두 마리로 쌍을 이루거나, 널길이 왼쪽 벽에 치우친 고분에서는 한 마리만 표현되는데, 동수서미(東首西尾)의 형태로 그려져 있어 원칙이 파괴되고 있다(『爾雅·釋天』를 보면, "四方皆有七宿 各成一形 東方成龍形 西方成虎形 皆南首而北尾 南方成鳥形 北方

해와 청룡 ▮ 약수리 고분 안 칸 동벽의 태양과 청룡 및 동방 별자리. 세 가지 모두 동쪽 방위를 수호하는 상징물이다. 여기에 그려진 동쌍삼성 별자리는 동양식으로 부르면 심방육성이 되고, 서양식으로 읽으면 전갈자리에 해당한다.

成龜形 皆西首而東尾."로 묘사되어 있다.).

　사신도 제재는 제1기 벽화에서부터 등장하여 점점 비중이 커지다가 제3기 벽화에서는 화면 구성의 중심 주제로 부상한다. 초기의 사신도는 무덤 칸 천장부 벽화로 그려졌다가, 이후 점차 무덤 칸 벽으로 내려와 강서대묘에서와 같이 무덤 칸 사면 벽화의 중심 주제로 그려진다.

　이 같은 변화는 사신도가 처음에는 연화, 천인, 상서금수, 일월성수 등과 함께 하늘 세계의 일원으로 등장하였다가 점차 지상 세계의 4방위를 수호하는 상징 영물로 그 기능이 전변하였음을 보여 주는 것이라 할 수 있다. 사신도가 일월성수와 더불어 천상 세계의 구성원으로 출발하였다는 사실은 사신도가 천문과 관련된 우주론적 상징 체계의 하나로 운용되었음을 시사하는 것이다.

　사신도 개념은 발생 초기부터 하늘의 28수 별자리와 연관되어 형성되는 것으로 여겨지는데, 후대에 오면 풍수지리의 4방위 사상으로 확산된다. 고구려 사신도의 무덤 칸 방향의 흐름을 살펴보면, 초기 4~5세기경에는 동향, 남향, 서향 등 흐름이 일정하지 않다가 5~6세기에 이르면 남향 또는 서남향으로 일정해진다. 6세기로 편년되는 집안 계열 후기 벽화 고분의 경우(통구 사신총, 오회분 5호 묘·4호 묘)에는 무덤

달과 백호 ┃ 약수리 고분 안 칸 서벽의 달과 백호 및 서방 별자리. 세 가지 모두 서쪽 방위를 수호하는 상징물이다. 여기에 그려진 서쌍삼성 별자리는 동양식으로 부르면 삼벌육성이 되고, 서양식으로 읽으면 오리온자리에 해당한다.

칸이 지상에 조성되고, 또 그 무덤 칸의 방향이 남향으로 자리하는데, 사신도가 전(前) 주작, 후(後) 현무, 좌(左) 청룡, 우(右) 백호의 차례로 널방 벽에 그려져 있다.

이것은 천상에서 지상으로 내려온 사신도가 지상의 4방위 사상 맥락에서 이해될 때 의미를 지닐 수 있음을 보여 준다. 다만, 아직 무덤 자체의 입지 조건이 풍수지리와 연관되어 적용된 것인지는 확실하지 않다. 그렇지만 묘장 문화의 일종인 벽화 고분의 사방 벽면 구성을 사신도 중심으로 엮어 가는 것으로 고려 시대, 조선 시대 등에서 부각되는 풍수지리적 방위 사상의 원형이 여기에서 비롯되었음을 알 수 있다.

▶ 고구려의 4 방위 별자리(四宿圖)

4방위 우주론의 상징 체계로 사신도만 있는 것이 아니다. 그와 유사하게 동서남북의 방위별로 고유한 별자리가 있다는 인식이 고구려의 다른 고분 벽화에서 확연하게 드러나 있기 때문이다. 약수리 고분(5세기 초)을 보면, 청룡, 백호, 주작, 현무의 사신도 머리 위로 각기의 별자리가 있어 별자리와 사신과의 밀접성을 보여 준다.

이러한 사신도와 특정 방위 별자리와의 연계성은 고구려에서만 보이는 결합 방식이다. 24기의 별자리 벽화 고분을 분석한 결과, ① 북방의 북두칠성, ② 남방의 남두육성(궁수자리), ③ 동방의 동쌍삼성인 심방육성(心房六星 : 전갈자리), ④ 서방의 서쌍삼성인 삼벌육성(參伐六星 : 오리온자리)이라는 '사숙도(四宿圖)'의 4 방위 별자리 체계가 의도적으로 적용되어 있음을 알 수 있다.

고구려인들에게서 북두칠성과 남두육성은 생과 사의 두 세계를 담당하는 별자리였다. 사후 세계는 북두가, 삶의 수명 연장은 남두가 주관한다는 도교적 점성 사상과 밀접한 연관이 있는 듯하다.

방위 \ 표지 체계	사신도	일월상	사숙도(4방위 별자리)
동	靑龍	日象	心房六星(東雙三星 ; 전갈자리)
서	白虎	月象	參伐六星(西雙三星 ; 오리온자리)
남	朱雀		南斗六星(궁수자리)
북	玄武		北斗七星(큰곰자리)
중앙	黃龍	(오신도 / 오숙도)	北斗三星(작은곰자리)

고구려 고분 벽화의 3중 천문 표지 체계

동서의 쌍삼성 별자리는 각기 전갈자리와 오리온자리에 해당하는데, 오리온자리가 서쪽으로 질 무렵 동쪽 하늘에서 전갈자리가 떠오른다는 사실과 관계가 있다. 이는 고구려인들이 천문 관측을 통하여 밤하늘의 동서로 지고 뜨는 두 별자리를 각기 동쪽과 서쪽의 대표적인 방위 별자리로 구축하고 있음을 보여 주는 것이다.

　그와 함께 청룡과 백호 앞에 자리한 일상과 월상의 존재도 각기 동방과 서방을 표시하는 천문 방위의 상징으로 간주된다. 일월상이 묘사된 27기의 벽화 고분 중에서 별자리가 함께 그려진 것은 모두 21기이므로, 별자리 고분에는 거의 대부분 일월상이 담겨 있는 셈이다.

　이렇게 고구려의 고분 벽화에 묘사된 천문 방위 체계는 사신도와 일월상 및 사숙도가 결합된 3중 천문 방위 표지 체계로 파악된다.

　특히, 4방위 별자리인 사숙도의 존재는 고구려적인 안목이 반영된 천문 체계라 할 수 있는데, 고구려 벽화 고분 시기에 해당하는 중국의 위·진·남북조 시기에 축조된 벽화 고분에서는 사숙도 관념이 거의 발견되지 않는다는 점에서 그 같은 독창성은 더욱 두드러진다.

청 룡

백 호

주 작

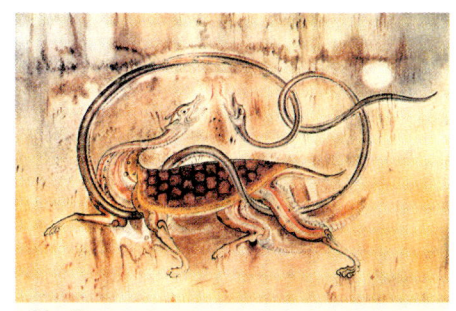
현 무

▶ 황룡과 북극성이 펼치는 고구려적 천하관과 5방위 우주론

고구려 후기 고분 벽화로 가면, 동서남북의 사신도 형식에다 중앙 천장에 황룡(黃龍)을 덧붙인 오신도(五神圖) 형식으로 발전한다. 집안 지역의 통구 사신총, 오회분 4호 묘뿐만 아니라 평양 지역의 강서대묘 천장돌에는 화려하고 동세에 넘치는 황룡도가 그려져 있어 오신도 벽화 고분임을 드러낸다. 집안 오회분 5호 묘 천장돌의 용호도(龍虎圖)가 지니는 맥락도 이와 비슷하다.

황룡은 오행 사상에서 사방의 중심인 중앙토를 의미하며 제왕을 상징하는 신수이다. 고구려에서는 이러한 황룡 사상이 5세기를 전후하여 매우 발전하였는데, 〈광개토대왕릉비〉(414)의

> "천제의 아들이자 황천의 아들이며 하백의 외손인 시조 추모왕(天帝之子 皇天之子 母河伯女郎 鄒牟王)이 왕위를 즐거워하지 않으므로 하늘에서 황룡을 내려보내 승천(昇天)하게 하였다."

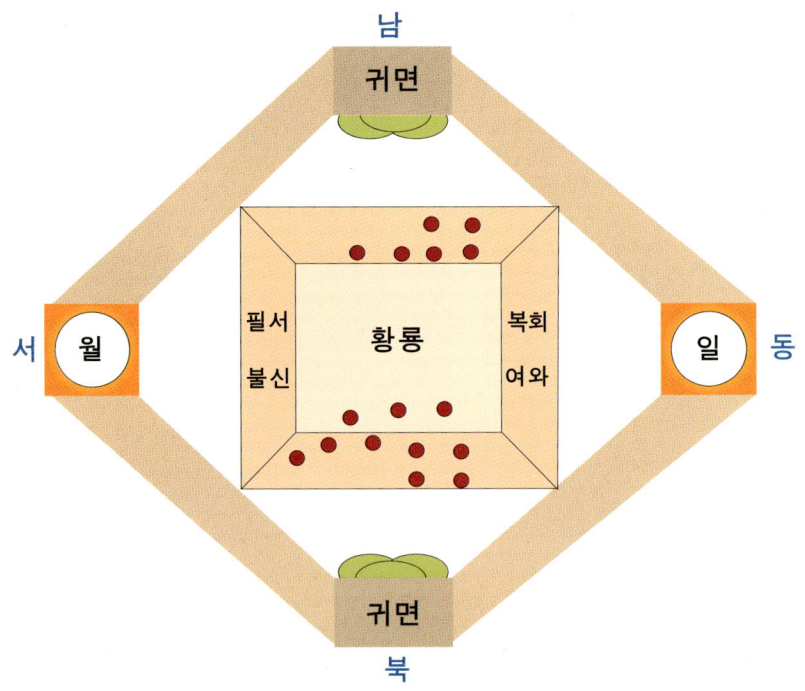

통구 사신총의 북극성과 황룡, 일월성수도(김일권, 1996)

는 기록에 잘 드러나 있다. 〈광개토대왕릉비〉가 세워졌던 장수왕 전후의 시기는 고구려가 천하사방의 중심이라는 독자적인 천하관이 팽배하던 때였다. 천지를 주재하는 천제의 아들이 세운 나라, 동아시아 세계의 중심에 있는 나라로서의 고구려적 중심 사상이 고분 벽화에서는 황룡을 통하여 전개되고 있는 것이다. 이렇게 고구려에서 황룡은 우주의 중심이자 주관자인 천제의 대변자로 상징화되어 있으며, 황룡의 천하 중심 사상은 6세기로 편년되는 벽화 고분들, 특히 오신도 벽화에서 다시금 확인할 수 있다.

그런데 통구 사신총이나 오회분 4호 묘에서는 그러한 황룡도와 더불어 하늘의 중심을 의미하는 북극성 별자리가 함께 묘사되어 있어 우리의 주목을 끈다. 공교롭게도

집안 오회분 4호묘 천장돌의 황룡도 |
사방 벽면의 사신도에다 다시 천장 중심부에 황룡도를 표현함으로써 새로운 형식의 오신도 벽화를 연출하였다. 왼쪽에 태양을 오른쪽에 달을 그렸으며, 위쪽에 북두칠성, 아래쪽에 남두육성을 그렸다. 동서남북의 사방위 천문을 적용한 것이다. 북두칠성 아랫부분의 천장석에는 다시 세 별로 이루어진 북극삼성 별자리를 그렸다. 여기가 우주의 중심임을 의도하는 5방위 천문 체계를 수놓은 것이다.

황룡이 천장돌에 등장하는 6세기의 오신도 고분 벽화에서 가운데가 큰 대소삼성의 북극성 별자리가 함께 강조된다는 점에서 황룡과 북극성을 중심으로 하는 고구려인들의 천문 우주론적 질서 체계를 읽을 수 있다.

이상과 같이 벽화에 묘사된 고구려의 천문 우주론을 재구성해 보면 다음과 같다.

작은 우주를 축소한 듯한 궁륭형의 천원지방적 공간 구조 속에서, 첫째, 가운데 천장에는 우주의 중심이라 여겨진 북극성 별자리와 황룡이 자리하여 천제지자(天帝之子)이자 황천지자(皇天之子)인 고구려가 천상과 지상의 모두를 통할하는 자세를 취하며, 둘째, 사방 벽면에는 사방의 주재자인 청룡, 백호, 주작, 현무의 사신도가 자리하여 각 방위를 수호하며, 셋째, 천장 고임돌에는 북두칠성과 남두육성이 서로 북남으로 마주하여 생과 사의 두 세계를 주관하며, 넷째, 동서로는 삼족오의 일상과 섬여의 월상이 둥근 원반 속에 자리하여 일월지자인 고구려의 우주를 환히 밝히는 모습을 취하고 있다. 그 일월성수 사이로 푸른 공작을 탄 선인, 또는 용과 학을 탄 선인들이 노닐고 있어 이 곳이 천상의 선경 세계임을 암시하며, 사현금을 타는 선인이나 장구 치는 선녀, 춤추는 선인들이 엮어 내는 가무는 그 천상 세계의 풍류가 아닐까.

벽화에 나타난 고구려 여성들의 여러 모습

김일권 | 한국학중앙연구원 |

 여성은 시대의 변화를 읽는 잣대

한국 미술사에서 여성을 소재로 한 그림이 가장 많이 등장하는 곳이 어디일까 생각해 보면, 고구려 시대의 고분 벽화가 단연 주목된다. 고구려 초·중기의 인물 생활 풍속도 벽화에서 여성들을 소재로 한 그림이 주로 그려졌는데, 당시의 생활 풍속을 담은 벽화이기 때문에 당연한 일이라고 치부할 수도 있지만, 고구려 사회에서 여성들의 지위가 다른 시대와는 다르다는 느낌을 많이 받는다.

덕흥리 고분의 천장 벽화에서 남성의 선인(仙人)과 동렬의 비중으로 그려진 옥녀(玉女)를 보노라면 어떻게 이런 구도가 가능하였을지 다시금 고민하게 된다. 왜냐하면, 옥녀는 당시에 여자 신선을 칭하던 말이기 때문이다. 옥(玉)은 지금도 무병장수를 돕는다 하여 중시하는 풍습이 있는데, 옥이 붙은 말은 대개 불사장생을 추구하는 도교적 사상과 관련되어 있다.

종교 미술사에서 여성에 대한 친연성은 불교와 유교 장르보다 도교에서 돋보인다. 유교와 불교에서는 여성 사제가 주목받은 적이 별로 없지만, 도교에서는 육조 시대 모산파(상청파)를 개창한 인물이 위화존(魏華存)이라는 여성 도사였던 것처럼, 여성 도교인의 역할이 적극적으로 인정되어 있다.

이처럼 시대와 사상에 따라 여성의 지위와 역할은 변해 왔다. 전반적으로 보자면, 조선 시대의 여성은 장옷으로 몸을 가린 장면에서 단적으로 보이듯, 사회의 전면에서 퇴축하여 후면으로 숨어들었다. 이는 여필종부(女必從夫)라는 성리학적 가치관이 사

덕흥리 고분의 여인 행렬도 ❘
덕흥리 고분 안칸 북벽의 소 수레와 여인 행렬도. 위아래 8명은 수행원인데, 주름치마를 입은 6명은 여성으로 생각된다. 머리를 땋은 모습도 바지를 입은 상단부 두 사람과는 다르다. 수레의 가마 속에는 이 무덤의 여주인이 타고 있을 것이다.

회를 지배하였기 때문이다.

고려 시대 여성들은 조선 시대에 비할 바가 아니었다. 탑돌이라든지 남녀상열지사의 고려 속요들이 말해 주듯, 남녀의 사회적 지위가 조선 시대보다 자유스러웠을 것으로 여겨진다. 제사권과 상속권에서 여성의 역할이 긍정적이었던 고려 사회의 문화 표층을 읽을 수 있다.

그렇다면 고대 사회에서, 특히 고구려에서 여성들의 모습은 어떠하였을까? 왕위의 형제 상속, 처가권이 중시된 서옥제(壻屋制) 등에서 읽히는 모습은 장자 중심의 가부장적 권리보다는 상대적으로 남성과 여성 둘 다를 긍정하려는 양가적(兩價的) 가치관이 보다 높았을 것으로 생각하게 한다. 한 시대의 사회·문화가 그 사회를 지탱해 가는 사회적 이념과 전혀 무관하지 않는 것이라 할 때, 고구려 여성들의 지위를 통하여 그 시대의 사상·이념적인 측면도 함께 도출해 볼 수 있을 것이다. 그래서 여성의 역사는 역설적으로 시대의 변화상을 담고 있는 중요한 단초가 된다.

나들이를 즐기는 고구려 여성들의 모습

일상 생활 속에서 고구려 여성들의 사회적 모습을 알려 주는 벽화에는 거리를 활보하는 여성들의 행렬도가 많다는 점이 인상적이다.

초기 인물 풍속 벽화로 대표적인 것 중의 하나인 덕흥리 고분(408) 안 칸 북벽을 보면, 가운데 장방 속에 무덤의 주인공이 앉아 있고, 장방 바깥 오른쪽에는 긴 덮개로 치장된 소 수레와 여인들의 그림이 있다. 고구려에서 말은 주로 사냥용이나 무술 기마용으로 이용되었고, 소는 수레를 끄는 주된 동력원이었다.

이 그림에서도 건장한 소가 끄는 수레를 그렸다. 소 수레 행렬도에는 모두 11명의 인물이 그려져 있다. 두 사람의 소몰이꾼이 소의 양쪽에서 고삐를 잡아끈다. 수레의 뒤쪽으로는 키가 상당히 큰 여자 시종이 따르고 있는데, 아마도 이 나들이의 총지휘를 맡은 듯하다. 다시 수레의 바깥쪽으로 4명씩 행렬을 이룬 남녀 시종 8명이 수레를 양 옆으로 에워싸면서 걸어가고 있다. 주름치마를 입은 6명은 여성이며, 바지를 입은 2명이 남성으로 생각된다. 남성은 상투처럼 머리를 묶은 형태이며, 여성들은 모두 머리를 두 갈래로 묶어 내렸다. 8명의 시종은 모두 손에 무언가를 받쳐 들고 가는 모습이다. 수레바퀴 폭과 거의 같은 크기의 가마 속에는, 표현되지는 않았지만 이 행렬의 주인공인 여주인이 타고 있을 것이다.

안 칸 북벽 동쪽의 소 수레 행렬도가 여성 중심이라면, 장막의 맞은편인 안 칸 북벽 서쪽의 벽화에는 이와 반대로 남성 중심의 행렬도가 그려져 있다. 3명씩 열을 이룬 6명의 남자 시종이 호위를 하고 있고, 목동이 남자 주인이 타고 갈 말 한 마리의 고삐를 잡고 있다.

덕흥리 고분의 앞 칸에서 안 칸으로 가는 사잇길 동벽의 위단 벽화에도 긴 덮개로 덮인 소 수레 행렬도가 그려져 있다. 2명이 소를 끌고, 2명의 시녀가 수행을 하며, 일명 박쥐우산을 든 시종과 말을 탄 2명의 기사도 뒤따르고 있다.

황해남도 안악군 대추리에 있는 안악 2호분(5세기 말)의 무덤방에는 모두 33명의 인물상이 그려져 있는데, 남벽 입구를 지키는 좌우 문지기 무사 2명을 제외하고는 모두 여성이다. 이 때문에 무덤방에 하나의 관대가 놓인 무덤의 주인이 여성일 것으로 추정된다. 북벽에 무덤 주인으로 생각되는 인물이 가운데에 자리하고, 그 왼쪽으로 6명의 인물상이 일렬로 늘어섰으며, 오른쪽으로 3명이 시립하였다. 동벽에는 꽃쟁반

안악 2호분 서벽의 나들이하는 여인들

을 받쳐 든 여인 3명이 있고, 상단부에 역시 꽃쟁반을 받쳐 들고 유영하는 2명의 비천이 천의를 흩날리고 있다. 남벽 입구 상단부에도 2명의 비천이 꽃쟁반을 받쳐 들고 하늘을 날고 있다.

서벽에는 모두 14명의 인물이 정면을 향한 채 횡렬로 늘어선 대형 행렬도가 있다. 중심부의 6명은 키가 작다. 고구려 벽화에서 인물의 비중에 따라 크기를 달리 그리는 이른바 대상 비중의 법칙을 따른다면, 이들은 주인공을 수행하는 시녀들로 생각된다. 그 시녀들 사이에 주인공으로 여겨지는 인물이 챙이 있는 모자를 옆으로 약간 비스듬히 쓰고 있다. 바깥쪽으로 역시 챙이 있는 둥근 모자를 쓴 7명의 여인이 늘어서 있다. 시녀들은 모자를 쓰지 않았다. 주인공과 나란한 크기로 그려진 8명의 여인은 같은 부류의 귀족 부인들로, 나들이를 떠나는 중인 듯하다. 무덤의 주인공이 평소에 이런 나들이를 즐겼을 것 같은 느낌이 든다.

이 외에도 고구려 벽화에는 여성들만 나들이하는 장면, 또는 남녀 행렬 장면이 많

고구려의 문화

이 그려져 있다. 당시 사회에서 여성들이 길거리를 활보하는 자유스러운 문화가 발달하였음을 알 수 있다.

고구려 여성의 개방적인 사회적 역할

덕흥리 고분 안 칸 남벽의 서쪽 부분에 마구간과 외양간이 함께 그려진 장면이 있다. 말과 소가 지니는 사회적 동력을 중시한 고구려인의 생활상을 읽을 수 있는 장면인데, 그 위쪽 한 칸에 2명의 여성이 그려져 있다. 여물을 써는 듯하기도 하고, 말한테 가져다 주는 듯도 한 그림이다. 이 그림은 고구려의 여성이 가만히 집안에만 들어앉아 있지 않고 활발하게 사회적 역할을 담당하고 있었다는 것을 보여 준다. 가축을 훈련시키고 다루는 것은 남성이 담당하였지만, 이들에게 물과 먹이를 주고 젖을 짜며

덕흥리 고분 안칸 남벽 서쪽 부분의 마구간과 외양간 ❘
말 뒤쪽에 여성으로 보이는 시녀 두 사람이 무슨 일인지 하고 있다. 아마도 소와 말을 관리하거나 여물을 써는 중인 듯하다.

새끼를 돌보는 일 등은 여성의 역할이었을 것이다. 유화부인과 평강공주가 좋은 말을 가려 낼 줄 아는 능력이 있었던 것도 이러한 사회적 역할에 익숙했던 고구려 여성의 일상 생활상을 반영한 대목이라 생각된다.

『삼국사기』 고구려본기의 봉상왕 9년 8월조를 보면, "국내의 15세 이상 남녀를 징발하여 궁실을 수리하게 하였다."고 기록하고 있다. 남성뿐만 아니라 여성도 공공의 부역을 담당하였던 고구려의 사회상을 말하는 것으로, 사회 생활에서 여성의 일정한 역할을 강조하는 대목이다.

이렇듯 고구려의 여성들은 사회 생활의 여러 방면에서 일정한 역할을 하고 있었다. 다분히 유목민적인 생활상이 반영되었다고 할 수도 있지만, 남녀에 대한 사회적 시각이 양가적인 관점에 놓여 있었음을 시사한다. 이러한 면에서 고구려를 보다 개방적인 사회라고 말할 수 있다.

부부가 함께하는 일상 생활

고구려 벽화에는 다른 어떤 시대보다도 부부를 함께 그린 장면이 많다. 무덤이 부부 합장묘이기도 하지만, 남녀 연화화생도처럼 남녀를 동등하게 배려하려는 사회적 시각이 발달하였음을 시사한다.

5세기 후반 남포시 강서구역 수산리에 축조된 수산리 고분 벽화에는 부부가 나란히 나들이하여 교예 무술을 구경하는 장면이 있다. 나들이를 나온 여주인공은 단정하고 우아한 자태로 얼굴에 붉은 연지를 찍었으며, 붉은색의 깃을 댄 긴 저고리에 주름이 넓은 색동 주름치마를 입었다. 화려하면서도 단정한 이 여인은 고구려 귀족 부인

수산리 벽화 안칸 서벽 윗단의 교예행렬도 | 박쥐우산을 쓴 남자 주인공이 맨 앞에서 교예를 구경하고, 그 뒤로 역시 박쥐우산을 쓴 부인이 따르고 있다. 부부가 함께 나들이하며 놀이를 구경하는 당시의 일상 생활을 잘 담았다. 단아하지만 흥겨운 멋이 느껴지는 장면이다.

약수리 고분 안칸 북벽의 묘주부부도 | 북방의 수호신 사신도와 북방의 별자리 북두칠성이 무덤의 주인을 수호하는 장면이다.

의 전형적인 옷차림을 잘 보여 준다.

수산리 고분 벽화의 여인과 똑같은 옷차림을 한 여인도가 일본의 다카마쓰 고분 (高松塚)에서도 나와 주목을 끈다. 7세기 일본의 귀족 사회에 고구려 풍속이 유행하였던 흔적을 말해 주는 것이다. 나들이할 때에도 부부가 나란히 하는 수산리 벽화의 부부 행렬 교예도를 통하여 고구려의 남녀 지위를 엿볼 수 있다.

죽어서도 영원한 삶을 함께 추구한 고구려의 남녀

무덤방의 북벽은 주로 무덤의 주인공을 초치하는 곳인데, 고구려 벽화에는 묘주 부부가 나란히 그려진 인상적인 것이 많다.

남포시 강서구역 약수리에 있는 약수리 벽화 고분(5세기 초)은 비교적 이른 시기의 인물 풍속도 무덤인데, 안 칸 북벽의 도리 위쪽에 간략하게 처리된 장막 속으로 평상 위에 앉은 단정한 차림의 부부 인물도가 있다. 둘 다 공수를 하였고, 여자 주인공은 머리띠를 하였다. 왼쪽에 시종 둘과 오른쪽에 시녀 둘이 각각 무언가 서책을 바치는 듯한 모습이다.

그 옆에 무덤을 지키는 현무도가 묘주 부부 쪽으로 얼굴을 향하였다. 거북의 네 발이 강조되어 있어 네발짐승 모습을 하고 있으며, 거북의 몸을 휘감은 뱀이 붉은색을 띠어 벽사의 기운을 머금고 있다. 현무도 위쪽으로 연결선이 뚜렷한 북두칠성과 삼각형 모양의 북극삼성 별자리가 그려져 있다.

동 청룡, 서 백호, 남 주작, 북 현무의 사신은 4방위를 수호하는 신령스러운 동물〔神獸〕로서, 고구려 벽화에 널리 채택되었는데, 약수리 고분의 벽화는 생활 풍속 주제에다 사신도 주제를 도입한 가장 초기의 벽화에 속한다. 북두칠성과 북극삼성은 북방의 수호 별자리이며, 특히 북극성이 그려진 것으로는 가장 이른 시기의 벽화이다.

이렇게 약수리 고분 북벽의 묘주 부부는 사후 내세에서도 사신도와 북두칠성의 수호를 받으면서 부부가 함께 영원한 삶을 누리려 한다. 이른바 부부 영생 사상이 짙게 깔려 있다. 둥실둥실한 얼굴과 몸집에서도 약수리 부부의 원만함이 느껴진다.

고구려 벽화의 사신도에서 현무는 쌍주작과 더불어 암수 자웅의 쌍으로 구성된 동물로 인식되고 있다. 청룡과 백호가 벽사를 위하여 신기어린 신수로 그려진다면, 현무와 주작은 음양의 조화를 추구하여 부드러운 곡선의 원만상으로 그려진다. 약수리 고분의 현무도 휘감은 듯 부드러운 이미지를 지녔다. 아마도 벽화의 작가가 화애한 부부상을 영원한 내세에까지 전달하려 했던 것으로 짐작된다.

남포시 용강군 용강읍에 있는 쌍영총(5세기 말)의 안 칸 북벽 장방 속에도 약수리 고분의 벽화와 유사한 분위기를 지닌 부부 인물도가 있다. 둘 다 붉은 빛깔의 옷을 입

쌍영총 안칸 북벽의 묘주부부도 ▮ 약수리 고분의 것과 비슷한 구도를 보인다. 부부의 좌우 위치는 반대로 되어 있다. 두 고분의 인물들 모두에서 느껴지는 둥글둥글한 필법에서 화애하고 평안한 분위기가 읽힌다.

있는데, 단정한 차림새에 공수를 한 부부가 평상 위에 나란히 앉아 있다. 여기서는 약수리 고분과는 반대로 부인이 왼쪽에, 남편이 오른쪽에 자리하였다. 이들을 수호하는 현무도는 아래쪽에 그려졌다.

이러한 부부의 내세 기원 장면은 장천 1호분(5세기 중엽)에 그려진 '연화화생도'가 지니는 기원 의도와 많이 달라 보이지 않는다. 장천 1호분의 앞 칸 벽화에는 연꽃 속에서 남녀 2인이 화생하는 남녀 인물도가 여럿 그려져 있다. 분홍빛 입술 화장에 눈동자가 또록한 여성의 표정이 인상적이다. 부부가 내세에 연화정토에서 함께 화생하기를 염원하는 바람이 깃들어 있다. '연화화생도'가 불교적인 내세관으로 각색된 것이라면, 약수리 고분의 부부도는 사신도와 별자리 같은 도교적인 내세관이 투영된 것이라 할 수 있다. 둘 다 주제의 의도는 동일하다고 생각된다.

✿ 차 마시며 여가를 즐기는 고구려의 여성

각저총의 북쪽 벽화에는 묘주의 가내 생활의 한 장면이 그려져 있다. 평상 위에 머리를 약간 숙이고 다소곳하게 앉은 제 1 부인과 제 2 부인이 평상에 걸터앉은 남편과

장천 1호분 앞칸 남녀 2인 연화화생도
왼쪽 여성의 눈동자가 또록하며, 입술에 분홍빛 연지를 발랐다. 부부가 함께 내세 연화정토에 다시 태어나기를 기원하는 의미를 담았다. 이와 같은 남녀 2인 연화화생도는 고구려 벽화에서만 보인다고 한다.

서로 마주 보면서 한담을 나누고 있다. 세 사람 앞에는 각기 다리가 긴 작은 교자상이 놓여 있고, 그 상 위에는 찻그릇인 듯싶은 그릇이 3개씩 놓여 있다. 남편 쪽에는 찻주전자가 놓여 있다. 작게 그려진 바깥쪽에는 각기 시종과 시녀 한 사람이 시중을 들고 있다. 부인들은 흰색의 멋스런 절풍건(고깔 모양의 모자)을 눌러 썼으며, 물방울무늬 저고리에 주름치마를 뒤로 길게 접었다.

남편과 부인 사이에 별다른 격의가 보이지 않으며, 제2 부인이 작게 그려지지도 않았다. 남편도 공수를 하여 공손한 의미를 내보이고 있다. 전체적으로 보아, 큰 장방 안에서 부부가 나란히 앉아 차를 마시면서 여가를 즐기는 고구려 부부의 일상 생활의 한 장면으로 여겨진다. 고구려인들의 다도(茶道)를 즐기는 생활 모습을 담은 중요한 장면이다.

지금까지 벽화 속에 보이는 몇 장면을 통하여 고구려 여성들의 사회적 모습을 살펴보았다. 고구려 여성들은 상당히 활발하고 적극적이며 여유 있는 일상 생활을 구가하고 있었던 것으로 여겨지며, 특히 사후 내세관에서는 부부가 함께 영원한 삶을 기원하는 모습에서 고구려 사회의 남녀 양가적인 측면을 엿볼 수 있다. 이 외에도 살펴볼 만한 장면이 많지만, 앞으로 세밀한 연구가 이루어져 고구려의 사회 생활상을 보다 심도 있게 복원할 수 있기를 기대한다.

각저총의 북쪽 묘주부부의 다도 생활 장면
왼쪽에 남자 주인공이 앉아 있고, 오른쪽에 제 1 부인과 제 2 부인이 평상 위에 다소곳이 앉아 있다. 각자 다리가 긴 작은 찻상을 앞에 놓았고, 남편쪽에는 찻주전자가 놓인 듯하다. 부부끼리 서로 차마시며 한담하는 고구려인들의 일상의 여유로움을 담았다.

다시 보는 고구려사

高句麗

제 6 부
고구려에 관한 궁금거리들

나(那)가 무엇인가요?
〈광개토대왕릉비〉를 세운 목적은 무엇일까?
고구려의 멸망 원인은?
동북공정(東北工程), 그 실체는?
고구려인들의 선조는?

나(那)가 무엇인가요?

금경숙 | 동북아역사재단 |

나(那)에는 왕과 왕자가 있었네

고구려가 처음 시작된 압록강 유역에는 기원전 3세기경부터 기원후 2세기 초 사이에 주변의 다른 지역과 구별되는 사람들이 모여 살았고, 문헌 자료상 이들은 기원전 2세기 후반에 정치 세력으로 성장하였다. 이 지역의 정치 집단에 대하여 『삼국사기』 고구려본기 초기 기록에는 '나(那)'라고 쓰여 있다. 그런데 나는 그 음이 노(奴) 또는 내(內)와 통하고, 천(川)·양(壤)으로도 기록되는데, 땅(地) 또는 개울(川), 개울가(川邊)에 있는 평야, 또는 강가나 계곡에 자리잡은 작은 정치 집단을 가리킨다.

나에 관한 구체적인 예를 『삼국사기』 고구려본기에서 볼 수 있다.

> 태조왕 20년(기원후 72), 왕이 관나부(貫那部) 패자(沛者) 달가(達賈)를 보내어 조나(藻那)를 정벌하고 그 왕을 사로잡았다.

> 태조왕 22년(기원후 74), 왕이 환나부(桓那部) 패자(沛者) 설유(薛儒)를 보내어 주나(朱那)를 정벌하고, 왕자 을음(乙音)을 사로잡아 고추가(古鄒加)로 삼았다.

이 사료를 좀더 자세히 보면, '조나'나 '주나'로 불리는 것이 있고, '관나부'나 '환나부'로 불리는 것도 있다. 또, 왕과 왕자도 보이며, 패자라는 낯선 이름도 보인다. 이 두 사료는 고구려 초기의 정치·사회를 이해하는 데 매우 중요하다.

여기에서 우선 눈에 띄는 것은 '나'에 왕과 왕자가 있었다는 점이다. 이것은 '조나'나 '주나'에 왕과 왕자가 있었으며, 적과 싸울 만한 군사력도 가지고 있었다는 것을 보여 준다. 즉 '나'는 조그마한 나라의 형태이며, 이러한 '나'는 압록강 유역에 여러 개가 있었다.

'나'는 철기 문화에 바탕을 두고 성장하였으나, 오래 된 '나'는 청동기 말기와 철기 시대 초기부터 존재했던 것으로 추정한다. 압록강 중류 지역에 있던 '나' 가운데 가장 강력한 '나'였던 송양(松壤)이 이끄는 소노(消奴)는 오늘날의 환인(桓仁) 지역을 기반으로 하여 성장하였다. 환인 지역에는 청동기 시대의 유적이 여럿 발견되며, 그들이 쌓았을 돌무지무덤도 보인다. 환인 일대는 사람이 모여서 살 수 있을 정도로 물이 풍부하고, 물고기를 잡거나 짐승을 사냥하여 살 수 있을 만큼 자원이 풍부하였다. 그래서 청동기 시대 이래 많은 사람이 모여 살게 되었고, 철기 문화의 보급에 따라 여러 '나'가 곳곳에서 성장하였을 것으로 보인다. 송양의 소노는 그 가운데에서도 대표적인 성격을 가지고 있다. 철기는 대략 기원전 3세기경부터 널리 사용되었으며, 철기를 사용하게 되면서 여러 가지 변화가 있었을 것이다.

철기 가운데에서도 도끼와 낫은 농업 생산력 발달에 중요한 구실을 하였다. 쇠도끼는 농사 짓는 땅을 넓히기 위해 나무를 베는 데 많이 사용되는 매우 효과적인 도구

남파동 고분군의 일부 ┃ 자강도 시중군 로남리 고분군 가운데 무덤 수가 가장 많고 규모가 큰 것이 남파동 고분이다.

였다. 쇠낫은 농산물을 수확하는 데 능률적이었다. 그전에는 반달돌칼을 사용하여 수확을 하였는데, 쇠낫보다는 비능률적이었다. 대규모로 땅을 넓히고, 씨를 뿌리며, 곡식을 거두어들이는 작업을 하기 위해서는 그전보다 많은 땅과 사람이 필요하였다. 이처럼 농업 생산력의 발달로 사회가 빠르게 변화하고 발달하게 되었다.

이들은 돌을 쌓아서 무덤을 만들었는데, 이러한 무덤을 돌무지무덤이라고 한다. 돌무지무덤은 처음에는 땅에 곧바로 쌓았다가 점차 기초를 튼튼하게 하기 위해서 맨 아래에 계단을 쌓은 후 그 위에 돌을 쌓아올렸다. 이러한 무덤을 만들기 위해서는 많은 돌이 필요한데, 처음에는 주변에서 주울 수 있는 강돌을 사용하다가 점차 큰 돌을 잘라 다듬어 사용하였다. 큰 돌을 사용하기 위해서 채석과 가공·운반을 해야 했으며, 견고한 공구와 많은 인원이 필요하였다. 철제 공구로 큰 돌을 운반하여 사용하기에 알맞게 자르고 다듬은 다음에 무덤의 기초를 만들기 위해 잘 쌓았다. 이처럼 철로 만든 농기구와 공구를 사용하게 되면서 당시 사회와 경제는 빠르게 변화하고 발전해 나갔다.

이들 '나'가 성장하는 과정에서 기원전 108년에 위만조선이 멸망하고, 한(漢)나라에 의해 한 군현이 설치되었으며, 압록강 중류 지역에는 현도군이 설치되었다. 한나라는 현도군을 통해 고구려왕에게 북, 피리, 악공(樂工)을 내려주었으며, 각 집단에는 조복(朝服)과 의책(衣幘)을 주면서 개별적인 관계를 맺는 등 여러 형태로 영향력을 미치고 통제하려 하였다. 그러나 압록강 유역의 나 집단은 개별적으로 존재하기는 하였지만, 자신들을 통제하려는 현도군에 저항하여 마침내 기원전 75년경에 현도군을 압록강 유역에서 요동 지방으로 몰아 내었다. 현도군이 요동 지역으로 물러난 이후에 압록강 중류 지역 이외에서 '나'가 형성되기도 하였다.

'나'는 개별적으로 존재하면서 왕과 왕자, 그 밖의 군사 시설 등을 갖추었다. 그러나 이러한 여러 '나'는 세력의 크기가 비슷하였으며, 이들을 아우를 수 있는 강력한 세력은 등장하지 못하였다. 송양이 이끄는 소노가 이들을 대표했을 뿐이다.

주몽, 송양과 한 판 승부를 벌이다

주몽 집단이 부여에서 내려와 압록강 중류 지역에 이주, 정착하게 되면서 힘의 균형이 깨졌다. 부여에서 내려온 이주민 집단은 주몽에 앞서 있었다. 우선 주몽과 관련된 설화에서 주몽이 압록강 유역에 정착하면서 앞서 온 부여 세력인 소서노(召西奴)와 혼인을 통하여 연합을 꾀한 것을 볼 수 있으며, 세력을 확대하는 과정에서 송양 세력인 소노와 겨루는 내용을 볼 수 있다.

　　(동명성)왕이 비류수 중류에 채소잎이 떠내려오는 것을 보아 그 상류에 사람이 사는 줄 알고 사냥을 하면서 찾아 올라가 비류국(沸流國)에 이르렀다. 그 나라 사람 송양이 나와 보고 말하기를, "내가 외진 구석에 살기 때문에 한 번도 훌륭한 사람을 만나 보지 못하였더니, 이제 우연히 그대와 서로 만나게 되니 또한 다행한 일이 아니겠는가. 그러나 그대는 어디에서 왔는지 알지 못하겠노라." 주몽이 대답하기를, "나는 천제(天帝)의 아들로서 아무아무 곳에 와서 도읍을 정하였다." 하였다. 송양이 말하기를, "우리는 여러 대째 왕이 되어 온 터에 땅이 작아 두 임금을 용납할 수 없고 그대는 도읍을 정한 지 얼마 되지 않으니 나의 속국(屬國)으로 되는 것이 어떤가?" 하였다. 왕이 그의 말에 분개하여 곧 그와 더불어 말다툼을 하다가 다시 활로 재주를 비교하게 되었는데, 송양은 이에 대항할 수 없게 되었다.

　　동명성왕 2년(기원전 36) 여름 6월에 송양이 와서 나라를 바치며 항복하므로 그 지방을 다물도(多勿都)로 개칭하고, 송양을 봉하여 그 곳 우두머리로 삼았다.

　　백제의 시조 비류왕은 그 아버지가 우태이니 북부여 왕 해부루의 서손이요, 어머니는 소서노이니 졸본 사람 연타발의 딸로서 처음 우태에게로 시집을 와 아들 둘을 낳았는데, 맏이는 비류요, 둘째는 온조였다. 우태가 죽은 뒤 졸본에 홀로 살다가, 주몽이 부여에서 용납되지 못하여 전한(前漢) 건소(建昭) 2년 (기원전 37) 봄 2월에 남쪽 지방으로 도망하여 졸본에 도읍을 정하고 국호를 고구려라 하여 왕업을 창시함에 있어서 소서노의 내조가 매우 많았으므로, 주몽이 소서노를 특별한 사랑으로 후하게 대하였고, 비류 등을 자기 소생과 같이 여겼다.

　　이처럼 압록강 중류 유역을 중심으로 존재하던 '나'는 청동기 시대 이래로 발전해 왔으며, 여러 세력의 힘이 비슷하여 다수가 동시에 존재한 것으로 추정된다. 이들은 성(城)을 잘 쌓았는데, 성을 '구루(溝婁)'라고 불렀다. 한족(漢族)은 이 명칭에서 연유하여 압록강 중류 지역의 나 집단 사회를 통틀어 '구려(句驪)'라는 이름으로 불렀다.

　　이들 '나'는 중국 역사책인 『삼국지』에는 '노(奴)'로 표현되어 있다. 『삼국지』에서는 주몽 집단을 계루(桂婁)라고 하여 '노(奴)'로 표현되는 집단과 구별하고 있다. 이것은 주몽 집단이 그 동안 오랫동안 압록강 유역에 살던 주민과는 구별되는 존재였음을 의미한다.

주몽 집단은 우세한 실력으로 나 집단을 아우르고 고구려를 건국하였다. 그리고 이전부터 '구려'라고 불린 데 연유하여 나라 이름을 구려 앞에 고(高)를 붙여 '고구려(高句麗)'라고 지었으며, 왕실의 성을 고(高)로 하였다. 고구려는 주몽 집단의 계루가 중심이 되었으며, 그 밖에 압록강 유역에서 오랫동안 살아왔던 4개의 나(또는 노)는 왕권 아래에 편제시켰다.

나(那), 나부(那部)로 되다

고구려왕 주몽은 이들 유력한 '나'에게 어느 정도의 독자성을 주었다. 특히, 송양의 소노에게는 그들의 조상을 모실 수 있는 권한을 주는 등 주몽에게 복속되기 이전에 누리던 권력을 어느 정도 인정해 주었다. 이들은 독자성을 인정받았으나, 왕이 인정하는 한도 안에서의 독자성이었다. 따라서, 이들 '나'는 고구려에서 '나부(那部)'로 인식되기에 이르렀다. 독자적으로 왕이 존재하던 상태에서, 고구려가 건국되고 고구려 국가의 왕이 존재하게 되면서 '나'의 지배 세력은 고구려의 귀족 세력으로 새롭게 편제되었다.

'나부'에 대해서는 학자들 간에 약간의 견해 차이가 있다. 하나는, 고구려가 건국되기는 하였으나 주몽의 계루부는 아직 다른 나부와 마찬가지로 5부 가운데 하나였을 뿐이며, 고구려 초기의 국가 체제는 나부를 매개로 하여 국가의 통치력을 실현하였다는 측면을 강조하고 있다. 이들은 '나부 통치 체제'라는 용어를 사용하고 있으며, 이러한 견해는 계루부뿐만 아니라 다른 나부에 대해서도 주목하는 경우이다.

다른 하나는, 고구려가 주몽 집단에 의해서 건국된 것은 왕권이 미약하다고 하더라도 이미 하나의 국가에 왕이 존재하는 것이며, 개별적인 '나'가 '나부'로 그 정치적 위상이 변하게 되었다는 것이다. 그리고 고구려가 건국한 이후 한 군현과의 전쟁 등을 수행할 수 있었던 것은 왕을 중심으로 하는 정치 세력이 자리잡고 있었기 때문이라고 주장한다. 즉, 왕의 위상을 귀족의 위상보다 우월하게 본다.

고구려는 건국하였으나 주변의 '나'를 모두 정벌한 것은 아니었다. 태조왕 20년(기원후 72)과 22년(기원후 74)의 조나와 주나 정벌은 고구려 건국 초기의 모습을 상징적으로 보여 준다. 독자적인 성격을 가지고 있을 때에는 '나'로 인식되지만, 고구려에 복속된 다음에는 '나부'로 불렸음을 분명하게 보여 주고 있다. 『삼국사기』고구려본기에는 연나부(椽那部)·관나부(貫那部)·비류나부(沸流那部)·환나부(桓那部) 등이 보

홀승골성(산성)

하고성자(평지성)

해자(垓子)
성 밖에 둘러 판 곳

초기 수도인 졸본성의 왕성 체제

환인시에 있는 오녀산성(홀승골성)과 하고성자 성 터. 고구려왕은 평상시에는 평지성에 머물다가 전시에는 산성으로 들어가 입보했다. 초기 수도인 환인시에도 졸본성에 비견되는 산성인 오녀산성 외에 평지의 왕궁 터가 있었던 것으로 보고 있다. 이를 통해 평지성과 산성이 세트로 구성된 고구려 특유의 도성 체제가 초기부터 마련되었다는 것을 알 수 있다.

오녀산성 안의 음마지

고구려에 관한 궁금거리들 **207**

이는데, 이것은 『삼국지』 동이전 고구려조에 보이는 절노부(絶奴部)·관노부(灌奴部)·소노부(消奴部)·순노부(順奴部)와 서로 대응된다. 즉, 나부(那部)나 노부(奴部)는 서로 대응된다.

이들 나부나 노부가 계루부와 대비되는 성격을 가지고 있다는 것은 명칭을 보면 알 수 있다. 즉, 압록강 중류 지역에서 오랫동안 살아온 집단에는 나부나 노부의 명칭이 붙고, 부여에서 내려온 이주민 집단인 계루부에는 '나'나 '노'가 붙지 않았음을 볼 수 있다. 이것으로 당시의 사람들이 명칭에서부터 구별을 하고 있음을 알 수 있다.

고구려를 건국한 사람은 동명성왕(東明聖王)인 주몽이지만, 고구려의 기틀을 마련하고 좀더 성장할 수 있는 힘을 가지게 된 것은 1세기의 태조왕(太祖王) 때부터라고 볼 수 있다. 따라서, 태조왕을 국조왕(國祖王)이라고도 부른다.

고구려는 태조왕 때에 나라의 영역을 넓히고 한 군현에 대해서도 대대적으로 공격을 하였는데, 이러한 공격은 국가적인 성장을 바탕으로 이루어졌다. 고유한 명칭에 따라다니던 나부는 이후 2세기인 고국천왕 때에 좀더 파악하기 쉽게 방위(方位)에 따라 중부·동부·서부·남부·북부라고 부르게 되었다. 방위부 이름은 국가의 통제력이 좀더 강화되었음을 의미한다. 이 방위부는 고구려가 멸망할 때인 7세기 후반까지 사용되었다.

고고학적 유물·유적을 통하여 살펴보면, 압록강 유역에는 기원전 3세기경에 이미 주민이 형성되어 사회를 이루고 살았으며, 사람이 죽으면 돌무지무덤을 만들었다. 그 후 철기를 널리 사용하게 되면서 이들은 하나의 정치 집단을 만들었는데, 자연 발생적으로 만들어진 이들을 '나'라고 부르게 되었다. 이들 '나'는 성장과 통합이라는 과정을 거치면서 국가를 형성하기에 이르렀다.

고구려 국가가 형성될 무렵, 압록강 유역에는 청동기 시대 이래로 살아온 주민뿐만 아니라, 부여 사회에서 이탈하여 이 지역으로 남하해 온 이주민들도 정착하였다. 주몽이 부여 왕실을 이탈하여 압록강 중류 유역으로 내려올 수 있었던 것도 이러한 배경에서 이해할 수 있다.

주몽이 이전에 부여에서 내려온 사람들과 달랐던 것은 그의 탁월한 능력에 힘입은 바가 크다. 압록강 중류 지역의 집단과 부여의 이주민 집단이 서로 경쟁하고 통합하면서 고구려라는 국가를 형성하게 된 것은 이들이 넓게 예맥족이라는 문화적 기반을 공유하고 있었기 때문이다. 이들은 이민족인 한(漢)나라의 현도군에 대항해서는 힘을 결집하여 요동 지방으로 쫓아 내는 한편, 내적으로는 경쟁과 통합을 통하여 보다 큰 정치 세력으로 발전을 거듭하였다.

〈광개토대왕릉비〉를 세운 목적은 무엇일까?

이도학 | 한국전통문화학교 |

 〈광개토대왕릉비〉를 발견하기까지

현재 중국에서 동북삼성(東北三省)이라고 부르고, 우리에게는 만주라고 일컬어지는 곳 가운데 하나인 길림성 집안시의 통구 평원에는 높다란 비석이 하나 우뚝 서 있다. 만고풍상을 맞아 가면서 만주 대륙 역사의 부침을 묵묵히 지켜보았던 이 비석은 옛 고구려 도성인 국내성의 동쪽 국강(國岡)이라는 언덕 위에 자리잡고 있다.

1447년에 제작된 『용비어천가』에서 "평안도 강계부(江界府) 서쪽으로 강을 건너 140리쯤에 큰 벌판이 있다. 그 가운데에 옛 성이 있는데, 세상에서는 '대금황제성(大金皇帝城)'이라고 일컫는다. 성 북쪽으로 7리쯤에는 비석이 있다. 또, 그 북쪽에는 돌무덤[石陵] 2기가 있다."라고 하면서 이 비석의 존재를 언급하였다.

여기서 '비석'의 존재는 1487년에 평안감사로서 압록강변 만포진을 시찰했던 성현(成俔)이 지은 '황성 밖을 바라보며(望皇城郊)'라는 시에서 다시금 언급되었다. 그는 "우뚝하게 천척비(千尺碑)만 남아 있네."라고 읊었지만, 압록강변에서는 이 비석을 육안으로 보기가 어렵다. 누구도 직접 확인하지 않은 미지의 비석인 것 같지만, 『동국여지승람』과 이수광의 『지봉유설』 등에서는 금(金)나라 황제비(皇帝碑)로 단정하였다. 만포진에 잇댄 압록강 너머에 자리잡은 성과 무덤, 그리고 비석 모두, 12세기에 불길처럼 솟아올라 북중국을 점유하면서 동북 아시아를 요동치게 만들어 훗날 정복왕조라고 불린 여진족이 세운 금나라의 숨결이 잡초 덤불 속에서 고요히 영면(永眠)하고 있는 장소쯤으로 여겼던 것 같다.

집안 일대는 여진족이 세운 청나라가 들어선 17세기 이후에는 청나라 황실의 발상지라는 명목으로 인해 주민들이 거주하지 못하는 봉금령(封禁令)에 묶여 깊은 잠에 빠졌다. 그러나 봉금령이 풀려 주민이 이 곳으로 이주해 간 19세기 후엽인 1877년에서 1876년 사이에, 이끼가 잔뜩 끼어 있는 이 비석의 존재가 현지 주민들에 의해 다시 발견되었다. 두껍게 낀 이끼를 제거하기 위해 비석 겉면에 우마분(牛馬糞)을 바르고는 불을 질렀다. 타닥타닥 작열하는 사이에 불기운을 이기지 못하고 비면에 균열이 생기기까지 했다.

이 비석은 전통적인 신앙의 대상인 선돌에다가 사면에 예서체로 글씨를 새겨 놓았다. 곁에서 비석을 보면 비면이 다듬어지지 않아 마치 물결처럼 굴곡이 져 있다. 쑥 파인 부분에도 글씨는 둥지를 틀 듯 또렷하게 자리잡았다. 돌을 다루는 데에는 가히 천부적 재능을 지녔다는 고구려인들이었다. 그러나 이 비석의 겉면을 반듯하게 다듬지 않은 이유는 여전히 수수께끼로 남아 있다. 어쨌든 이렇게 해서 글자를 드러낸 '대금황제비'는 고구려의 저명한 정복 군주인 제 19 대 광개토대왕의 능 앞에 세워진 능비(陵碑)임이 새롭게 밝혀졌다.

❀ 〈광개토대왕릉비〉와 비문은 어떤 특징이 있을까?

〈광개토대왕릉비〉는 몇 가지 독특한 특징을 지니고 있다.

첫째, 높이가 6.39m로 굉대(宏大)한 규모를 자랑한다. 우리 나라의 석비 가운데에서 〈광개토대왕릉비〉(이후 〈능비〉로 줄여서 표기한다.)의 규모가 제일 크다. 이에 걸맞게 비석의 무게는 대략 37톤으로 추정된다.

둘째, 현재 남아 있는 우리 민족이 만든 비석 가운데 가장 연대가 오래 되었다. 그리고 고구려의 왕릉 앞에 세워진 비석으로는 최초의 사례에 속한다.

셋째, 화산암에 새겨진 글자의 크기가 12cm에 이를 정도로 크다. 요컨대, 〈능비〉는 우리 나라 역사에서 제일 거대한 비석이요, 왕릉 앞에 세운 최초의 비석이고, 글씨도 제일 크다는 특징을 지니고 있다.

〈광개토대왕릉비문〉(앞으로는 줄여서 〈능비문〉으로 한다.)은 무덤 주인의 공식적인 시호(廟號 : 시호의 일종)를 '국강상광개토경평안호태왕(國岡上廣開土境平安好太王)'이라고 표기하였다. 이처럼 길게 열거된 광개토대왕의 공식 시호를 통해 여러 가지 정보를 얻게 되었다.

첫째, 광개토대왕릉이 '국강상'에 소재하였음과 더불어, 능비가 세워진 일대가 '국강상'이라는 사실을 알 수 있었다. "널리 영토를 개척하여 (백성들을) 평안하게 해 주었다."라는 구절은 광개토대왕의 치적(治績)이 영토 확장이었음을 알려 준다. 여기서 '호태왕'은 광개토대왕뿐만 아니라 고구려왕들에게 일반적으로 부여되는 미칭(美稱)이었다. 요컨대, 길게 적혀 있는 광개토대왕의 시호는 능묘의 소재지와 치적, 그리고 고구려왕들에게 붙은 미칭으로 구성되었다.

"널리 영토를 개척하여 백성들을 평안하게 해 주었다."라고 한 광개토대왕의 치적은 『삼국사기』에 수록된 그의 성품과도 잘 연결된다. 즉, "나면서부터 체격이 뛰어나게 크고, 활달한

1930년대의 〈광개토대왕릉비〉

뜻을 가졌다."라고 광개토대왕을 묘사하고 있다. 광개토대왕은 백제 진사왕이 "'담덕(광개토대왕)이 용병(用兵)에 능하다.'는 말을 듣고는 나가서 대항하지 못하여 한강 북쪽의 부락을 많이 빼앗겼다."라고 했을 정도로 군사적 능력이 탁월했다. 비록 광개토대왕에게 압기(壓氣)되었던 진사왕이었지만, "사람됨이 굳세고 용감했으며, 총명하고 지략이 많았다."라는 평을 받고 있기 때문에 더욱 그러한 느낌이 든다. 광개토대왕은 용병술을 비상하게 구사하는 걸출한 군인 왕이었던 것이다.

이와 더불어 광개토대왕릉 앞에 세워져 있는 〈광개토대왕릉비〉의 성격에 대해서는 여러 견해가 제기되었다. 그러나 일단 무덤 주인인 광개토대왕의 치적이나 일대기를 담고 있는 비석임은 재론의 여지가 없다. "이에 비석을 세워 훈적(勳績)을 명기(銘記)하노니, 후세에 보여라."라고 하였듯이, 〈능비문〉은 광개토대왕의 공적을 기록하고 있다. 그리고 〈능비〉는 고구려 왕릉 앞에 최초로 세워진 비석이었다. 이 점 또한 광개토대왕의 치적이 역대 고구려왕들의 그것보다 우뚝했다는 사실을 암시해 준다. 게다가 능비를 세워야 할 특별한 동기의 발생 가능성을 상정하지 않을 수 없다.

이러한 〈능비문〉의 저류에서 감지되는 정서는 고구려인들의 천하관에서 비롯된 긍지와 우월적 사고였다. 가령 '영락(永樂)'이라는 독자적인 연호를 사용하여 중국과 대등한 입장임을 과시하면서 "(광개토대왕의) 위엄 있고 씩씩함은 사해(四海)에 떨쳤노라!"라고 자랑하였다. 여기서 '사해'는 온 세상을 가리키는데, 그 중심국은 고구려를 가리키고 있다. 그래서 자국 시조에 대해 '천제(天帝)의 아드님', '황천(皇天)의 아드님'과 같은 최고 최상의 수식어를 총동원하여 그 존엄성을 기렸던 것이다. 그러한 선상에서 '왕', 그것도 '태왕(太王)'으로 호칭한 것은 광개토대왕뿐이었다. 반면, 백제와 신라 국왕은 '주(主)' 또는 '매금(寐錦)'으로 각각 폄하시켜 표기하였다. 그리고 고구려는 주변 국가들과 상하 조공 관계를 구축하였던 사실을 명기했다. 이는 말할 나위 없이 황제 체제의 선포였다.

〈능비문〉에는 이 같은 천하관과 짝을 이루어 자국 중심으로 세상을 재편하기 위한 구현 이데올로기가 보인다. 『맹자』의 왕도 정치(王道政治) 사상이 그것이다. 『맹자』에 따르면, "인(仁)을 해치는 것을 적(賊)이라 이르고, 의(義)를 해치는 것을 잔(殘)이라 이른다."고 하였다. 이는 〈능비문〉에서 고구려에 대적하는 공동 악역(惡役)으로 등장하는 양대 세력을 '왜적(倭賊)'과 '백잔(百殘)'으로 각각 폄하시켜 호칭한 것과 무관하지 않다. 즉, 인의(仁義)의 화신인 고구려 광개토대왕의 군대는 그것에 배치되는 백제와 왜를 정토(征討)해야 한다는 이른바 정의관의 발현이기도 하였다. 이와 관

〈광개토대왕릉비〉와 광개토대왕릉으로 추정되고 있는 태왕릉 전경

련하여, 광개토대왕은 항시 은혜와 자비를 발휘하여 용서하고 구원해 주는 따뜻한 덕화 군주(德化君主)의 모습으로 설정되었다.

총 44행, 1775자에 3개 문단으로 나뉜 〈능비문〉은 건국 설화와 정복 전쟁 기사, 그리고 광개토대왕의 능묘를 지키고 관리하는 묘지기인 수묘인(守墓人)에 관한 규정으로 구성되어 있다. 여기에서 정복 전쟁 기사는 '전쟁의 명분과 전쟁 과정, 그리고 전쟁의 결산'이라는 구조로 짜여 있다. 정복 전쟁 기사 앞에 적혀 있는 건국 설화는 광개토대왕이 무력을 행사하는 배경과 근거를 제공해 준다. 이러한 점에서, 건국 설화와 정복 전쟁이라는 2개의 접속된 문단은 별개의 사안이 아니라 서로 불가분의 관련을 맺고 있다. 그리고 〈능비문〉의 마지막 문단에는 무려 330가(家)나 되는 묘지기들의 출신 지역이 낱낱이 기재되어 있다. 국내성에 거주하는 고구려인들이 직접 목격할 수 있는 광개토대왕릉의 묘지기 가운데 3분의 2는 정복 지역에서 차출하였다. 이들은 광개토대왕 시기에 기세를 올린 정복 사업의 현현한 성과물이기도 하였다.

그리고 고구려는 영락 6년에 점령했다는 백제의 58성(城)과 영락 17년에 격파, 점령한 6성, 도합 64성의 이름을 비면이라는 공간적 제약에도 불구하고 모두 기록하였다. 이는 영유권에 대한 권리 선언인 동시에 그것을 영원히 보장받으려는 정치적 의도에 서였다.

낱낱이 기재된 묘지기들의 출신 지역에 관한 기록 역시 예외는 아니었다. 이들로 하여금 광개토대왕의 능을 영원히 관리하게 함으로써 광개토대왕 때에

〈광개토대왕릉비문〉 영락 6년조의 백제 정벌 기사 탁본

확보한 일부 백제 지역의 영유권에 대한 근거를 거듭 반추시키려는 의도였다. 그러한 〈능비문〉의 핵심은 전쟁 기사이므로, 고구려 최대의 라이벌인 백제에 대한 전승 기념비적인 성격마저 지녔다. 즉, 백제 군대에 피살된 광개토대왕의 조부(祖父)인 고국원왕의 숙분(宿憤)을 말끔히 씻는 동시에, 양국 간 정치적 역학 관계의 재정립을 노린 정치 선전문이었다.

〈광개토대왕릉비〉를 세운 동기 – 지배의 정당성을 위해

〈능비〉는 광개토대왕이 세상을 뜬 지 2년 후인 414년에 건립되었다. 고구려 역사상 최초로 왕릉 앞에, 그것도 큼지막하면서도 또렷이 글씨가 새겨진 거비(巨碑)의 존재는 확실히 시선을 집중시켰다. 그런만큼 여기에는 필시 특별한 사유가 있었으리라 추측된다. 〈능비〉를 건립하게 된 목적과 관련하여 "이에 비석을 세워 훈적을 명기하노니, 후세에 보여라."라는 구절이 상기된다. 여기서 '훈적'은 말할 나위 없이 '큰 공업(功業)'을 뜻한다. 이는 〈능비문〉 전체를 압도할 정도로 절대적 비중을 차지한 정복 전쟁의 성과를 가리킨다.

〈능비문〉에 보면, 광개토대왕을 칭송하는 일대의 업적이 운문(韻文) 형태로 다음과 같이 서술되어 있다. "은택(恩澤)은 황천까지 미치시고, 위무는 사해(四海)에 떨쳤노라. 나쁜 무리들을 쓸어서 제거하시니 뭇 백성이 편안히 생업에 종사하도다. 나라는 부유해지고, 백성들은 잘 살고, 오곡이 잘 영글었도다."라고 노래하였다. 이 구절은 '영락'이라는 호기어린 연호처럼 광개토대왕의 업적을 잘 집약하고 있다.

이 같은 광개토대왕의 위업을 단순히 현창(顯彰)하기 위한 목적이었다면 역사책에 게재하면 되었을 것이다. 그럼에도 굳이, 그것도 전례 없이 비석을 세운 이유는 무엇일까?

이와 관련하여, 장수왕이 전왕인 광개토대왕의 죽음으로 분열과 붕괴의 위기에 처한 왕국 전체의 재통합과 질서를 호소할 필요성에서 나왔다는 견해가 있다. 알렉산더 대왕 사후 제국이 삽시간에 분열되었던 것과는 달리, 광대한 영역이 유지되었던 고구려에서는 영속적 지배를 위한 이데올로기의 창출이 필요했던 것이다. 그러한 맥락에서 볼 때, 〈능비문〉에서는 고구려 왕가(王家)의 출신 계통을 신성화시켰고, 광개토대왕뿐만 아니라 고구려왕에 의한 지배의 정당성과 절대성을 강조하고 있는 것이다.

가령, 건국 설화의 많은 부분이 "일시적으로 고난에 빠진 적이 있지만 시조왕의 영웅적인 분투로써 군사적인 원정이 성공리에 마무리되고 나라가 세워졌다."라고 묘사하고 있다. 이것은 점령한 토지를 왕가가 점유하고 통치할 수 있다는 권리를 선언하기 위한 것이다. 그래서 광대한 영역을 가진 현재 왕국의 위치에 이르기까지, 시조인 주몽왕의 고난스러운 이동을 일종의 설화적인 형태로 서술하여 사람들의 시선을 집중시켰다. 동시에, 영원히 기억에서 소멸되지 않도록 하기 위해 부신한 결과 거대한 비석을 세웠다는 것이다.

하늘〔天〕과 물〔水〕이 결합된 구현자로서의 주몽왕은 최후에는 지상계의 통치자인 고구려의 왕이 된다. 그러한 시조왕의 후손인 고구려왕들은 천제로부터 위탁받은 영토를 통치하는 신성한 존재임을 증명하고자 하였다. 사실 주몽왕의 도하 설화(渡河 說話)는 손에 땀을 쥐게 하는 위기일

〈광개토대왕릉비문〉 건국 신화 부분 탁본

발의 순간이었다. 그러나 주몽왕은 왕으로서의 초능력을 부여받아 이러한 시련을 극복하고 불사신의 신체(身體)를 획득했음을 보여 주고 있다. 이는 일종의 건국자의 능력 증명서가 된다. 그래서 주몽왕의 사망을 "하늘이 황룡을 보내어 맞아서 하늘로 올라갔다."는 모티브를 채용하여 서술하였다.

이러한 맥락에서 볼 때, 〈능비〉의 건립 목적은 천제에 연원을 둔 고구려 왕가의 성덕(聖德)이 광개토대왕에게 계승되었고, 광개토대왕에 의한 성전(聖戰)의 결과로서 주변 여러 나라와 민족이 대왕의 덕(德)에 귀순(歸順)했음을 선포하려는 데 있었다.

❀ 〈광개토대왕릉비〉를 세운 동기 – 평양성 천도와 관련하여

〈능비〉의 건립 배경을 평양성 천도와 관련지어 생각할 수 있다. 〈능비〉가 세워진 414년은 천도 작업이 추진되고 있던 평양성 천도 13년 전이었다. 이러한 시점에서 39세를 일기로 타계한 광개토대왕의 급서(急逝)는 천도 반대파에게 일종의 빌미를 제공할 수 있었다. 이러한 상황에 봉착한 장수왕은 평양성 천도의 불가피성을 밝히기 위해 천도를 추진했던 광개토대왕의 권위를 고양(高揚)시킴으로써 그 왕 대에 추진한 천도의 유효성을 부각시키고자 했던 것 같다.

그 때문인지 〈능비문〉에는 여타 비문에서 찾아볼 수 없는 독특한 점들이 발견된다. 〈능비〉는 널리 알려져 있듯이 왕릉 앞에 세워진 비석이다. 그러한 〈능비〉의 문장은 왕의 계보와 생전의 행적을 수록하게 마련이다. 그럼에도 〈능비문〉에는 특이하게도 광개토대왕의 직계 조상들에 관한 언급이 전혀 없다. 이는 일반 능비문이나 묘지명과는 크게 차이가 나는 현상이다. 시조왕에서 시작하여 3대 고구려왕의 성덕까지 서술한 다음, 갑자기 17세손인 광개토대왕과 연결시켰다. 이러한 방법으로 고구려 사회에서 최고의 권위를 지니고 있는 왕실 시조와 광개토대왕을 직접 연결시킴으로써 혈통의 신성성을 극대화시키는 효과를 유도하고 있다. 광개토대왕을 고국양왕의 아들로서보다는 시조 주몽왕(추모왕)과 연결지음으로써 시조의 후광을 직접 입게 하려고 했던 것 같다. 〈능비문〉에서 주몽왕을 '황천의 아들'이라고 한 점과, 광개토대왕의 업적 중 "은택이 황천에까지 미쳤다."라고 서술한 점을 비교해 보면 이러한 사실이 뒷받침된다. 광개토대왕의 권위는 주몽왕과 마찬가지로 황천과 연결되는 절대성을 지녔음을 선포하고 있는 것이다.

다음 단계로, '황천의 아들'인 주몽왕의 후손이기에 은택이 황천에까지 미치는 광개토대왕의 업적을 집약적으로 현시할 필요가 있었다. 이 문구가 "나라는 부유해지고, 백성들은 잘 살고, 오곡이 잘 영글었도다."라는 구절이다. 광개토대왕 시기 전체의 치적을 한 마디로 집약한 이 구절을 낳게 한 수단은 전쟁이었다. 그래서 〈능비문〉은 능 앞에 세워진 국왕의 생애를 수록해 놓은 비석의 문장임에도 불구하고, 유례가 없을 정도로 전쟁 기사 일변도로만 적혀 있다. 광개토대왕의 여타 치적에 관한 언급은 일절 보이지 않는다.

〈능비문〉에서 밝히고 있는 광개토대왕의 치적은 말할 나위 없이 전승(戰勝)이었다. 이 전승에 대한 기술은 그 목적이 단순히 승전을 후세에 전하는 데에만 있지 않았다. 여기에는 어떤 메시지가 담겨 있었다. 〈능비문〉에는 정복전쟁의 총결산으로서 64성과 1400촌을 점령했음을 밝히고 있다. 광개토대왕 때의 고구려는 더 많은 지역을 점유하였다. 그럼에도 〈능비문〉의 전과(戰果)는 오로지 백제로부터 나온 것이었다. 백제로부터의 전과만 성 이름까지 낱낱이 기재되어 있다.

이와 관련하여, 〈능비문〉에 당시 수도인 국내성의 존재는 단 한 차례도 언급되지 않은 반면, 평양성은 세 차례나 언급된 사실에 유의해야 한다. 가령, 영락 9년조에 "왕이 행차하여 평양으로 내려왔다."라고 하였듯이, 광개토대왕이 몸소 평양성까지 내려왔다. 또, 이 곳에

〈광개토대왕릉비문〉 수묘인 연호조 부분 탁본

서 신라 사신의 구원 요청을 받은 광개토대왕은 보기(步騎) 5만의 대병력을 출병시켰다. 이처럼 고구려가 신라·가야 지역으로의 대규모 원정을 단행하는 데 있어서의 기점(起點)이 평양성이었다. 그리고 고구려군은 왜군을 궤멸시켰다. 영락 14년에도 고구려군의 왜구 격파를 가능하게 했던 출발지로서 평양성이 다시금 등장하고 있다. 요컨대 〈능비문〉에서는 보기 5만의 대병이 출병한 기점이자 왜구를 궤멸시킨 진원지(震源地)로서 평양성이 부각되었다. 이렇듯 평양성은 왜구와 그 배후 세력인 백제를 제압한 승전의 진원지였다.

이 같은 작법(作法)은 장래의 수도인 평양성에 비중을 실어 줌으로써 미래의 수도에 대한 긍정적인 연상을 하게 한다. 특히, 승전의 진원지로서 평양성이 2회나 언급되었다는 것은 고구려의 주적(主敵)인 백제와 왜를 제압하기 위해서는 평양성 천도가 불가결하다는 저의가 깔려 있는 것이다. 국가의 중심축인 수도를 남쪽으로 옮기는 것

으로써만이 백제와 왜를 효과적으로, 또 궁극적으로 제압할 수 있다는 메시지를 전하고 있다. 광개토대왕 때에 고구려는 북부여나 요서(遼西) 지역으로도 진출하였다. 그런데도 이러한 사실이 〈능비문〉에 일절 기재되어 있지 않은 이유도 이와 무관하지는 않을 듯하다.

아울러, 〈능비문〉에는 광개토대왕이 생전에 "나는 구민(舊民)들이 점점 힘이 모자라게 될 것이 염려된다."라고 말했던 원(原) 고구려 주민인 구민의 열세를 우려하는 교언(敎言)을 빌려 왔다. 또, 그것을 극복하기 위해 광개토대왕 때에 새로 복속된 신민(新民)인 백제 출신의 신래한예(新來韓穢)를 수용할 것을 지시하면서 남진의 당위성을 밝히고 있다. 비면이라는 제한된 공간임에도 불구하고 무려 330가나 되는 묘지기 연호를 낱낱이 기재하였다. 이는 현실적으로는 수묘제 확립과 관련된 것이지만, 다른 한편으로는 남방 지역의 비중 증대와 그로 인한 평양성의 역할을 부각시키는 것임을 부인하기 어렵다.

〈능비문〉의 이면(裏面)에는 "나라는 부유해지고, 백성들은 잘 살고, 오곡이 잘 영글었도다."라는 선물을 안겨 주었던 남진의 성공과, 그것의 영속성을 위한 평양성 천도에 대한 합의를 환기시키면서 광개토대왕 때 추진된 천도의 이행을 호소하고 있다. 광개토대왕릉 앞에 세워진 능비는 형식만 빌렸을 뿐 사실 능비는 아니었다. 광개토대왕의 탈상(脫喪)을 하면서 세상에 모습을 드러낸 〈능비〉는 고구려인들을 굽어보면서 '광개토대왕 시대'를 반추시키고 있는 것이다.

평양성 내의 성북문

고구려의 멸망 원인은?

임기환 | 서울교육대학교 |

 고구려는 왜 멸망하였을까?

한 왕조의 멸망 원인이 무엇인가에 대한 의문을 의당 가져 보게 되지만, 고구려의 멸망에 대해서는 조금 다른 입장을 가지게 된다. 사실 우리 역사상 적지 않은 왕조가 흥망성쇠를 거듭하였지만, 유독 고구려의 멸망에 대한 대중의 관심은 남다른 바가 있다. 그것은 역사에서 냉철한 교훈을 얻기 위해서라기보다는, 오히려 고구려의 멸망에 대한 아쉬움의 표현인 경우가 많다.

왜 그럴까? 아마도 우리의 역대 왕조 중에서 고구려가 가지는 독특한 위상 때문일 것이다. 고구려는 우리 역사상 가장 넓은 영토를 영유하고, 또 화려한 정복 활동과 수준 높은 문화를 자랑하던 국가였다. 게다가 중국의 거대한 통일 제국인 수·당과 맞서 거둔 승리의 역사는 그 어떤 역사적 사건보다 우리에게 인상적으로 남아 있다. 이렇게 우리 나라 역사에서 한 시대의 영광을 유감 없이 드러낸 왕조라는 인식 때문에, 고구려의 멸망을 읽는 대목에서는 누구나 안타까운 마음을 가지게 된다.

여기에서는 고구려 멸망의 배경으로 당시 국제 정세의 변동 과정을 검토하고, 고구려 말기의 연개소문 정권을 통해 멸망의 직접적인 계기를 짚어 보고자 한다.

국제 정세의 변동

 5세기 이래 고구려는 동북 아시아에서 독자적 세력권을 형성하여 패자(霸者)로 군림하고 있었다. 여기에는 중국 세력이 북위(北魏)와 남조(南朝)로 나뉘고, 여기에 북방의 유연(柔然)과 동쪽의 고구려가 어울려, 이 4국이 서로 세력 균형을 이루고 있는 다원적인 국제 질서를 배경으로 하고 있다. 그런데 6세기 이후 동북 아시아의 국제 질서는 서서히 변동하기 시작하여, 마침내 589년에 수(隋)나라에 의한 중국 통일이 이루어졌다. 이로써 동북 아시아는 본격적인 세력 재편에 들어갔다. 중국 세력이 통일되어 그 강력한 힘이 외부로 뻗칠 경우, 지금까지의 다원적인 국제 질서는 급속히 변동될 수밖에 없기 때문이다.

 서쪽의 토욕혼(土谷渾)은 보다 먼 지역으로 중심지를 옮겨 가 방어책을 모색하였다. 또, 중국의 최대 적대 세력인 북방의 돌궐(突厥)도 거듭 수나라를 침공하였으나 실패하고, 오히려 수나라의 이간책에 의해 585년에는 동돌궐과 서돌궐로 분열되었으며, 결국 수나라에 신하를 칭하고 조공을 바치는 지경에 이르렀다. 백제와 신라도 수와의 교섭에 적극적으로 나섰다. 이렇게 수나라에 의해 중국과 북방 세력이 통합되고, 한반도의 백제와 신라도 수나라의 구심력을 좇아 수나라와 연결됨으로써 삼국 간의 상쟁에 중국 세력이 침투할 가능성도 높아졌다.

수 양제의 초상 | 수 양제가 그토록 고구려 정벌에 매달렸던 이유가 무엇일까? 혹 300년 만에 등장한 통일 제국 황제로서의 위세에 집착했던 것은 아닐까?

 한편, 중국을 통일하고 돌궐마저 복속시킨 수나라는 명실공히 중원의 지배자로서 황제의 권위를 내세우며 중화 중심의 천하관을 표방하고 있었다. 수 문제가 고구려에 보낸 국서에 "천하가 다 짐의 신하"라고 호언하며 고구려왕에게 번신(蕃臣)의 예를 지킬 것을 요구한 것이 그 단적인 예이다. 더욱이 수

나라는 이를 관념적인 차원에 그치지 않고, 현실적으로 관철시키려는 운동력을 보이고 있었다. 결국, 양자의 충돌은 598년에 영양왕의 요서 공격으로 시작되어 수 문제의 고구려 정벌로 이어졌으며, 이후 수 양제의 의해 3차례에 걸친 대규모 고구려 원정이 시도되었으나 모두 실패로 끝났다. 결국, 수나라 왕조는 무리한 전쟁에 따른 민심의 이반과 각지의 반란으로 멸망하고 말았다.

하지만 수나라와의 전쟁을 승리로 이끈 고구려도 실질적으로는 그 타격이 적지 않았다. 전쟁에 따른 경제적·군사적 손실은 말할 것도 없거니와, 수나라와의 전쟁에 주력한 결과 신라에 남쪽의 500여 리 이상의 영토를 빼앗겼으니, 고구려는 수나라와의

고구려와 수나라의 전쟁

전쟁에서 실리적으로는 별로 얻은 바가 없다고 할 수 있다.

수나라의 멸망으로 잠시 혼란을 겪었던 중원도 628년 당(唐)나라에 의해 다시 통일되었다. 이에 동북 아시아의 국제 질서는 새로운 국면으로 접어들게 되었다. 629년에 당나라는 내분에 빠진 동돌궐을 굴복시켰으며, 서방으로 정벌의 발길을 돌려 635년에 토욕혼을 정복하고, 640년에는 고창(高昌)을 멸망시켰다. 중원과 막북(漠北)을 통합하고 서역마저 복속시킨 당나라는 관념으로서만이 아니라 현실적으로도 중화 중심의 천하 질서를 실현하게 되었다. 당 태종이 명실공히 중원과 막북의 최고 군주로서 '황제천가한(皇帝天可汗)'으로 자처한 것은 그 결과였다. 이제 당나라는 동방 지역마저 자국 중심의 천하 질서 속에 편입시키려 하였으며, 결국 그것은 고구려 정벌로 나타났다. 이렇게 중국의 통일 제국의 등장에 따른 국제 정세의 변동이 고구려 멸망의 대외적 배경이 되었던 것이다.

연개소문의 집권

영류왕이 즉위하던 해에 중국에서는 당나라가 건국되었다. 아직 수나라와의 전쟁 후유증이 채 가시지 않은 고구려로서는 온건화평책을 쓰며 당의 의중을 탐색하고 있었다. 처음에는 당나라의 입장에서도 고구려의 세력권을 인정하며 양국의 우호 관계를 유지하려고 하였으나, 당 태종이 즉위하면서 상황이 달라졌다.

당나라와의 대외적인 긴장 관계는 고구려 귀족들 간의 갈등을 촉발하는 계기가 되었다. 대당 정책을 둘러싸고 온건파와 강경파로 나뉜 것이다. 그러나 이것은 어디까지나 대외 정책의 전략상의 차이이지, 결코 자주와 사대라는 입장 차이는 아니었다. 기본적으로 고구려의 세력권을 유지하려는 데에는 양자의 입장이 동일하였던 것이다. 따라서, 양면 전략이 구사되어 천리장성을 쌓는 등 강경책을 시도하는 한편, 고구려의 세력권을 표시한 강역도를 당에 보내는 보다 온건한 전략도 함께 사용되고 있었다. 사실, 이 시기 강경파와 온건파의 대립은 고구려 후기 이래 지속되었던 귀족 세력 간의 권력 투쟁이 대외 정책에 편승하여 나타난 현상에 불과한 것이라고 할 수 있다.

이러한 갈등의 과정에서 642년 10월에 연개소문이 정변을 일으켜 영류왕과 반대파를 살해하고 권력을 장악하였다. 그러나 연개소문도 대당 정책에 있어서 처음부터 강경한 자세를 견지한 것은 아니었다. 화평책으로 가능한 한 당나라와의 전쟁을 피해

당 태종의 무덤 | 중국 역사상 가장 현명한 군주라는 당 태종. 그의 이름을 빛내는 '정관의 치(貞觀之治)'도 결국 주변의 여러 국가를 정복한 위에서 이루어진 셈이다.

고구려와 당나라의 전쟁

보려는 노력도 기울이고 있었다. 연개소문이 보다 강경한 입장으로 돌아선 것은 당나라와 신라가 연결된 뒤였다. 당나라의 침략 의도가 분명해진 이상, 연개소문으로서도 더 이상 온건한 입장을 유지할 수 없는 상황이었다.

사실, 연개소문이 끝까지 당나라와의 항전을 계속한 것은 타협의 여지가 없었기 때문이다. 이 점은 당나라의 팽창 과정을 보면 알 수 있다. 당 태종은 중국 중심의 천하 질서를 실현하려는 강한 욕망을 가지고 있었다. 주위의 어떤 세력과도 공존하려는 뜻이 없었다. 그는 이미 중원과 막북의 유일한 지배자였으며, 그의 야심은 동방 삼국마저 자신의 지배 아래 거느리는 명실공히 최고의 황제가 되는 것이었으니, 동북방에서 독자적 세력권을 유지하려는 고구려야말로 눈엣가시 같은 존재였던 것이다.

당 태종에게 있어 만백성 위에 중화적 법과 질서를 구현하고 있는 자신의 치세에, 왕을 죽이고 권력을 독단하는 연개소문과 같은 '대역 죄인'이 공존한다는 것은 도저히 용납할 수 없는 일이었다. 이는 644년 10월에 내린 태종의 조칙을 보면 잘 알 수 있다.

> 고려의 막리지 연개소문은 그 임금을 시해하고 그 신하를 혹독하게 해치고 변방에서 벌과 전갈처럼 방자하게 구니, 짐은 군신의 의리로써 감정상 어찌 참을 수 있겠는가? 만약 먼 곳의 거친 잡초를 죽이고 베지 않으면 어찌 중화를 깨끗이 할 수 있단 말인가?

따라서, 당의 고구려 정벌은 당 태종의 야심이나 자존심과도 관련된 문제로서, 필연적으로 일어날 수밖에 없었다. 그리고 연개소문으로서도 당나라의 침략이 결정된 상황이고, 또 당나라의 침략 명분이 자신의 정변과 패륜성에 맞추어져 있는 이상, 자신의 정치 생명을 걸고 끝까지 당나라에 항전하지 않으면 안 되었다. 이와 같이 고구려와 당나라의 대결 국면에서 고구려 멸망의 대외적 배경을 찾아볼 수 있으며, 거기에는 최후의 집권자 연개소문의 책임도 적지 않다는 것을 알 수 있다.

고구려의 멸망

고구려 멸망의 직접적인 계기는 나당 연합군의 침략이다. 따라서, 먼저 당시 나당 동맹이 맺어지게 되는 상황을 살펴보아야 한다. 고구려는 수 양제의 대규모 침략을 비롯한 총 4회에 걸친 수나라의 침입을 물리쳤고, 또 당나라와의 대결에서도 당 태종의 대규모 공격과 그 뒤에도 산발적으로 계속된 침략을 성공적으로 막아 냈다. 이러한 승리는 기본적으로 고구려의 국력이 뒷받침되었기 때문에 가능하였지만, 한편으로는 고구려의 방어 전략이 주효하였기 때문이다.

수·당과의 전쟁 과정에서 고구려의 방어 전략은 산성을 거점으로 삼고, 교통로에 다수 배치된 이들 산성이 서로 호응하는 성 방어 체계였다. 이는 고구려의 지방 지배 체제가 성 단위로 편제된 것과 무관하지 않다. 이러한 지역 방어 전략은 수·당의 침공군이 중국 내지에서 요동까지 긴 보급로를 유지해야 하며, 또 요동 지역의 기후 조건상 군사 활동 기간이 몇 개월 되지 않는다는 약점을 이용한 적절한 전략이었다. 특히, 산성을 거점으로 하는 방어 전략은 고구려 특유의 청야(淸野) 전술과 맞물려 그 위력을 발휘하였으니, 수·당과의 전쟁에서 승리하게 된 군사적 요인은 여기에 있다고 해도 과언이 아니다. 즉, 당나라는 독자적인 침공만으로는 고구려를 굴복시키기가 어려웠던 것이다.

그런데 나당의 군사 동맹과 이들에 의한 백제의 멸망으로 한반도에서 당나라의 군사 활동이 가능해지면서 남북 양쪽에서 공격을 받게 된 고구려는 궁지에 몰리게 되었다. 즉, 고구려가 당나라와 신라의 군사 동맹을 막지 못한 것이 고구려 멸망의 결정적 요인이 되었던 것이다.

642년 겨울, 신라의 김춘추는 고구려를 방문하여 그 해에 정권을 장악한 연개소문과 마주하였다. 당시 신라는 백제의 공격에 시달리고 있었으며, 특히 이 해에는 백제의 대규모 침입으로 대야성(大耶城)을 비롯한 서부 지역의 요충지 40여 성이 함락되는 국가적 위기에 처해 있었다. 다급해진 신라는 김춘추를 고구려에 파견하여 양국 간의 상쟁 중단과 원병을 요청하였다. 그러나 연개소문은 죽령 이북의 옛 고구려 땅을 돌려줄 것을 조건으로 내세웠으니, 이는 신라의 제의를 거부한 것이나 다름없었다. 연개소문과의 담판에 실패한 김춘추는 최후의 방법으로 당나라로 가 나당 군사 동맹을 맺었으며, 결과적으로 이것이 고구려의 운명을 재촉하게 되었다.

연개소문은 왜 김춘추의 평화 협정 제의를 거부하였는가? 발길을 돌린 김춘추가 당나라로 가리라는 것은 불 보듯 뻔한 일이었는데, 그것을 예측하지 못했을까? 게다가 나당 군사 동맹이 맺어진 뒤라도 왜 백제와의 동맹을 서두르지 않았을까?

현재로서는 이런 의문에 확실한 답을 얻을 수는 없다. 다만, 한 가지 답을 든다면, 연개소문이 한강 유역의 반환을 협상 조건으로 내건 것은 집권 초기 자신의 불안한 권력 기반을 다지기 위한 의도가 아니었을까 추측하는 것이다. 아마도, 궁지에 몰려 평양성까지 찾아온 김춘추를 다그쳐 협상의 대가로 손쉽게 한강 유역을 되돌려받을 수 있다면 자신의 정치적 지위가 상당히 안정되리라고 판단하였을지도 모를 일이다. 그가 어떤 생각을 가지고 있었든지간에, 결과적으로 신라와의 협상을 거부한 그의 판단은 고구려의 국운에 치명적인 타격을 주는 오판이 되었다.

고구려 멸망의 또다른 요인으로는 내부의 권력 투쟁을 들 수 있다. 666년에 연개소문이 죽자, 그의 큰아들 남생이 태막리지가 되어 정권을 계승하였다. 그는 지방 세력을 무마하고자 전국을 순행하고 있었는데, 평양성에 남아 있던 두 아우 남건·남산이 형에게 반기를 들었다. 국내성으로 쫓긴 남생은 국내성 등 6성과 10여만 호를 이끌고 당나라에 투항하여 거꾸로 당나라 군의 길잡이가 되었다. 어제까지 고구려의 집권자였던 인물이 하루 아침에 적군의 선봉에 서서 길 안내를 하는 상황이 되었으니, 고구려가 어찌 국운을 보존할 수 있었겠는가.

『일본서기』에는, 연개소문이 죽으면서 세 아들을 불러 "너희들은 고기와 물과 같이 서로 화목하여 작위를 다투지 마라. 만약 그렇지 않으면 이웃 나라의 웃음거리가 될 것이다."라고 유언하였다고 한다. 그도 자신이 죽은 후 자식들 사이에 정권다툼이 있으리라는 것을 어느 정도 예견하고 있었던 모양이다. 그런데도 그는 왜 아무런 대

영성자 산성 전경 | 당 태종의 침입 의지를 꺾은 안시성으로 알려진 산성이다. 중국 요령성 해성에 있다.

백암성 성벽 ▎현재 가장 잘 남아 있는 고구려 산성으로, 고구려의 뛰어난 축성법을 보여 준다. 중국 요령성 본계에 위치하고 있다.

연개소문과 설인귀, 당 태종
1967년 상하이 자딩현 명 선성왕 묘에서 출토된 『신간전상당설인귀과해정료고사』에 실린 연개소문과 설인귀의 전투 장면. 칼을 든 이가 연개소문, 활을 쏘는 이가 설인귀이며, 지켜보는 사람은 당 태종이다.

책을 마련하지 않았을까? 그도 고민이 적지는 않았겠지만, 사실 별다른 뾰족한 대책이 없었을 것이다. 그것은 그 스스로 자초한 것이었다. 정권을 장악한 연개소문은 새바람을 일으키는 개혁보다는 자신의 지위를 유지하는 데에만 급급하였다. 태대대로(太大對盧)라고 하는 초법적인 관직을 새로 만들어 취임하고, 자신의 어린 아들들에게도 높은 관직을 주어 권력을 자신의 가문에 집중시켰다. 이렇게 연개소문 가문의 독점적인 권력 행사는 이미 정상적인 정치 운영 체계를 파탄시키고 있었다. 따라서, 연개소문 개인의 카리스마에 의해 유지되던 정권이 그의 죽음과 더불어 수습 불능의 지경으로 빠져 들어간 것은 당연한 일이라고 하겠다.

가뜩이나 연개소문가의 권력 독점에 불만을 품고 있던 귀족들과 지방 세력들은 그의 아들

경주에 있는 신라 태종 무열왕릉

들 사이에 권력다툼이 벌어지자, 하나 둘씩 항쟁의 전선에서 이탈하기 시작하였다. 요동과 만주 일대에서 당나라 군의 침략을 저지하고 있던 수십 개의 성이 변변한 저항도 없이 당나라 군에 투항하였다. 연개소문 가문에 못지않은 명문가 출신인 고문 (高文) 같은 이도 일찍이 당나라에 투항하여 일신을 보존하는 지경이었다.

668년, 마침내 평양성이 함락되고, 보장왕과 남건·남산은 당나라 군의 포로가 되어 장안으로 압송되었다. 한때 동북 아시아의 패자였던 고구려는 그렇게 역사의 무대에서 사라져 갔다. 그리고 뒷날 역사의 평가에서 연개소문은 그 책임을 지지 않으면 안 되었다. 물론, 연개소문이 나라를 망쳤다고는 볼 수 없다. 그 이전부터 이미 고구려는 쇠망해 가고 있었다. 그러나 그의 당대에, 아니 그의 시대의 종언과 더불어 고구려가 멸망하였다는 점에서 결코 그 책임을 면할 수 없으리라.

멸망, 그 후

고구려의 멸망은 주변 제국을 정복해 가는 중국 통일 세력의 구심력과 독자적 세력권을 유지하려는 고구려 간의 충돌의 결과였다. 따라서, 최후로 독자적 세력권을 유지하였던 고구려의 멸망에 따라, 동북 아시아는 중국 중심의 일원적 국제 질서로 개편되었으며, 그것은 정치적 영역에만 그치지 않고 문화·사상의 분야에까지 이르는 정치·사회 영역 전반에 걸친 것이었다.

신라는 당나라와 군사 동맹을 맺는 과정에서부터, 특히 삼국 통합 이후에는 중국의 문물을 적극적으로 수용하였다. 일본도 백제의 멸망 이후에는 한반도로부터의 영향력이 줄어들고 당나라의 문물을 직접 받아들여 율령 국가를 구축해 갔다. 고구려 유민들이 당나라의 지배에서 벗어나 세운 발해도 예외는 아니어서, 중국 중심의 국제 질서·문화권에 포괄되었다. 이것이 당나라가 동북 아시아에 개입하여 얻은 최종적인 결과였으며, 이들 동북 아시아의 여러 왕조가 오래도록 친당적 태도를 계속 유지하였다는 점에서 최선의 성과를 거둔 것인지도 모른다.

이러한 중국 중심의 국제 질서·문화권의 형성으로 당나라 문화는 보편성·국제성을 띠게 되었으며, 그 배경에는 중화적 천하 질서의 이념적 실현이 자리잡고 있다. 고구려가 수·당과 치른 전쟁은 그러한 중화적 천하 질서의 확대 과정에 대한 가장 강렬한, 그리고 마지막 저항이었던 셈이다.

백두산

'동북공정(東北工程)', 그 실체는?

고광의 | 동북아역사재단 |

최근 중국은 이른바 '동북공정(東北工程)'이라는 국가적 연구 사업을 통해 고구려를 비롯한 고조선과 발해의 역사 및 우리 민족과 직·간접적으로 관련된 많은 부분을 왜곡하고 있다. '동북공정'은 '동북 변강의 역사와 현상에 관한 일련의 연구 사업(東北邊疆歷史與現狀系列研究工程)'의 약칭으로, 중국사회과학원(中國社會科學院)에 소속된 '중국변강사지연구중심(中國邊疆史地研究中心)'이 주관하여 중국 동북 지역의 역사·지리·민족 등에 관한 문제를 집중적으로 연구하는 국가적 중점 사업이다. 엄청난 역사 왜곡의 전모가 드러나 우리 사회에 충격을 던져 주고 있는 '동북공정', 과연 그 실체는 무엇인가?

'동북공정'은 어떻게 시작되었는가?

중국은 1980년대 이후 개혁·개방 정책을 추진하면서 이른바 '통일적 다민족 국가론'을 내세워 소수 민족 정책에 각별한 관심을 가지기 시작하였다. 특히, 분리 독립을 주장해 온 신강 위구르 자치주를 비롯하여 티베트, 운남성 등 서남 변경 지역의 소수 민족들을 회유하고 탄압하여 이른바 중화 민족 대가정을 이루려고 하였다. 이에 중국은 1983년에 중국 공산당 중점 연구 기관인 중국사회과학원 산하에 중국 변경 지역의 역사와 지리에 대한 연구를 수행하는 '중국변강사지연구중심'이라는 연구 기관을 설립하고 필요한 연구를 수행하였다.

'동북공정'을 주도하는 중국변강사지연구중심

이후 1989년 동구권이 변화하고, 1991년 소련이 붕괴함에 따라 중국은 소수 민족의 안정에 더욱 많은 관심을 쏟았고, 1992년 한국과 중국이 수교한 이후에는 조선족이 흩어져 사는 동북 지역에 더 많은 관심을 가지기 시작하였다. 특히, 한국인들이 이 지역을 여행하거나 고구려와 발해의 유적지를 답사하면서 "만주는 우리 땅", "고토 회복" 등 중국 당국의 심기를 건드리는 말을 할 때면 매우 긴장하였고, 심지어는 한국인들의 출입을 감시하고 통제하기도 하였다. 그리고 점차 한·중 간의 교역이 증가하고 조선족이 코리안 드림을 꿈꾸며 한국으로 몰려가는 것을 본 중국 당국은 이들의 정체성에 대해 극도의 불안감을 드러내었다. 더욱이 1990년대 중반 이후부터는 탈북자들이 대거 중국으로 넘어오고, 남한을 중심으로 한반도 정세가 급박하게 돌아가자, 중국 정부는 이러한 일련의 일들이 동북 지방과 조선족 사회의 안정에 심각한 영향을 줄 수 있다고 느끼게 되었던 것이다.

이러한 동북 변경 지역의 변화된 상황 속에서 중국 정부는 변강사지연구중심에서 진행하던 '당대 중국 변강에 대한 일련의 조사·연구(當代中國邊疆系列調査硏究)' 사업에 '한반도 정세 변화와 연변 지역의 안정에 대한 연구(朝鮮半島形勢發展與延邊地區穩定硏究)'라는 항목을 추가로 설정하였다. 그리고 연구를 위해 변강사지연구중심의 주요 인물들로 연구팀을 구성하고, 중국 공안부 변방국과 동북 지역 관련 기관들의 적극적인 협조하에 1997년 7월 중순부터 하순까지 중국과 북한의 접경 지역을 살피고 관련된 자료를 수집하였다.

조사를 마치고 보고서를 작성하던 중, 돌연 북한 당국이 1998년 3월 12일 저녁 10시를 기해 전국에 전시 동원령을 선포함으로써 전세계를 긴장시키는 사건이 발생하였다. 이에 중국변강사지연구중심의 연구팀은 곧 그 내용을 '한반도의 정세 변화가 동북 지역의 안정에 미칠 충격(朝鮮半島形勢變化對我東北地區穩定的衝擊)'으로 확대하여 1998년에 보고서를 완성하였고, 그 내용이 중앙의 관련 기관으로부터 많은 주목을 받게 되었다. 그리고 더 나아가, 그 동안의 서북 변경 정책의 경험을 살려 1999년에는 '중국 변강 지역의 역사와 사회 연구를 위한 동북 연구 거점(中國邊疆地區歷史與社會研究東北工作站)'을 설치하는 등 동북 관련 문제를 더욱 깊이 연구할 채비를 갖추었다.

이즈음, 한반도에서는 많은 변화가 일어났다. 즉, 2000년에 남한의 김대중 대통령이 북한을 방문하여 김정일 국방위원장을 만남으로써 남북 통일의 분위기가 한껏 고조되었던 것이다. 그리고 2001년에는 한국 국회에 재중 동포의 법적 지위에 대한 특별법이 상정되자, 중국 당국은 조선족 문제를 비롯하여 한반도의 통일과 관련된 문제 등에 대해 국가적 차원에서 대책을 세우기 시작하였던 것으로 보인다.

게다가 2001년에 북한이 고구려의 고분군을 유네스코에 세계 유산 등록 신청을 하자 커다란 위기감을 느끼게 되었다. 만약, 북한이 등록 신청한 고구려 고분군이 세계 유산으로 지정되면, 고구려를 중국의 역사라고 주장할 명분이 사라질 가능성이 많아지기 때문이다. 그리하여 중국 당국은 전방위적으로 외교력을 동원하여 북한 고구려 유적의 세계 유산 등재를 지연시키는 한편, 오히려 중국에 산재한 고구려 유적들을 세계 유산으로 등록 신청하였다. 그리고 결국 2002년 2월 28일에 중국사회과학원 중국변강사지연구중심이 주관하여 이러한 일련의 사업을 총괄하는 이른바 '동북공정'을 정식으로 가동하게 되었던 것이다.

✿ '동북공정'의 규모와 연구 내용은?

'동북공정'의 연구 기간은 1차적으로 2002년부터 2007년까지 5년간이며, 학술 연구비는 중국 정부와 중국사회과학원 및 동북 3성에서 1800만 위안(약 27억 원)을 각출하여 지원하였다. 이 금액은 단지 '동북공정'의 학술 연구에 관한 예산일 뿐, 환인(桓仁)과 집안(集安) 지역의 고구려 유적 정비 사업에 투입된 금액은 산정하지 않은 것이다.

최근 답사에서 확인한 바로는, 이전에 〈광개토대왕릉비〉와 태왕릉 및 국내성 벽 주변에 빽빽이 들어찬 수백 채의 민가를 천문학적인 거금을 들여 일시에 모두 철거하고, 심지어는 그 동안 아무렇게나 방치했던 고구려 유적의 발굴과 정비를 위해 집안시 청사까지도 이전하였다고 하니, 중국 당국이 이 사업에 투입한 실제 금액은 상상을 초월하는 수준일 것이다.

'동북공정'에 대한 중국 정부의 관심은 '동북공정'의 조직 계통을 통해서도 여실히 드러나고 있다. 먼저, 다른 변경 지역의 연구나 활동은 주로 중국변강사지연구중심의 내부적 차원에 그치고 있는 데 비해, 유독 '동북공정'에서는 중국변강사지연구중심 및 중국사회과학원 예하의 여타 조직들이 총망라됨은 물론이고, 그 조직 범위를 뛰어넘어 동북 3성의 공산당 조직, 각 성 사회과학원, 대학, 관련 연구 기관 등이 모두 동원되고 있다는 점이다.

또, '동북공정'에 참여하고 있는 구성원들의 면면을 보더라도, 중국의 정치 권력 서열 9위 안에 드는 중국공산당중앙위원회 정치국원 겸 중국사회과학원 원장을 비롯

2002년 2월 28일에서 3월 1일까지 북경에서 열린 '동북공정' 전문가 위원회 회의 │
이 회의를 통해 '동북공정'이 정식으로 시작되었다. 사진의 정면에 '동북공정'의 고문인 전 중국사회과학원 원장 리티에잉(李鐵映)과 중국 재정부 부장인 시앙화이청(項懷誠)이 보인다.

하여 중국 정부의 재정 업무를 총괄하는 재정부 부장이 고문을 맡고 있고, 중국공산당중앙위원 겸 중국사회과학원 부원장이 영도소조 조장을, 동북 3성의 부서기나 부성장이 부조장을 맡고 있어, 현재 중국 정부가 '동북공정'에 쏟아붓는 노력이 어느 정도인지를 가늠할 수 있다.

'동북공정' 홈 페이지인 '중국변강재선(中國邊疆在線, www.chinaborderland.com)'에 소개된 '동북공정'의 개요를 보면, '동북공정'의 연구 분야에는 크게 기초 연구와 응용 연구를 포함한 연구 부문, 외국의 관련 서적 번역 부문, 관련 문서 자료의 수집과 정리 부문을 포함하고 있다. 여기서 말하는 기초 연구란, 말 그대로 역사적·학문적인 이론 연구를 의미한다. 그리고 응용 연구란 기초 연구를 토대로 특정 역사와 지역의 귀속권 문제, 그에 따라 제기될 수 있는 국경·영토 분쟁, 외교 관계, 문화 관광 전략 등 현실의 국제 관계 속에서 파생되는 여러 가지 문제에 대한 연구를 의미한다.

이들 연구를 위한 지침을 살펴보면, 고대 중국의 강역에 대한 이론 연구, 동북 지방사 연구, 동북 민족사 연구, 고조선·고구려·발해사 연구, 중·조 관계사 연구, 중국 동북 변강과 러시아 극동 지역의 정치·경제 관계사 연구, 동북 변경의 사회 안정에 대한 전략적 연구, 한반도의 형세 변화가 중국 동북 변경의 안정에 미칠 영향에 대한 연구 및 이에 따른 응용 연구 등, 우리의 고대사에서부터 현재와 미래에 관계된 모든 문제를 총망라하고 있다.

이러한 기본 지침에 따라 '동북공정' 사무실은 2002년부터 전국적으로 과제를 공모하여 모두 110개 과제를 선정하였다. 선정된 연구 과제들은 직접적으로 한국사에 관련된 것과 한·중 관계사에 관한 것이 주종을 이루고 있다. 또, 한반도의 정세 변화가 조선족 사회 또는 동북 지역에 어떠한 영향을 끼칠 것인지에 관한 연구라든지, 극동 지역에서 추진한 러시아의 민족 정책에 관한 연구 등은 한반도의 정세 변화에 대비한 정책적 연구라고 할 수 있다.

✿ '동북공정'의 역사 왜곡, 그 저의는 과연 무엇인가?

중국 당국이 전에 없던 막대한 예산과 연구 인력을 동원하여 국가적으로 추진하고 있는 '동북공정'은 과연 무엇이 문제일까? 그리고 우리는 왜 이것을 충격적으로 받아들일 수밖에 없는가? 그 대답은 간단하다. 즉, 우리 민족 역사의 근간을 흔들고,

심지어는 송두리째 빼앗아 가려는 음모가 숨겨져 있기 때문이다.

우리 학계에서 바라보는 '동북공정'의 가장 큰 문제점은 역시 고구려를 비롯한 고조선과 발해 등 우리 나라의 고대사를 심각하게 왜곡하는 것이다. 예를 들면, 중국은 고구려가 중국 영역 내의 민족이라고 주장하지만, 고구려의 주민은 분명히 예맥족이다. 또, 활동 중심이 결코 한사군의 범위를 벗어나지 못했다고 주장하지만, 그 이전에 이미 고조선이 있었고, 한사군은 그 지역을 일시적으로만 지배하였다는 것은 중국 학계에서도 인정하고 있는 사실이다.

그리고 중국은 고구려가 줄곧 중국 역대 중앙 왕조와 군신 관계를 유지하였고, 중국 밖으로 벗어나지 않기 위해 그 관계를 스스로 끊지 않았다고 주장하고 있다. 그러나 조공과 책봉은 당시 동아시아 전체에 걸쳐 적용된 외교 형식이었기 때문에, 이를 근거로 고구려만을 중국의 지방 정권으로 규정하는 것은 논리적 모순이다. 이것은 중국이 백제나 신라, 왜 등과 맺었던 조공 책봉 관계와 하등의 차이가 없으며, 베트남의 경우도 마찬가지이다.

또, 고구려의 멸망 이후 그 주체 집단이 한족에 융합되었다는 것 등을 내세워 고구려가 고대 중국의 지방 민족 정권이었다는 것이 역사적 사실에 부합한다고 주장한다. 그러나 고구려 멸망 후 당나라에 강제로 끌려간 사람들도 있지만, 신라로 떠난 사람들도 있으며, 대부분은 고구려 지역에 남아 발해의 주민으로 살아갔다. 그런데도 고구려와 고려 및 조선족을 혼동해서는 안 된다는 억지주장을 펼치고 있는 것이다.

또, 고구려의 고씨와 고려의 왕씨는 혈연적으로 다르며, 시간적으로 250년이나 차이가 나기 때문에 역사적 계승성이 없다고 말한다. 그렇다면 중국의 왕조는 한족과 북방 민족의 왕조가 번갈아 가며 중원을 차지하였고, 한족의 왕조도 모두가 다른 성씨이므로 역사적으로 연결되지 않는다고 보아야 할 것인가? 왕조의 계승은 혈연적 계승이 중요한 것이 아니라 역사적 계승성이 중요하다. 중국이 주장하는 논리대로 한다면, 중국의 왕조는 서로 하나도 연결되지 않아 전혀 계승성이 없게 되어 스스로 모순에 빠지는 결과가 되는 것이다.

한편, 2003년 7월 9일부터 13일까지 중국 장춘(長春)과 통화(通化)에서 '제2기 동북 변경 역사와 현상 및 고구려 학술 토론회'가 개최되었다. 이 토론회에서 논의된 주제 가운데에는, 현재 중국의 영토에서 생활하고 있는 민족과, 역사상 현재 영토 내에서 살다가 이제는 사라진 민족 모두가 중화 민족을 구성하며, 그들이 역사상 활동하였던 지역과 그들이 세운 정권의 강역은 모두 중국의 역사 강역을 구성한다는 내용이 있다. 그 전까지 '고위금용(古爲今用)'과 '일사양용(一史兩用)'이라는 스스로 세운 원칙에 입각하여 고구려의 역사 중 평양 천도 이전은 중국의 역사이고 평양 천도 이후는 한국의 역사라고 주장하였는데, 이제는 한 걸음 더 나아가 고구려 역사 모두를 중국의 역사로 왜곡하는 것이다.

그렇다면 중국이 이른바 '동북공정'이라는 엄청난 역사 왜곡 작업을 국가적으로 추진하는 목적은 무엇일까?

일차적으로는 남북한에서 고조선사, 고구려사, 발해사를 한국사의 일환이라고 주장하는 논리들을 체계적이고 광범위하게 분석함과 아울러, 기존의 관련 연구 자료들을 발굴, 정리, 분석하여 그러한 역사가 중국사의 일환임을 강변할 수 있는 대응 논리를 개발하려는 데에 있다. 또, 남북 통일 이후에 자칫 불거져 나올지도 모르는 국경·영토 분쟁에 미리 효율적으로 대비하려는 데에 그 목적이 있다.

그리고 이차적으로는 그러한 대응 논리를 조선족 사회에 주입시켜 민족 정체성의 혼란을 예방하는 동시에, 중화 민족이라는 논리를 강화하려는 데에 있다. 삼차적으로는 그러한 논리를 바탕으로 향후 남북 통일이 중국 동북 지역 또는 조선족 사회에 미칠지도 모르는 영향을 다각도로 분석하여 미리 대처함으로써 동북 사회의 안정을 유지하려는 의도이다. 이러한 것들은 다민족 국가인 중국이 직면하고 있는 소수 민족 문제의 돌출과 확대를 차단함으로써 중국의 국가적 안정을 꾀하려는 거시적 정책의 틀과도 직결되는 것이라 할 수 있다.

결국, '동북공정'은 중국이 현재 당면한 여러 가지 문제점을 극복하기 위해 학술이라는 미명으로 위장한 정치적 목적의 사업인 것이다. 이처럼 자신들의 문제를 해결하려는 논리를 전근대적 중화 사상에 입각하여 찾으려 한다면, 이는 시대 착오적인 발상이라 하지 않을 수 없다. 특히, 중국 정부와 관변 학자들의 역사 인식은 패권주의 역사관에 근거한 것으로, 우리 민족사에 대한 심각한 왜곡 행위이다.

고구려인들의 선조는?

이인철 | 동북아역사재단 |

부여 건국 신화와 고구려 건국 신화

왕충(王充)의 『논형』 2 길험편에는 부여의 건국 신화가 다음과 같이 실려 있다.

> 옛날 북방에 탁리(槀離)라는 나라가 있었는데, 그 왕의 시비(侍婢)가 임신하였으므로 왕이 죽이고자 하니 시비가 이르기를, 달걀만 한 기운이 하늘에서 나에게 내려와 임신하게 되었다고 하였다. 여자 종이 아들을 낳았으므로 왕이 그 아이를 돼지우리에 버리니, 돼지가 입김을 불어 주어 죽지 않았다. 말에게 주어도 그렇게 하였다. 왕이 천지(天子)의 아들인가 의심하여 그 어미에게 서두어 기르게 하고, 이름을 동명(東明)이라 하여 말 기르는 일을 맡아 보게 하였다. 동명이 활을 잘 쏘아, 왕이 그의 나라를 빼앗을까 두려워하여 죽이고자 하였다. 동명이 남으로 달아나 엄표수에 이르러 활로 물을 치니, 물고기와 자라 떼가 다리를 놓아 건널 수 있었다. 고기와 자라 떼가 흩어져서 추격해 오던 군사들이 건너지 못하였다. 동명이 부여 땅에 와서 도읍을 하고 왕이 되었다. 이런 까닭으로 부여국이 있게 되었다.

같은 내용의 신화가 『삼국지』 부여전에도 『위략』을 인용하여 실려 있다. 『위략』의 부여 건국 신화가 『논형』의 그것과 다른 점이 있다면, 탁리를 고리(槀離)로, 엄표수를 시엄수로 기록하고 있다는 것이다. 여하튼 부여의 건국 신화는 다음의 고구려 건국 신화와 비교하면 상당히 유사한 점이 많다.

옛적 시조 추모왕(鄒牟王)이 나라를 세웠는데, 북부여에서 태어났으며, 천제의 아들이었고, 어머니는 하백(河伯)의 딸이었다. 알을 깨고 세상에 나왔는데, 태어나면서부터 성스러움이 있었다. 길을 떠나 남쪽으로 내려가는데, 부여의 엄리대수(奄利大水)를 거쳐가게 되었다. 왕이 나룻가에서 "나는 천제의 아들이며, 하백의 딸을 어머니로 한 추모왕이다. 나를 위하여 갈대를 연결하고 거북이 무리를 짓게 하여라."라고 하자 말이 끝나자마자 곧 갈대가 연결되고 거북 떼가 물 위로 떠올랐다. 그리하여 강물을 건너가서 비류곡 홀본 서쪽 산상에 성을 쌓고 도읍을 세웠다.

이는 〈광개토대왕릉비〉에 실린 고구려의 건국 신화인데, 앞의 부여 건국 신화와 비교하면 다른 점도 있지만 전반적으로 비슷한 구성으로 되어 있다. 특히, 고구려를 건국한 추모왕이 북부여에서 왔다고 하는 기록이 주목을 끈다.

〈광개토대왕릉비〉보다 자세한 고구려의 건국 신화가 『위서』 고구려전에 실려 있고, 그보다 더 상세한 고구려의 건국 신화는 『삼국사기』 고구려본기에 실려 있다. 내용에도 차이가 있어서, 『위서』 고구려전에는 주몽이 부여에서 고구려로 온 것으로 되어 있으나, 『삼국사기』 고구려본기에는 동부여에서 고구려로 온 것으로 되어 있다.

시조 동명성왕의 성(姓)은 고씨(高氏)이고, 이름은 주몽(朱蒙)이다. 처음에 부여 왕 해부루가 늙도록 아들이 없어 산천에 제사하여 후사(後嗣)를 구하였는데, 그가 탄 말이 곤연이라는 곳에 이르러 큰 돌을 보고 마주 대하여 눈물을 흘렸다. 왕이 이상하게 생각하여 사람을 시켜 그 돌을 옮겨 놓고 보니, 한 금색 개구리 모양의 어린아이가 있었다. 왕이 기뻐하며 말하기를, "이것은 바로 하늘이 나에게 자식을 준 것이다." 하고는 거두어 길렀는데, 이름을 금와(金蛙)라 하였다. 그가 장성하자 태자로 삼았다.

후에 재상 아란불이 말하였다. "일전에 하느님이 내게 내려와 '장차 내 자손으로 하여금 이 곳에 나라를 세우게 할 것이니 너희는 피하라. 동쪽 바닷가에 가섭원이라는 땅이 있는데, 토양이 비옥하여 오곡이 잘 자라니 도읍할 만하다.'라고 하였습니다." 아란불이 마침내 왕에게 권하여 그 곳으로 도읍을 옮겨 나라 이름을 동부여(東夫餘)라고 하였다. 옛 도읍지에는 어디로부터 왔는지는 알 수 없으나 스스로 천제(天帝)의 아들 해모수(解慕漱)라고 칭하는 사람이 와서 도읍하였다.

해부루가 죽자 금와가 뒤를 이어 즉위하였다. 이 때에 태백산 남쪽 우발수에서 한 여자를 발견하고 물으니 그 여자가 대답하였다. "나는 하백의 딸이며, 이름이 유화(柳花)입니다. 여러 동생과 나가 노는데, 그 때에 한 남자가 스스로 천제의 아들 해모수라 하고 나를 웅심산 아래 압록수 가의 집으로 꾀어서 사통하고 곧바로 가서는 돌아오지 않았습니다. 부모는 내가 중매 없이 남을 좇았다고 책망하여 마침내 우발수에서 귀양살이를 하게 하였습니다."

금와가 이상하게 여겨 방 안에 가두어 두었는데, 햇빛이 비쳐 유화가 몸을 당겨 피하였으나, 햇빛이 또 쫓아와 비쳤다. 그래서 임신을 하여 알 하나를 낳았는데, 크기가 다섯 되쯤 되었다. 왕(금와)은 알을 버려 개, 돼지에게 주었으나 모두 먹지 않았다. 또, 길 가운데에 버렸으나 소나 말이 피하였다. 후에 들판에 버렸더니 새가 날개로 덮어 주었다. 왕이 알을 쪼개려고 하였으나 깨뜨리지 못하고, 마침내 그 어머니에게 돌려주었다. 그 어머니가 물건으로 싸서 따뜻한 곳에 두었더니, 한 사내아이가 껍질을 깨고 나왔는데, 골격과 외모가 빼어나고 기이하였다. 나이가 겨우 일곱 살이었을 때에 남달리 뛰어나 스스로 활과 화살을 만들어 쏘면 백발백중이었다. 부여의 속어에 활 잘 쏘는 것을 '주몽(朱蒙)'이라고 하였으므로 이것으로 이름을 삼았다.

금와에게는 일곱 아들이 있어 항상 주몽과 함께 놀았는데, 그 기예와 능력이 모두 주몽에 미치지 못하였다. 맏아들 대소(帶素)가 왕에게 말하였다. "주몽은 사람이 낳은 자가 아니어서 사람됨이 용맹스럽습니다. 만약 일찍 일을 도모하지 않으면 후환이 있을까 두렵습니다. 청컨대 없애 버리십시오." 왕은 듣지 않고 그를 시켜 말을 기르게 하였다. …… 주몽은 재사에게 극씨(克氏), 무골에게 중실씨(仲室氏), 묵거에게 소실씨(少室氏)의 성을 주었다. 그리고 무리에게 일러 말하였다. "내가 이제 하늘의 큰 명령을 받아 나라의 기틀을 열려고 하는데, 마침 이 세 명의 어진 사람을 만났으니 어찌 하늘이 주신 것이 아니겠는가?" 마침내 그 능력을 살펴 각각 일을 맡기고 그들과 함께 졸본천(卒本川)에 이르렀다. 그 토양이 기름지고 아름다우며, 산하가 험하고 견고한 것을 보고 마침내 도읍하려고 하였으나, 궁실을 지을 겨를이 없었으므로 다만 비류수 가에 초막을 짓고 살았다. 나라 이름을 고구려(高句麗)라 하고, 그로 말미암아 고(高)로써 성을 삼았다.

다른 기록에는 이렇게 쓰여 있다.

주몽은 졸본부여에 이르렀다. 그 왕에게 아들이 없었는데, 주몽을 보고는 범상치 않은 사람인 것을 알고 그 딸을 아내로 삼게 하였다. 왕이 죽자 주몽은 왕위를 이었다.

이는 『삼국사기』 고구려본기에 전하는 고구려 건국 신화인데, 그에 따르면 고구려 시조 주몽은 북부여가 아니라 동부여에서 고구려로 온 것으로 되어 있다. 동부여(東

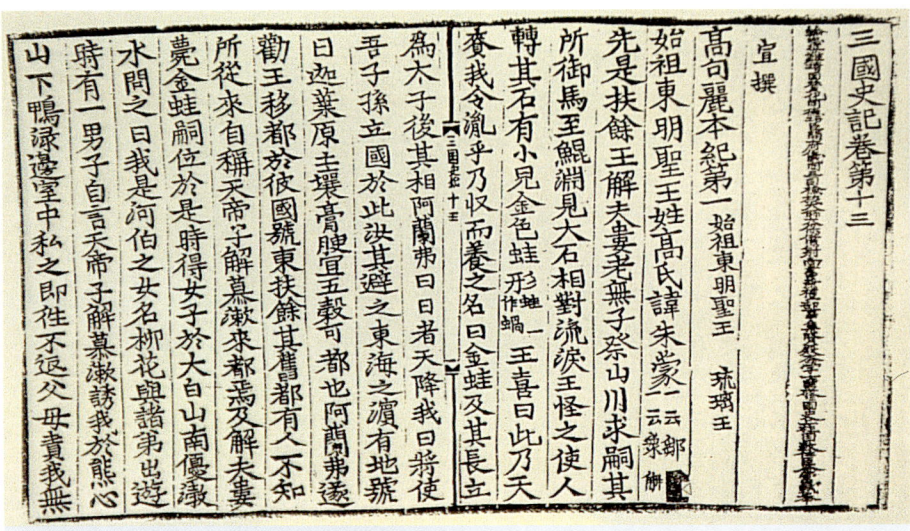

「삼국사기」 고구려본기 주몽의 건국 신화 부분

夫餘)라는 표기는 건국 신화에 등장하는 것을 제외하고는 〈광개토대왕릉비〉에 보인다. 동부여는 고구려 건국 초기에 존재한 것이 아니라, 285년에 부여국이 모용연의 공격을 받아 수도가 함락되었을 때, 그 주민 일부가 북옥저 지역으로 옮겨 갔다가 국왕을 비롯한 일부 세력은 북부여로 돌아왔으나 또다른 일부 세력이 남아서 세운 것으로 생각되고 있다.

이 동부여를 410년에 광개토대왕이 토벌하게 되는데, 고구려군이 회군할 때 따라온 사람들이 있었다. 410년 이후 상당한 세월이 흐른 후에 동부여 주민 일부가 고구려로 이동해 온 사실이 구전되는 과정에서 고구려 시조 주몽이 동부여에서 온 것으로 건국 신화에 반영된 것으로 판단된다. 따라서, 『삼국사기』 고구려본기의 건국 신화에 고구려 시조 주몽이 동부여에서 왔다고 한 부분은 후대에 첨가된 내용으로, 〈광개토대왕릉비〉에 전하는 신화가 원형에 가깝다. 고구려의 시조 주몽은 동부여가 아닌 북부여에서 고구려로 온 것이다. 이는 고구려인의 선조가 기원전 1세기 이전에 부여 지역에 살던 사람들이었다는 의미가 된다.

주몽이 고구려를 건국하기 전에 이미 고구려가 있었다

그러나 고구려는 북부여에서 온 사람들만으로 세워진 나라는 아니었다. 앞의 사료에서도 주몽이 오기 전에 이미 졸본부여라는 나라가 있었고, 주몽은 졸본부여의 공주를 아내로 맞아 왕위를 계승한 것으로 되어 있다. 또, 동명성왕 2년에 정복하였다는 송양왕의 비류국도 주몽이 오기 전에 이미 있었다. 그 뒤에 고구려가 정복한 행인국, 양맥, 구다국, 개마국, 갈사, 조나, 주나 등의 나라들도 주몽이 부여에서 고구려로 오기 전에 이미 존재했던 나라들이다. 이들 소국이 모두 고구려에 정복되어 고구려 주민이 되었으므로, 압록강 중류 지역에 있던 이들 소국의 주민이 모두 고구려의 선조가 된다.

『한서』 지리지에는 현도군의 첫 번째 현으로 고구려현이 기재되어 있다. 지방 행정 구획을 설정하고 지방관을 배치하기 위해서는 일정한 지역에 상당수의 주민이 살고 있어야 하므로, 고구려현을 두었다는 것은 현도군이 설치된 기원전 107년 이전에 고구려라는 지역이 있었고, 그 지역을 대상으로 고구려현을 두었다는 의미가 된다. 그 시기는 『삼국사기』에 주몽이 부여에서 졸본부여로 와 고구려를 세웠다고 전하는 기원전 37년보다 70년이나 빠르다. 압록강 중류 지역에 사는 사람들을 중심으로 고구려라는 지역 집단이 있었고, 이 지역 집단이 기원전 75년경에는 현도군을 서북쪽(지금의 신빈현 영릉진)으로 밀어 내는 과정에서 일정한 정치적 결합체를 형성하였다. 그 결합체는 '나 연맹체(那聯盟體)'로서, 연맹체의 주도 세력이 처음에는 소노부였는데 주몽이 등장하면서 계루부로 바뀐 것으로 이해되고 있다.

결국, 압록강 중류 지역에 고구려라는 정치체가 존재하는 가운데 부여에서 주몽이 내려와 고구려라는 연맹체의 주도 세력을 계루부로 바꾼 사실을 『삼국사기』에서는 주몽이 나라를 세운 것으로 표현한 것이다. 이러한 설명은 〈광개토대왕릉비문〉이나 『삼국사기』에 기재된 건국 신화와는 달리, 고구려인의 선조를 압록강 중류 지역에 본래 살고 있던 사람들과 부여에서 내려와 원주민들과 합쳐진 사람들 모두로 상정하게 한다.

주몽이 졸본 지역으로 오기 전부터 그 지역에 살고 있던 사람들은 어떤

『삼국유사』 내 고구려 건국 신화 기사

사람들일까? 『위서』, 『주서』, 『수서』, 『북사』에서는 고구려는 부여에서 왔다고 기록하였고, 『구당서』, 『신당서』, 『후한서』에서는 부여의 별종이라 하였다. 이러한 기록을 통해 보면, 고구려는 부여의 별종이므로 고구려와 같은 종족이다.

『삼국지』 부여전에 '예왕지인(濊王之印)' 과 '예성(濊城)' 이 있어 모두 본래 예맥의 땅이라 한 기록은 부여가 예(濊) 또는 예맥(濊貊)이었음을 보여 준다. 고구려와 동옥저의 남쪽에 예맥이 있다고 하는데, 동예의 북쪽에는 고구려와 옥저가 있다고 하므로, 동예 또한 예맥이었음을 알 수 있다. 동예는 그 노인들이 예부터 스스로 일컫기를 구려(句麗)와 같은 종족이었다고 하고, 언어와 예절, 풍속은 대체로 고구려와 같고, 의복이 달랐다고 한다. 동예가 예맥이고, 동예와 고구려가 같은 종족이라고 하므로 고구려도 예맥이었음을 알 수 있다. 고구려는 부여의 별종으로서 언어와 여러 가지 일이 부여와 같은 것이 많다고 하므로, 고구려 역시 부여와 같은 언어를 사용한 예맥이었다. 옥저도 고구려와 말이 같았다고 한다. 그렇다면 부여, 고구려, 동예, 옥저 등은 모두 예맥으로서 대체로 언어가 같은 것이 된다. 이는 주몽이 부여에서 내려와 도달한 곳이 졸본부여라고 전하는 기록과도 통하는 것이다.

❀ 고구려는 고조선과 부여를 계승한 국가이다.

고구려와 고조선은 관련이 없을까? 『삼국유사』 왕력에서 고구려 시조 동명왕, 즉 주몽을 단군의 아들이라 하고, 『삼국유사』 고구려조의 단군기(壇君記)에서는 단군이 서하 하백의 딸과 상관하여 부루(夫婁)를 낳았다고 하는데, 고구려본기에서는 해모수가 하백의 딸과 사통하여 주몽을 낳았다고 하니, 부루와 주몽은 어머니가 다른 형제일 것이라 하였다.

그러나 단군이 살았던 기원전 2333년경과 주몽이 살았던 기원전 37년경은 너무나 연대 차이가 커서 이를 사실로 보기는 어렵다. 혹 단군을 제사장과 같은 의미로 이해한다면, 주몽의 아버지로 전하는 해모수와 동일 인물일 수 있을 것이다. 해모수가 스스로 천제(天帝)의 아들이라고 했다고 하므로 제사장이었을 가능성이 높아 해모수가 곧 단군일 수는 있다. 그러나 이 경우에 단군은 고조선을 세운 단군왕검을 의미하는 것이 아니라 보통 명사로서 제사장을 의미하는 말에 불과하므로, 이를 근거로 고구려와 고조선을 연결시키기는 어렵다.

그럼에도 불구하고 각저총에 그려져 있는 곰과 호랑이의 그림과 장천 1호분에 그려져 있는 자색나무 밑 동굴〔樹洞〕 안에 웅크리고 있는 곰 그림은 단군 신화가 4~5세기 고구려 사회에 전승되고 있었음을 보여 주는 것으로 해석할 수 있다.

고구려에서 가장 많이 숭배되었던 신은 유화부인, 주몽, 수신(隧神)이었는데, 수신에 대해서는 『삼국지』 고구려전에 "그 나라의 동쪽에 큰 굴이 있는데 그것을 수혈이라 부른다. 10월에 온 나라에서 크게 모여 수신을 맞이하여 나라의 동쪽 강 위에 모시고 가 제사를 지내는데, 나무로 만든 수신을 신의 좌석에 모신다."고 하였다. 이 기록은 장천 1호분에 그려져 있는 동굴 속의 곰을 웅녀로 생각하게 하기에 충분하다.

고조선과 고구려의 연관성은 종족적 측면에서도 찾을 수 있다. 앞에서 고구려를 예맥족이 세운 국가라 하였는데, 고조선 주민 또한 예맥족으로 생각하고 있기 때문이다. 예맥은 흔히 예와 맥의 연칭(連稱)이라고 보며, 이들은 한반도와 요령, 길림성 등 현재의 중국 동북 지역에 살고 있던 주민이었다. 구체적으로 예족은 길림 지역의 송화강 및 눈강 유역과 한반도 일부에 분포하고 있었고, 맥족은 산동과 요동 및 한반도에 분포하고 있었다. 이들 예맥이 고조선, 부여, 고구려 등의 역사체 형성의 근간이 되었다. 예·맥의 분포 범위와 존재 시기 또한 고고학상으로 비파형 동검 문화의 연대

각저총에 그려져 있는 곰과 호랑이 모사도

압록강 | 현재 중국과 북한의 국경선이 되어 있는 압록강은 고구려가 외부로 뻗어 나가는 데 이용한 주요 교통로이자, 고구려인들에게 풍부한 먹거리를 제공해 주던 경제력의 원천이었다.

및 범위와 일치하므로 예·맥족이 바로 고조선을 구성한 중심 세력이었다고 한다. 이처럼 고조선의 주민이 예맥이었다면, 고구려와 고조선은 같은 종족으로서 고조선의 주민이 고구려의 선조가 된 것이다.

고조선의 주민이 고구려의 선조였을 가능성은 고조선의 역사 전개 과정에서도 찾을 수 있다. 고조선은 기원전 3세기경에 연나라 장수 진개(秦開)의 공격을 받아 2천여 리를 상실하고 만번한을 경계로 삼았다. 이 때 고조선 주민이 전란으로 대거 동쪽으로 이동하였을 것이다. 또, 한나라의 침입으로 위만조선이 멸망하였을 때에도 전란을 피해 이동하는 주민이 많았다. 경상도 일대에 분포하고 있는 덧널무덤(토광목곽묘), 그리고 거기서 출토되고 있는 낙랑 계통의 유물들은 한나라의 통치에 불만을 품고 남쪽으로 내려온 고조선 유민들이 남긴 것이다.

오녀산성에서 발견되고 있는 전한 시기의 동전 또한 주민 이동 과정에서 남겨진 것으로 해석할 수 있다. 연나라와 한나라의 침략으로 고조선 주민들이 대거 이동하게 되었고, 이로 인하여 한반도와 압록강 이북 주민 전체에 혼합이 일어났던 것이다. 더욱이 『후한서』예전(濊傳)에서는 예(濊), 옥저, 구려(句麗)는 본래 모두 조선의 땅이라 하였다. 이는 고조선 주민 가운데 일부가 압록강 중류의 고구려 지역으로 흘러들어갔을 뿐만 아니라, 고구려 지역이 고조선의 영역이었으므로 기원전 1세기 이전의 고조선인이 고구려인의 선조가 되었다는 의미가 된다. 뿐만 아니라, 고구려가 요동과 낙랑군, 대방군을 점령한 후에는 그 지역에 살고 있던 고조선 유민들이 고구려에 통합되었고, 부여가 멸망한 후에는 부여의 주민이 고구려에 통합되었기 때문에 고구려가 고조선과 부여의 영토와 주민, 그리고 역사를 계승했다는 것은 역사적으로 명백한 사실이다.

다시 보는 고구려사

부 록

고구려 역사 연표

왕	제 1 대 동명성왕 (B.C.37 – B.C.19)	제 2 대 유리왕 (B.C.19 – A.D.18)	제 3 대 대무신왕 (18 – 44)	제 4 대 민중왕 (44 – 48)	제 5 대 모본왕 (48 – 53)
주요 사항	37 주몽이 고구려를 세우다. 32 비류국왕 송양이 항복해 오다. 28 행인국을 정벌하다. 북옥저를 정벌하다. 9 선비를 공격, 속국으로 삼다.	3 국내성으로 천도하다. 13 부여의 침략을 크게 격퇴하다. 14 양맥을 멸망시키고 현도군 고구려현을 공격하다. 21 부여를 공격하다. 26 개마국, 구다국을 정벌하다. 28 후한의 요동태수가 침입하다. 37 최리의 낙랑을 멸망시키다. 44 후한 광무제가 낙랑을 정벌하여 살수 이남에 군현을 설치하다. 49 후한의 우북평, 어양, 상곡, 태원 등의 지방을 습격하다.		55 요서에 10성을 쌓아 한나라의 침입에 대비하다. 56 동옥저를 정벌하다. 68 갈사국이 항복해 오다. 72 조나를 정벌하다. 74 주나를 정벌하다. 98 책성 지역을 순수하다.	
연대	**B.C. 50**	**A.D. 0**		**50**	
주변국의 주요 사항	33 전한 성제가 즉위하다. 18 온조가 백제를 세우다.	20 왕망이 신(新)을 세우다 25 후한이 성립되다.		57 후한 명제가 즉위하다.	

250 다시 보는 고구려사

| 제6대 태조대왕 (53-146) | 제7대 차대왕 (146-165) | 제8대 신대왕 (165-179) | 제9대 고국천왕 (179-197) | 제10대 산상왕 (197-227) | 제11대 동천왕 (227-248) |

118 후한의 현도군을 공격하다.
121 후한 유주자사의 침입을 물리치다.
122 후한 현도군을 공격하였으나 부여의 방해로 패배하다.

166 명림답부를 국상에 임명하다.
172 후한의 침입을 명림답부의 계책으로 물리치다.
184 후한 요동태수의 침입을 물리치다.
191 을파소를 국상에 임명하다.
194 진대법을 실시하다.

209 환도산성으로 수도를 옮기다.
242 요동 서안평현을 공격하여 쳐부수다.
246 위(魏)나라 유주자사 관구검의 침입을 물리치다.
247 평양성을 쌓고 수도를 옮기다.

100 | **150** | **200**

06 후한 안제가 즉위하다.
46 후한 환제가 즉위하다.

167 후한 영제가 즉위하다.

220 후한이 멸망하고, 위(魏)나라가 건국되다
234 백제 고이왕이 즉위하다.

부록 251

왕	제 12 대 중천왕 (248 – 270)	제 13 대 서천왕 (270 – 292)	제 14 대 봉상왕 (292 – 300)	제 15 대 미천왕 (300 – 331)	제 16 대 고국원왕(331 – 371)	제17대 소수림왕 (371 – 384)	제 18 대 고국양왕 (384 – 391)
주요사항	259 위(魏)나라의 침입을 양맥곡에서 대파하다.	276 왕이 신성을 순시하다. 280 숙신의 침입을 격퇴하다. 293 모용선비의 침입을 고노자의 활약으로 물리치다. 294 창조리가 국상이 되다. 296 모용외가 침입하여 서천왕의 무덤을 파헤치다.		302 현도군을 공격, 8천 명을 노획하여 평양으로 옮기다. 311 요동 서안평을 점령하다. 313 낙랑군을 몰아내다. 314 대방군을 몰아내다. 334 평양성을 증축하다. 342 모용황이 침입, 미천왕의 시신과 남녀 5만 명을 잡아가다. 343 미천왕의 시신을 돌려받아 평양 동황성으로 옮기다.	355 왕모 주씨가 돌아오다. 371 평양성 전투에서 왕이 백제의 화살 맞아 전사하다. 372 전진에서 불교가 전래되다. 태학 설립하다. 373 율령을 반포하다. 375 백제의 수곡성을 공격하다. 377 백제가 평양성을 공격해 오다. 385 요동군, 현도군을 함락하고 남녀 명을 잡아오다. 386 왕자 담덕을 태자로 삼다. 392 백제 10성을 빼앗고, 관미성을 시키다. 거란을 정벌, 민 1만 명 순시키다. 393 평양에 9개 사찰을 창건하다. 395 백제와 패수에서 싸워 이기다. 396 거란을 토벌하다. 백제를 공격, 58 촌락을 빼앗고, 아신왕의 항복을 받 398 숙신을 정벌하다. 399 보기 5만 명으로 신라를 구원 왜를 물리치다.		
연대	250			300		350	
주변국의 주요사항				304 백제 비류왕이 즉위하다. 349 모용씨가 전연을 세우다.	370 전진이 전연을 멸망시키다. 375 백제 근구수왕이 즉위하다. 384 후연이 건국되다. 386 북위가 건국되다. 392 백제 아신왕이 즉위하다.		

제 19 대 광개토대왕
(391 – 412)

제 20 대 장수왕
(413 – 491)

제 21 대 문자명왕
(492 – 519)

제 22 대 안장왕
(519 – 531)

제 23 대 안원왕
(531 – 545)

400 후연이 신성, 남소성을 함락하고 700여 리를 빼앗아 가다.
402 후연의 숙군성을 점령하다.
404 백제와 화통하여 대방 지역에 침입한 왜를 격퇴하다. 후연의 연군을 공략하다.
405 후연이 요동성을 공격해 왔다가 패배해 돌아가다.
406 후연의 군대가 3천 리를 행군하여 목저성을 공격해 왔으나 패배해 돌아가다.
407 후연을 격파하고, 갑옷 1만여 벌을 빼앗다.
410 동부여를 정벌하다.
427 평양으로 천도하다.
436 북연 왕 풍홍을 요동으로 데려오다.
438 북연 왕 풍홍을 죽이다.

468 신라 실직주성을 공격하여 취하다.
468 백가가 남쪽 변방을 공격해 오다.
469 백제 한성을 함락하고 개로왕을 죽이고 돌아오다.
481 신라 미질부성을 공격하다.
494 부여 왕이 항복해 오다.

512 백제를 쳐서 가불과 원산 2성을 함락하다.
529 백제 혈성을 함락하고, 오곡에서 싸워 이기다.
544 추군과 세군이 싸워 세군측 2천 명이 피살되다.

400　　　　　　　　　　　**450**　　　　　　　　　　　**500**

402 신라 실성왕이 즉위하다.
417 신라 눌지왕이 즉위하다.
420 송이 건국되다.
436 북위가 북중국을 통일하다.

455 백제 개로왕이 즉위하다.
475 백제 문주왕이 즉위하다.

514 신라 법흥왕이 즉위하다.
523 백제 성왕이 즉위하다.
540 신라 진흥왕이 즉위하다.

왕	제 24 대 양원왕 (545-559)	제 25 대 평원왕 (559-590)	제 26 대 영양왕 (590-618)	제 27 대 영류왕 (618-642)	제 28 대 보장왕 (642-668)
주요 사항	551 돌궐이 침략하였다가 격퇴되다. 557 환도성에서 간주리가 모반을 하였다가 죽임을 당하다	586 장안성으로 도읍을 옮기다. 598 고구려가 요서 지방을 먼저 공격하니 수나라가 30만 대군으로 침략해 왔다가 물러가다(1차 침입).	600 태학박사 이문진에게 명하여 『신집』 5권을 만들다. 612 수의 제2차 침략 613 수의 제3차 침략 614 수의 제4차 침략	631 당이 고구려 경관을 허물다. 천리장성이 완성되다. 645 당이 침입하였다가 안시성 전투에서 패하여 돌아가다.	655 백제, 말갈과 연합하여 신라 3○성을 점령하다. 666 연개소문이 죽고 내분이 일어나다. 668 고구려가 멸망하다.
연대	550		600		650
주변국의 주요 사항	신라가 한강 유역을 차지 589 수가 중국을 통일하다.		600 백제 무왕이 즉위하다. 618 수가 멸망하다. 632 선덕여왕이 즉위하다.		660 백제가 멸망하다.

고구려 왕계

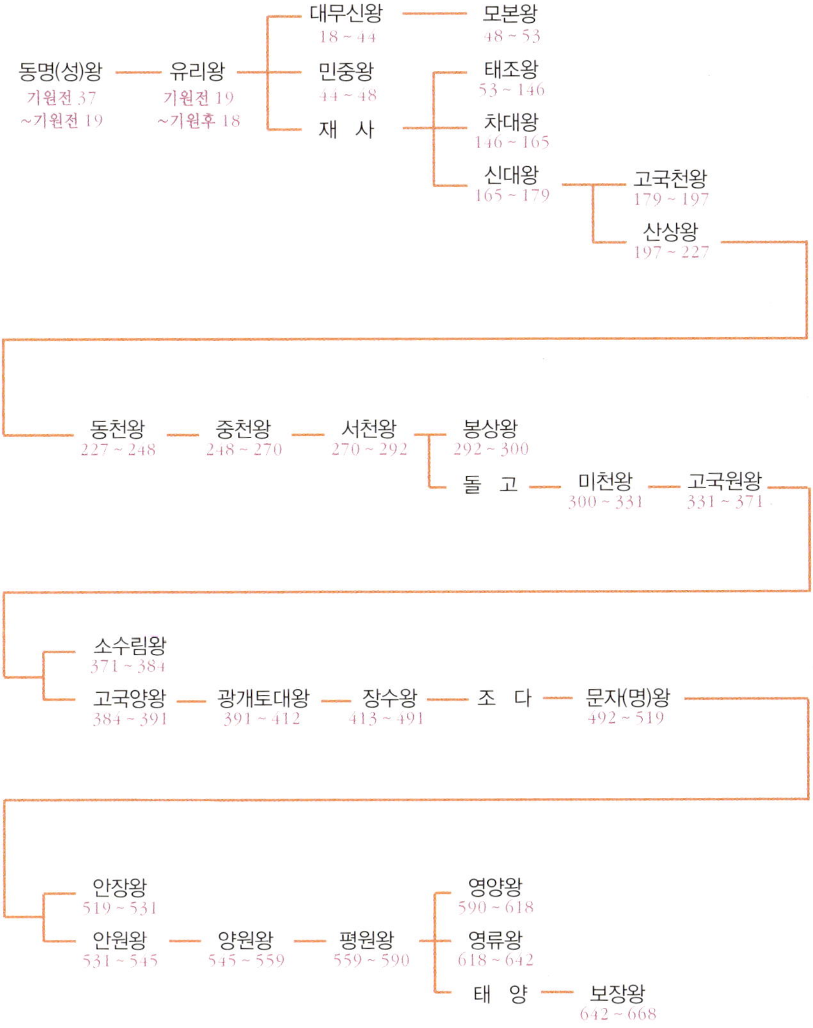

```
동명(성)왕 ─ 유리왕 ┬ 대무신왕 ─ 모본왕
기원전 37   기원전 19 │  18~44      48~53
~기원전 19  ~기원후 18 ├ 민중왕
                     │  44~48
                     └ 재 사 ┬ 태조왕
                             │  53~146
                             ├ 차대왕
                             │  146~165
                             └ 신대왕 ┬ 고국천왕
                                     │  179~197
                                     └ 산상왕
                                        197~227

┬ 동천왕 ─ 중천왕 ─ 서천왕 ┬ 봉상왕
│ 227~248  248~270  270~292 │  292~300
                            └ 돌 고 ─ 미천왕 ─ 고국원왕
                                      300~331  331~371

┬ 소수림왕
│  371~384
└ 고국양왕 ─ 광개토대왕 ─ 장수왕 ─ 조 다 ─ 문자(명)왕
   384~391    391~412     413~491           492~519

┬ 안장왕                        ┬ 영양왕
│  519~531                      │  590~618
└ 안원왕 ─ 양원왕 ─ 평원왕 ┼ 영류왕
   531~545   545~559   559~590 │  618~642
                                └ 태 양 ─ 보장왕
                                          642~668
```

부록 255

참고 문헌

강영경 「고분벽화를 통해서 본 고구려 여성의 역할과 지위」, 『고구려연구』 제17집, 고구려연구회, 2004.
공석구 「덕흥리벽화고분 피장자의 국적문제」, 『한국상고사학보』 22, 한국상고사학회, 1996.
　　　『고구려 영역확장사 연구』, 서경문화사, 1998.
금경숙 「고구려 초기의 중앙정치구조 - 제가회의와 국상제를 중심으로 -」, 『한국사연구』 86, 한국사연구회, 1995.
　　　「고구려의 제가회의와 국상제 운영」, 『강원사학』 15·16 합집, 운하김규호교수정년기념논총, 2000.
김일권 「고구려 벽화와 고대 동아시아의 벽화천문전통 고찰 : 일본 기토라 천문도의 새로운 동정을 덧붙여」, 『고구려연구』 16집, 고구려연구회, 2003.
　　　「한국 고대인의 천문우주관」, 『강좌 한국고대사』 8권, 가락국사적개발연구원, 2002.
김정배 「고조선의 국가형성」, 『한국사』 4, 1997.
김현숙 「『삼국유사』내 주몽의 출자기사를 통해 본 국가계승의식」, 『제4회 삼국유사 학술세미나 『삼국유사』 체제에 보이는 고대사인식』, 2004.
　　　「6~7세기 고구려 역사에서의 말갈 연구」, 『강좌 한국고대사』 10 - 고대사연구의 변경, 가락국사적개발연구원, 2003.
　　　「고구려의 말갈지배에 관한 시론적 고찰」, 『한국고대사연구』 6, 지식산업사, 1992.
노태돈 「5~6세기 동아시아의 국제정세와 고구려의 대외관계」, 『동방학지』 44, 1984.
　　　「5세기 금석문에 보이는 고구려인의 천하관」, 『한국사론』 19, 1988.
　　　「삼국시대의 '부'에 관한 연구 - 성립과 구조를 중심으로」, 『한국사론』 2, 1974.
　　　「연개소문과 김춘추」, 『한국사시민강좌』 5, 일조각, 1989.
　　　『고구려사 연구』, 사계절, 1999.
여호규 「고구려 초기의 양맥과 소수맥」, 『한국고대사연구』 25, 2002.
　　　「고구려 초기 나부통치체제의 성립과 운영」, 『한국사론』 27, 1992.
윤휘탁 「현대 중국의 변강·민족인식과 "동북공정"」, 『역사비평』 2003년 겨울호.
이인철 『고구려의 대외정복 연구』, 2000.
임기환 「후기의 정제변동」, 『한국사』 5, 1996.
　　　『고구려 정치사연구』, 한나래, 2004.
전호태 『고구려 고분벽화 연구』, 사계절출판사, 2000.
최광식 『중국의 고구려사 왜곡』, 살림, 2004.
최종택 「고고학상으로 본 고구려의 한강유역 진출과 백제」, 『백제연구』 28, 1998.
　　　「고구려토기연구」, 서울대 박사학위논문, 1999.
　　　「한강유역 고구려토기 연구」, 『한국고고학보』 33, 1995.
한국고대사회연구소편 『역주고대금석문』, 가락국사적개발연구원, 1992.

이외 고구려 관련 저서와 논문 다수 참조.

사진 자료

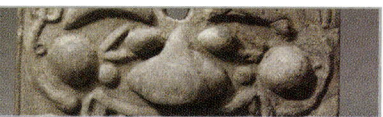

동북아역사재단
환도산성(4), 국내성(4), 태왕릉(5), 보수 후 국내성 성벽(19), 혼강에서 바라본 오녀산성(21), 태자하(37), 관구검 기공비(53), 복원된 태왕릉(55), 백암성(69), 낭랑산성(72~73), 호로고루 성벽(82), 모두루묘(88), 환도산성(91), 봉황산성(98), 말갈 토기(129), 온달 산성(149), 아차산성(149), 음마지(207)

국립중앙박물관, 국립경주박물관
호우총에서 출토된 청동 호우(100), 서봉총 출토 은제 합우(102)

吉林省文物考古硏究所, 集安市博物館
명문 동종과 등자(167), 고구려의 부뚜막(171)

민족화해협력범국민협의회
고구려의 활과 화살(34), 기병 모형도(67)

사계절출판사
광개토대왕릉비(5, 104), 1~2세기 고구려군의 활동(37), 현도군의 위치 변화(43), 고구려의 영토 확장(64), 영승 유적(126~127), 고구려와 수나라와의 전쟁(221), 고구려와 당나라와의 전쟁(223)

심환근(시몽 포토 에이전시)
보수 전 국내성 성벽(19), 환인현 오녀산성 전경(21), 오녀산성과 비류수(32~33, 124~125), 오녀산성에서 바라본 혼강(44~45), 집안시에 있는 국동대혈(49), 광개토대왕릉비(60), 장군총(62~63), 백암성(80~81), 용담산성(86~87), 중 원 고구려비(106), 비류수(122~123), 백두산(133), 총화강(133), 육 성산 유적(156~157), 산성하 고분군(160~161), 장군총 관대(167), 장군총의 배총(168), 평양성 내의 성북문(218), 영성자 산성 전경(226~227), 백암성 성벽(227), 백두산(230~231), 압록강(246~247)

IKONOS 위성 영상
고구려 집안 지역 항공 사진(4~5)

정신문화연구원
광개토대왕릉비 탁본(15), 모두루묘지(17), 경주 노서동 고분군(100), 청동 호우(100)

최종택(고려대학교)
나팔입 항아리(110), 보루 분포도(111), 보루 전경(112), 아차산 4보루(113, 115, 116), 고구려 토기(117), 연꽃무늬 수막새(118), 보루 복원도(119, 120)

한국안보교육협의회
동명왕릉 널방(23), 안학궁 터(97), 동명왕릉(165)

다시 보는 **고구려사**

초판 1쇄 발행 2004년 11월 5일
재판 3쇄 발행 2013년 11월 15일

펴낸이 김학준
펴낸곳 동북아역사재단

등록 제312-2004-050호(2004년 10월 18일)
주소 서울시 서대문구 통일로 81 임광빌딩
전화 02-2012-6065
팩스 02-2012-6189
e-mail book@nahf.or.kr

ⓒ 동북아역사재단, 2004

ISBN 978-89-6187-002-3 03910

* 이 책의 출판권 및 저작권은 동북아역사재단이 가지고 있습니다.
 저작권법에 의해 보호를 받는 저작물이므로 어떤 형태나 어떤 방법으로도
 무단전재와 무단복제를 금합니다.
* 책값은 뒤표지에 있습니다. 잘못된 책은 바꾸어 드립니다.